本书由

教育部哲学社会科学研究重大课题攻关项目“中外海洋文化交流历史文献的整理与传播研究”

国家社科基金项目“基于平行语料库的俄汉语言学术语词典编纂研究”

中央高校基本科研业务费项目 supported by “the Fundamental Research Funds for the Central Universities”

辽宁省重点研发计划指导计划项目“中俄冰上丝路合作与北极航道人才培养建设研究”

资助出版。

俄罗斯海洋法律政策和发展战略

丁晓梅　韩庆　董春晓　编译

大连海事大学出版社

图书在版编目(CIP)数据

俄罗斯海洋法律政策和发展战略 / 丁晓梅，韩庆，董春晓编译. — 大连 ：大连海事大学出版社，2019. 12
ISBN 978-7-5632-3915-3

Ⅰ. ①俄…　Ⅱ. ①丁… ②韩… ③董…　Ⅲ. ①海洋法—研究—俄罗斯②海洋战略—研究—俄罗斯　Ⅳ. ①D993. 5②P74

中国版本图书馆 CIP 数据核字(2019)第 300483 号

大连海事大学出版社出版

地址:大连市凌海路1号　邮编:116026　电话:0411-84728394　传真:0411-84727996
http://press. dlmu. edu. cn　E-mail:dmupress@ dlmu. edu. cn

大连海大印刷有限公司印装　　大连海事大学出版社发行

2019 年 12 月第 1 版　　2019 年 12 月第 1 次印刷
幅面尺寸:170 mm×230 mm　　印张:19. 75
字数:371 千　　印数:1~500 册

出版人:余锡荣

责任编辑:刘长影　　责任校对:宋彩霞
封面设计:解瑶瑶　　版式设计:解瑶瑶

ISBN 978-7-5632-3915-3　　定价:59. 00 元

序

海洋是人类的生命摇篮,也是人类的宝贵财富和生存空间。纵观历史,大国发展莫不与海洋息息相关。有人说“强于天下者必胜于海,衰于天下者必弱于海”。

20 世纪中后期以来,海洋的战略地位日益凸显,世界各国纷纷把目光投向海洋。各海洋强国在不断发掘自身的地理位置及海洋资源优势的同时,制定并完善了海洋法律、政策和发展战略。联合国 1982 年通过的《联合国海洋法公约》为人类在海洋上的所有活动提供了法律框架,也为各国开展各种国际合作奠定了基础。2001 年 5 月,联合国缔约国文件指出,21 世纪是海洋世纪,人类进入了大规模开发利用海洋的时期。从世界局势看,21 世纪世界各国进一步加强了对海洋权益的维护和争夺,与周边海上邻国之间的海洋权益之争仍然是必须面对的挑战。

我国历来高度重视海洋工作和海洋事业的发展。党的十八大做出了“建设海洋强国”的重大部署。2013 年 7 月 30 日习近平总书记主持中央政治局第八次集体学习时发表讲话,其内容是建设海洋强国研究,提出“坚持走依海富国、以海强国、人海和谐、合作共赢的发展道路,通过和平、发展、合作、共赢方式,扎实推进海洋强国建设”。

《孙子·谋攻篇》曰:“知己知彼,百战不殆。”在我国实施海洋强国战略过程中,在面对海洋国际激烈竞争形势下,需要全面了解并深入研究世界各海洋大国特别是海洋强国的法律、政策和战略。俄罗斯濒临三个大洋的 12 个海和 1 个内陆海,海岸线长达 3.8 万千米,既是一个海洋大国又是一个海洋强国。编译出版《俄罗斯海洋法律政策和发展战略》一书的目的就是为我国涉海部门、单位以及专家学者们进一步全面了解并深入研究俄罗斯海洋强国的法律、政策和战略提供基础、新颖和权威的文献资料。

本书收录的法律由海洋法律和航运法律两部分组成,前者包括《俄罗斯联邦大陆架法》《俄罗斯联邦专属经济区法》《俄罗斯联邦内海、领海和毗连区法》,确定俄罗斯联邦各海域的法律地位并调整在其海洋利用各个领域中的关系的原则、规则和规章、制度;后者包括《俄罗斯联邦商船航运法典》和《俄罗斯联邦海港法》,

调整围绕船舶运输产生的社会关系，包含从纵向上调整的公法和从横向上调整的私法。

本书收录的《2030 年前俄罗斯联邦海洋学说》是确定俄罗斯国家海洋战略及其实施机制的纲领性文件。新版海洋学说涵盖四大职能和六大地区发展方向，四大职能分别为海军活动、海上交通、海洋科学和资源开采；六大地区发展方向为大西洋、北极、太平洋、印度洋、里海和南极。俄罗斯修改海洋学说是基于国际环境与世界局势的变化和巩固俄罗斯海洋强国地位的需要，也是俄罗斯对北约近期积极在大西洋海域实施东扩和其触角不断伸向俄罗斯边境做出的回应。有分析认为，新版海洋学说实质上是俄罗斯向西方发出的捍卫本国在大西洋及北极地区战略利益的宣言。

本书收录的《2030 年前俄罗斯联邦海洋发展战略》表明俄罗斯海洋战略的总目标是追求世界海洋强国的地位，从有利于俄罗斯安全、经济和社会发展的利益出发研究和利用世界海洋。俄罗斯在世界海洋战略方面的发展目标是：保护俄罗斯在世界海洋的利益，提高政治稳定性，提高国家在海洋方向的国防能力，保护和发展俄罗斯科技、经济和资源潜力；保障沿海地区居民生活和就业，保障信息通畅和保护居民免遭来自海洋的自然灾害，改善北极地带能源保障；保障和发展俄罗斯在世界海洋的交通线。俄罗斯的海洋战略目标宏伟，既重视海洋战略的谋划，更重视加强保障海洋战略实施机制建设和海洋战略的具体落实。

总之，《俄罗斯海洋法律政策和发展战略》一书具有一定的学术研究价值和重要的实用参考价值，希望该书的编译出版能够得到我国海洋与海事部门和单位、专家学者以及广大涉海工作人员的肯定，受到欢迎。

吴兆麟

2019 年 3 月 21 日

前　言

俄罗斯联邦不仅是世界陆地上最大的国家，也是传统的海洋大国，相邻13个海：北临北冰洋的巴伦支海、白海、喀拉海、拉普捷夫海、东西伯利亚海和楚科奇海，东濒太平洋的白令海、鄂霍次克海和日本海，西连大西洋的波罗的海、黑海和亚速海，南接里海（世界上最大的咸水湖），海岸线长近4万千米，海洋面积约为700万平方千米。俄罗斯海洋资源丰富，尤以渔业资源和海洋矿产资源最为丰富。同时海洋运输是运输系统的重要组成部分，使得俄罗斯成为世界上的航运大国。

自从彼得大帝在波罗的海打开出海口，俄罗斯便一直重视对海洋的发展和管理。苏联解体后，俄罗斯政府重新通过了《俄罗斯联邦大陆架法》《俄罗斯联邦专属经济区法》《俄罗斯联邦内海、领海和毗连区法》《俄罗斯联邦商船航运法典》等法律文件。随着气候变暖，冰融加剧，北方航道整体通航，作为北极战略的一部分，俄罗斯也加强了对北方航道的管理。2012年《北方航道法》出台，相关的个别俄罗斯联邦法，如《俄罗斯联邦自然垄断法》《俄罗斯联邦内海、领海和毗连区法》《俄罗斯联邦商船航运法典》都做了修订。2013年3月15日，俄罗斯"交通运输部海洋与河流运输局"更名为"北方航道管理局"，随后出台了《北方航道水域航行规则》，以加强对穿越北方航道的商船的管理。

21世纪以来，海洋在各国的发展中扮演越来越重要的角色，世界海洋国家纷纷调整、制定自己的海洋战略。俄罗斯也不例外，短短15年间就颁布两版《海洋学说》，并于2010年颁布了《2030年前俄罗斯联邦海洋活动发展战略》，这都是俄罗斯国家海洋政策的基础文件。

我们把俄罗斯在领海航行法律规则、俄罗斯海洋管理和发展战略的法规政策引介给大家，特别是我们将《2020年前俄罗斯联邦海洋学说（2001）》和《2030年前俄罗斯联邦海洋学说（2015）》都收入本书，以便研究人员比较两个版本的区别。希望我国的海事部门、远洋轮船、相关领域研究人员从中获得对自己有用的信息。俄罗斯的法律基本上每年都有一次甚至多次的修订，我们是在最新版本的基础上翻译汇编的，但因时间仓促，译者水平有限，不妥之处在所难免，恳请广大读者批评指正,在此表示衷心的感谢。

本书系教育部哲学社会科学研究重大课题攻关项目“中外海洋文化交流历史文献的整理与传播研究”(17JZD049)、国家社科基金项目“基于平行语料库的俄汉语言学术语词典编纂研究”（17BYY220)、中央高校基本科研业务费项目 supported by “the Fundamental Research Funds for the Central Universities”(017191802)以及辽宁省重点研发计划指导计划项目“中俄冰上丝路合作与北极航道人才培养建设研究”(2018401030)的阶段性成果。

丁晓梅

2019 年 4 月 25 日

目　录

北方航道法

（2012 年 7 月 28 日）

关于修订北方航道水域商船航行国家调控部分个别法律条文的联邦法

第 1 条

1995 年通过的《俄罗斯联邦自然垄断法》第 4 条第 1 款增加了一段，内容如下：

“在北方航道水域船舶破冰领航、船舶冰区引航。”

第 2 条

1998 年 7 月 31 日通过的《俄罗斯联邦内海、领海和毗连区法》第 14 条阐述如下：

“第 14 条　在北方航道水域航行

在俄罗斯历史形成的国家交通道路北方航道航行时，要遵守国际法通行原则和规定、俄罗斯联邦国际条约、本联邦法、其他联邦法律和根据上述法律颁布的规范性法律文件。”

第 3 条

对《俄罗斯联邦商船航运法典》做如下修订：

3.1 第 2 条第 5 段的“引航”后面增加“破冰引航”；

3.2 第 5 条第 4 款：

a）在第 1 段用“在水域”代替“在航线”；

b）在第 2 段用“在水域”代替“在航线”。

3.3 补充 5.1 条，内容如下：

“第 5.1 条　在北方海上航道水域航行

1. 北方海上航道水域是指毗连俄罗斯联邦北部海岸的水域，其覆盖俄罗斯联邦的内海、领海、毗连区和专属经济区，东部到与美利坚合众国的海洋空间划界线和白令海峡的杰日尼奥夫角相平行,西部到热拉尼耶角和新地群岛的经线,新地群岛的东海岸线和马托奇金海峡、喀拉海峡和尤戈尔海峡的西部边界。

2. 由俄罗斯联邦政府授权的联邦权力执行机构批准的北方海上航道水域航行规则适用于确保航行安全,以及防止、减少和维护船舶对海洋环境的污染控制,并包括:

1)北方海上航道水域船舶航行组织的程序;

2)北方海上航道水域破冰船援助规则;

3)北方海上航道水域的冰上航行规则;

4)北方海上航道水域航线船舶引航的规则;

5)关于北方海上航道水域航行导航、水文和水文气象支持的规定;

6)船舶在北方海上航道水域航行时的无线电通信规则;

7)关于北方海上航道水域船舶航行组织的其他规定。

3. 北方海上航道水域的船舶航行由北方航道管理局组织,以联邦国家预算机构的形式建立,履行以下主要职能:

1)接受获得北方海上航道水域航行许可证的申请,审批此类申请并签发北方海上航道水域航行许可证;

2)监测北方海上航道水域的水文气象、冰和航行情况;

3)在北方海上航道水域安装导航设备和水文工程;

4)在组织船舶航行、确保船舶航行安全、船舶航行导航和水文支持、确保实施破冰船援助方面提供信息服务(适用于北方海上航道水域);

5)考虑到该地区的水文气象、冰和航行条件,制定关于发展船舶航行路线和在北方海上航道水域使用破冰船队船舶的建议;

6)协助组织进行北方海上航道水域的搜救行动;

7)向北方海上航道船舶和冰上引航船舶进行冰上引航的人员签发证书;

8)协助开展消除船舶污染的危险和有害物质、污水或垃圾。

4. 本条第3款第1项规定的在北方海上航道水域中船舶航行许可证的发放,须视船舶是否符合有关安全航行和保护海洋环境免受船舶污染的要求(适用于北方航道水域)和俄罗斯联邦国际条约、本条第2款提到的北海航道水域航行规则,以及俄罗斯联邦国际条约规定的证明存在保险的文件,或由船舶造成的污染或其他损害造成的民事责任的其他财政支持。

5. 北方海上航线的破冰船援助、冰区引航费用的支付金额是根据俄罗斯联邦关于自然垄断的法律确定的,同时还需考虑船舶的容量、船舶的冰级、船舶引航的距离以及航行期。支付破冰船援助和北方海上航道的冰上引航费用,根据所提供的服务量而定。

本条规定的规则也适用于俄罗斯联邦、俄罗斯联邦主体拥有或经营的军舰、军用辅助船和其他船只,或仅用于政府非商业性服务的船只。”

3.4 第 79 条第 1 款增加“包括证明有俄罗斯联邦国际条约规定和俄罗斯法律规定的保险或污染损失或船舶造成的其他损害公民个人责任的财政保障”;

3.5 第 107 条第 1 款增加“以及打捞、清除和销毁北方航道水域沉没的财产”;

3.6 第 247 条阐述如下:

第 247 条本章规定的适用

1. 除非双方另有约定,本章规定均应适用。如果本章有直接规定,与之相反的双方协议应视为无效。

2. 本章规定适用于在北方航道水域航行的租船;

3.7 第 249 条第 3 款在“国际船舶处登记”后增加“和外国船舶”。

第 4 条

本联邦法在正式发布后的 80 天后生效。

俄罗斯联邦总统　普京

莫斯科　克里姆林宫

北方航道水域航行规则

（2013 年 4 月 30 日生效）

一、总则

1. 北方航道水域航行规则（以下简称规则）是根据 1999 年 4 月 1 日通过的俄罗斯联邦法《俄罗斯联邦商船航运法典》（以下简称《商船航运法》）第 51 条第 2 款和第 4 款以及俄罗斯联邦交通部条例第 5. 2. 53. 12 点制定的。它规定了在北方航道水域组织船舶航行的程序，北方航道水域中破冰船领航的规则，北方航道水域中船舶冰间航行的规则，北方航道水域航线引航规则，在北方航道水域船舶航行的水文和水文气象保障规则，在北方航道水域航行船舶的无线电通信规则，在航行安全和船舶污染海洋环境方面对船舶的要求，及其他有关船舶在北方航道水域组织航行的事宜。

二、在北方航道水域组织船舶航行的程序

2. 根据《商船航运法》第 51 条第 3 款的规定，在北方航道组织船舶航行由北方航道管理局实施，北方航道管理局是国家机构。

在北方航道水域实施船舶航行许可制。

3. 在北方航道水域航行的许可证（以下简称许可证）由北方航道管理局根据船舶所有人、船舶所有人代表或船长提出的申请（以下简称申请）颁发，申请书上应写明申请人信息，包括全称，国际海事组织识别号（如果有）（简称识别号），领导人的姓、名、父称（如果有）、联系电话、传真，法人的电子邮箱或申请人的姓、名、父称（如果有）、联系电话、传真，自然人的电子邮箱。申请书还应包括船舶进入北方航道水域之前船舶所有者保证船舶符合本规定的信息。

申请书用英语和俄语写成，提交电子文本（文件为 PDF 格式）。

4. 随申请书附上下列文件的电子文本（PDF 格式），用俄语和/或英语书写。

1）符合本规则第一个附件要求的船舶和航线信息；

2）船级证书复印件；

3)吨量证书复印件;

4)证明拥有俄罗斯联邦国际条约和俄罗斯联邦法律规定的保险文件,或因污染造成的损失或船舶造成的其他损失的民事责任的其他经济保障的文件;

5)对于在该区域和航行季节之外进行一次性运输的船舶,需要由授权对批准一次性运输项目的船舶进行分类和检验的组织签发的证书副本;

6)对于从事牵引的船舶,包括拖曳浮动钻井平台,需要由经授权对批准牵引的船舶进行分类和检验的组织签发的证书副本。

5. 如果申请人是船舶所有人授权的自然人,还须随申请书附上下列文件的电子文本(PDF 格式),用俄语和/或英语书写:

1)证明申请人身份的文件复印件;

2)证明在申请书上签字的人有授权的文件复印件。

6. 申请书和根据本规则第 4 条和第 5 条附加的文件应在船舶驶入北方航道水域计划日期前的 15 个工作日至 120 个日历日期间通过互联网发到北方航道管理局官方网站(以下简称官方网站)的联系信息中指明的邮箱。

7. 申请书的受理时间为邮件到达北方航道管理局的当日,如果邮件到达日为节假日,则为节假日之后的第一个工作日。

8. 北方航道管理局在收到申请书后不晚于两个工作日将邮件到达信息发布于官方网站(指明受理日期)。

9. 申请书受理时间为北方航道管理局收到申请书后的 10 个工作日内。

10. 如果北方航道管理局做出颁发在北方航道水域航行许可证的决定,则做出颁发许可证决定后的两个工作日内会在官方网站发放许可证,许可证包含以下信息:

1)颁发许可证的船舶名称;

2)颁发许可证的船旗;

3)颁发许可证船舶的国际海事组织识别号;

4)许可证有效期开始和结束日期(许可证有效期不能超过 365 个日历日);

5)船舶在北方航道水域航行的路线(工作区域);

6)关于在重度、中度、轻度冰层条件下需要破冰领航援助的信息,指明北方航道水域(喀拉海西南部、喀拉海东北部、东西伯利亚海西部、拉普捷夫海西部、拉普捷夫海东部、楚科奇海),以及本规则附录 2 中规定的航行期,如果船舶需要在破冰船领航下航行。

11. 如果北方航道管理局做出拒绝颁发许可证的决定,则用电子邮件向申请人发送北方航道管理局领导(或负责人)签字的通知,说明拒绝颁发许可证的原因。

12. 北方航道管理局在做出不颁发许可证的决定后不晚于两个工作日,在官方网站发布相应的信息。

13. 获得许可证的船舶在许可证生效前不应驶入北方航道水域，在许可证有效期结束前应离开北方航道水域。

如果在许可证有效期结束前船舶不能离开北方航道水域，船长应立即通知北方航道管理局，并说明违反本条第1款要求的原因，根据北方航道管理局的指示行事。

14. 当船舶从西面沿北方航道航行时，在经过东经33度（以下简称西部边界）的经线前72小时，当船从东面沿着北方航道航行时，在接近北纬62度和/或西经169度（以下简称东部边界）前72小时，或离开海港后（如果船舶离开海港到西部或东部边界后的航行时间少于72小时），船长应立即通知北方航道管理局船舶预计到达东部或西部边界的时间，并发送以下信息：

1）船舶名称；

2）船舶国际海事组织识别号；

3）船舶目的港/目的地；

4）船舶有效最大吃水深度（米）；

5）船舶运载货物的类型和数量（公吨）；

6）有无危险货物，船舶运载危险货物的数量（公吨）和级别（如果有）；

7）报告时燃料存储量（公吨）；

8）报告时（指明船舶无须补充淡水航行的天数）淡水存储量，要考虑船舶淡水装置补充淡水（如果有）；

9）报告时食品和其他船用供应品存储量（指明无须补充食品和其他种类船用供应品航行的天数）；

10）船上船员和旅客的数量；

11）有关船舶机械和/或技术设备故障（如果有）的信息。

15. 在船舶到达西部或东部边界前的24小时，船长应再次通知北方航道管理局船舶预计到达相应边界的时间。

16. 在船舶驶出位于北方航道水域海港时，船长在船舶驶出后应立即通知北方航道管理局船舶驶出港口的时间，并根据本规则第14条发送信息。

17. 在船舶从俄罗斯联邦内水航道进入北方航道水域时，船长应通知北方航道管理局船舶从俄罗斯联邦内水航道驶入北方航道水域的时间，并根据本规则第14条发送信息。

18. 在驶近西部边界和东部边界时，船长应通知北方航道管理局船舶进入北方航道水域的预计时间，报告时的地理坐标、航向和航速。

19. 在船舶驶入北方航道水域时，船长应通知北方航道管理局船舶进入北方航道水域的实际时间，以及报告时的地理坐标、航向和航速。

20. 在北方航道水域航行结束，驶出北方航道水域时，船长应通知北方航道管理局船舶驶出北方航道水域的实际时间，以及报告时的地理坐标、航向和航速。

在北方航道结束航行，当船舶驶入位于北方航道水域的俄罗斯联邦港口时，船长在船舶驶入港口后应立即向北方航道管理局报告船舶驶入港口的时间，并指明港口名称。

三、在北方航道水域破冰领航规则

21. 破冰领航业务由拥有悬挂俄罗斯联邦国旗航行权的破冰船实施。

22. 破冰领航包括当船舶在破冰船第 16 甚高频通信（以下简称甚高频 16）波段无线电覆盖时确保船舶在北方航道水域航行安全，即破冰船进行冰情侦查、破冰船在冰上开辟通道，组建冰船队，安排冰船队跟随一艘/多艘破冰船航行，船舶在开辟的通道上随破冰船拖带航行，不拖带单独航行或与其他船舶结队航行。

23. 北方航道管理局在许可证（本规则第 10 条第 6 款）上指明了在北方航道水域航行时，在重度、中度、轻度冰层条件下必须使用破冰领航的信息。

24. 根据《商船航运法》第 51 条第 5 款，船舶在北方航道水域的破冰领航费用根据《俄罗斯联邦自然垄断法》确定，并要考虑船舶吨位、船舶冰级、船舶导航距离和通航期。

25. 船舶破冰领航开始的时间和地点、结束的时间和地点及船舶所有者与在北方航道水域提供破冰领航服务的组织（以下简称提供破冰领航服务的组织）协商。

26. 船舶到达组队跟随破冰船航行集合点（以下简称冰船队）时，集合点的坐标由提供破冰领航服务的组织确定，或者破冰船领航一艘船舶，集合地点坐标由破冰船船长确定，到达指定位置后，船舶应在甚高频 16 波段与破冰船建立无线电联系，并根据破冰船的指示行事。

27. 冰船队由实施破冰领航服务的破冰船船长指挥。

28. 船舶在冰船队的排列位置由指挥冰船队的破冰船船长确定。

29. 编入冰船队的船舶按实施破冰领航的破冰船的命令接入破冰船指定的甚高频通信波段。

30. 在冰船队中航行，在破冰船的领航下船长必须保证：

船舶按破冰船船长规定的在冰船队中的位置航行；

船舶保持破冰船船长规定的在冰船队中的位置、航行速度并与前面的船舶保持一定距离；

履行破冰船船长下达的与破冰领航有关的指示；

如果无法保持船舶在冰船队中的位置、航行速度和/或与冰船队中另一船舶的

距离,应立即向破冰船报告;

每小时检查舱底水位,船舶与冰块剧烈撞击后检查舱底水位;

如果船舶受损,立即向破冰船报告。

四、在北方航道水域船舶的冰区引航规则

31. 船舶冰区引航的目的是保证船舶航行安全,预防船舶事故发生,并保护北方航道水域的海洋环境。

32. 根据《商船航运法》第 51 条第 5 款,船舶在北方航道水域的冰区引航费用根据《俄罗斯联邦自然垄断法》确定,并要考虑船舶吨位、船舶冰级、船舶引航距离和通航期。

33. 有在北方航道水域进行冰区引航证书并实施船舶冰区引航的人,在 3000 吨位的海船上作为船长或大副工作不少于 3 年,其中不少于 6 个月在有冰条件下航行,并为在北方航道水域提供冰区引航服务组织的工作人员(以下简称冰上引航员),他指导船长在北方航道水域有冰条件下航行。

34. 在船舶冰区引航时,冰上引航员应给船舶以下方面的指导:

评价冰的情况,在这样的情况下船舶是否能安全航行;

为船舶选择合理的航行路线和相应的在冰区自主航行策略;

选择航速和船舶机动方式,包括船体和船舶推进装置与冰块的危险作用;

与破冰船或行驶在冰船队前面的船舶保持安全速度和距离的方法;

完成进行船舶引航的破冰船船长指示的方法。

35. 进行冰区引航时,下列物资-技术装备应归冰上引航员使用:

1)描述北方航道水域的航海图、手册、资料;

2)有关北方航道水域的导航、水文气象和水文信息;

3)适用于北方航道水域气候条件的特种保暖服。

36. 冰上引航员在北方航道水域进行船舶的冰区引航时有权:

1)使用船舶无线电台和其他通信工具;

2)使用所有船舶导航设备和辅助设备;

3)从船长处获得控制船舶航行和机动的导航设备、发动机装置、舵、推力器、锚和其他设备的设计、使用特点和现状的信息;

4)从船长处获得船舶名称、船舶呼号、性能(长度、宽度、吃水量、桅杆水上高度、速度、有无推进装置)、吃水量、负荷、稳定性和抗沉性信息。

37. 在船舶引航前,冰上引航员应当:

1)上船后向船长出示自己的证件;

2)与船长协商,制订本次在北方航道水域航行的计划;

3)与船长协调本次在冰船队中航行或跟破冰船单独航行的计划;

4)与船长协商船舶操纵时的协作程序,以及在本次船舶冰区引航过程中遵循船长指令的后果控制;

5)与船长协调冰上引航员休息的时间。

38. 冰上引航员在俄罗斯联邦海港、在船舶开往北方航道水域前离开的外国海港或在接冰上引航员的地点登船。

39. 冰上引航员在俄罗斯联邦海港或船舶穿过北方航道水域第一个到达的外国港口,以及冰上引航员下船地点下船。

40. 在船舶到达接冰上引航员地点前的24小时、12小时和3小时,船长应通知提供冰区引航服务的组织关于船舶到达接冰上引航员地点的时间。

41. 上船的冰上引航员应向船长出示自己的证件和包含下列信息的回执:

1)回执号;

2)冰上引航员姓、名、父称(如果有);

3)船舶名称;

4)船旗;

5)船舶国际海事局识别号;

6)船舶呼号;

7)船舶类型;

8)船舶尺寸:最大长度、最大宽度(米);

9)船头和船尾吃水量(米);

10)船舶经过的最后港口;

11)目的港;

12)货物的种类和数量(公吨)(如果有);

13)旅客人数(如果有);

14)船舶所有人名称;

15)船舶代理人名称;

16)冰上引航员上船日期和时间;

17)冰上引航员离船日期和时间;

18)冰上引航路线的起点和终点信息;

19)船长意见的信息(如果有);

20)船长的姓、名、父称(如果有);

21)填回执的日期。

回执由船长签字并盖船舶章。

回执上所有的记录都应该有一份内容相同的英文版本。

五、船舶沿北方航道水域路线引航的规则

42. 船舶穿越西部边界或东部边界之后，在北方航道水域航线航行未离开前，每天一次在莫斯科时间 12 点，该船长将以下信息发送给北方航道管理局：

1）船舶名称和国际海事组织识别号；

2）船舶的地理坐标（经度、纬度）；

3）船舶预计离开北方航道水域的时间或船舶预计进入位于北方航道水域内海港的时间；

4）船舶的航向，精确到 1 度；

5）航速（节），精确到 1 节；

6）冰的种类、冰的厚度（米）和海冰密集度（分）；

7）室外气温（摄氏度），精确到 1 摄氏度；

8）船外水温（摄氏度），精确到 1 摄氏度；

9）风向，精确到 10 度；

10）风速，精确到 1 米/秒；

11）能见度（海里），精确到 1 海里；

12）船舶在净水上航行时的浪高（米），精确到 1 米；

13）船上的燃料量（公吨）；

14）船上的淡水量（公吨）；

15）船上船员、旅客或船舶发生事故的情况（如果有）；

16）发现故障或没有导航设备的情况（如果有）；

17）有关航行安全和船舶污染海洋环境保护的其他信息（如果有）。

43. 如果发现污染周围环境，船长应立即通知北方航道管理局。

44. 使用一艘/多艘破冰船前往会合点的船舶，必须根据其抗冰加强类别在冰间航行。如果船舶靠近冰层而无法独立航行，船长必须通知提供破冰领航服务的组织和在会合地点等待的破冰船的船长，然后按照破冰船船长的建议行事。

45. 按许可证没有破冰领航在北方航道水域航行的船舶，在接近不能自主航行的冰层时，应立即通知北方航道管理局，并按照北方航道管理局的指示行事。

六、船舶在北方航道水域航行的导航——水文地理和水文气象保障

46. 船舶在北方航道水域航行的导航——水文地理保障包括研究水下地形，以维护航海图、手册和资料用于在现代水平上航行，为北方航道提供导航设备（以下简称导航设备），并通知航海者导航状况的变化。

47. 根据《商船航运法》第 5 条第 4 款，北方航道水域的导航——水文地理保障由海洋交通领域履行提供国家服务和管理国家财产功能的联邦权力执行机构负责。

48. 根据《商船航运法》第 51 条第 3 款，在北方航道水域船舶航行的导航——水文地理保障部分，由北方航道管理局履行导航设备安装、北方航道水域水文地理工程区的协商功能，以及在对导航——水文地理保障提出要求方面提供信息服务(适用于北方航道水域)。

49. 在北方航道水域，导航设备的数量、类型和分布与北方航道管理局协商后确定。

50. 北方航道水域的水文地理工程在与北方航道管理局协商的区域内实施。

51. 船舶在北方航道水域沿航线航行时，如果发现故障或没有导航图或导航资料上的导航设备，根据本规则应将此事通知北方航道管理局。

52. 根据《商船航运法》第 51 条第 3 款，在北方航道水域船舶航行的水文气象保障部分，由北方航道管理局履行北方航道水域水文气象、冰况和导航状况的监测功能。

北方航道管理局根据从俄罗斯联邦水文气象和环境监测组织和机构获得的信息和根据本规则第 42 条从船舶获得的信息，每天在官方网站发布与北方航道水域有关的水文气象和冰况分析，并发布北方航道水域 72 小时水文气象和冰况预报。

七、船舶在北方航道水域航行的无线电通信规则

53. 船舶、破冰船和北方航道管理局之间的无线电通信是使用旨在用于全球海上遇险和安全系统(以下简称遇险和安全系统)A1、A2、A3 和 A4 海域的无线电设备进行的。其根据是俄罗斯交通运输部、俄罗斯通信部、俄罗斯国家渔业委员会于 2000 年 11 月 4 日批准的俄罗斯联邦海上移动业务和海上移动卫星业务的无线电通信规则。

54. 在冰船队航行时，破冰船和船舶应在甚高频 16 波段不间断保持无线电值班。

55. 与北方航道管理局的联系信息发布在官方网站。

56. 在冰船队航行时，船舶之间、船舶与破冰船之间的无线电通信在破冰船船长规定的甚高频通信波段进行，指导冰船队的航行。

57. 禁止用根据本规则第 56 条规定的甚高频波段进行与冰船队航行或与保障航海安全无关的无线电通话。

58. 船舶在遇险和安全系统 A4 海域独立航行时(未在卫星系统有效覆盖区，北纬 75 度以北)，船长在由南向北行驶或由北向南行驶时，应通知北方航道管理

局经过北纬 75 度时预计的地理坐标。

北方航道管理局应通知用作中介船进行无线电通信(以下简称中介船)的船长以及船舶与北方航道管理局通过中介船进行通信的方式。

59. 北方航道管理局应将指定中介船的信息发往国家海洋救援协调中心和/或相应的海洋救援协调中心、海洋救援分中心。

八、对船舶安全航行和保护船舶免于污染环境的要求

60. 船舶在北方航道水域航行时,船上应有:

1)本规则;

2)导航图和在北方航道水域航行全程的资料;

3)补充救援装备,包括:

在极夜条件下航行时,有一个不小于 2 千瓦的探照灯,并有备用灯泡,可以安装在船头或驾驶台的一个侧翼。

在船上的人,每人一套保暖服,除该数量的保暖服外,还需三套备用保暖服。

与航行时船上人员数量匹配的潜水服。

61. 在北方航道水域航行时,船上应满足下列要求:

1)考虑到船舶发电装置的类型和在北方航道航行的持续时间,油罐或油渣收集罐(油性沉积物)的容量应足够大;

2)考虑到北方航道水域航行的持续时间,船上必须有足够大的容器来收集船舶运行期间产生的废物(污泥);

3)考虑到在北方航道水域最长时间的航行不能补给,船上必须有足够的燃料、淡水和食品;

4)从 11 月到 12 月以及从 1 月到 6 月,高出当时水位线的船舶外侧附近的压载舱/油箱应该有加热装置。

62. 在根据《商船航运法》第 80 条向离开俄罗斯联邦海港的船舶发放许可证用于下次在北方航道水域航行时,港务局局长应考虑已向该船舶发过许可证。

63. 在跟随破冰船单独航行或加入冰船队航行,船舶动力装置应准备立即改变船舶的航行方式。

64. 船舶在北方航道水域航行时,在有冰的条件下,冰的密集度超过 3 级,船长或大副应该位于驾驶台。

65. 禁止在北方航道排放油渣(油性沉积物)。

九、与在北方航道水域组织航行有关的其他规则

66. 北方航道管理局会将下列信息发布在官方网站:

1)联系信息;

2)本规则的俄文和英文版本;

3)北方航道审理申请的信息;

4)颁发许可证的信息;

5)拒绝颁发许可证的信息;

6)在北方航道水域提供破冰领航服务的组织信息,并标明其联系方式;

7)提供冰区引航服务的组织信息,并提供其联系方式;

8)船舶在北方航道水域航行的信息;

9)与北方航道水域有关的30天和90天长期冰况预报;

10)与北方航道水域有关的水文气象和冰况分析;

11)与北方航道水域有关的72小时水文气象和冰况分析;

12)推荐在北方航道水域航行的路线和这些路线上的降水数据;

13)北方航道水域的通信建议。

67. 船舶在北方航道水域航行的信息包括下列内容:

1)位于北方航道水域或在北方航道水域航行的船舶和破冰船的名称;

2)每艘船和破冰船在穿越西部边界和东部边界时的预计时间和实际时间,以及穿越边界时的地理坐标、航向和航速;

3)每艘船和破冰船在报告日的莫斯科时间12:00时的地理坐标、航向和航速;

4)船舶离开北方航道水域的预计时间或船舶进入位于北方航道水域海港的预计时间。

附件 1:

船舶和航线信息

1. 船舶名称。

2. 国际海事组织船舶识别号。

3. 船旗。

4. 船舶呼号。

5. 船舶所有者信息,指明全称和国际海事组织识别号(如果有),领导的姓、名、父称(如果有)、电话、传真、电子邮箱,或船舶所有者的姓、名、父称(如果有),自然人的联系电话、传真、电子邮箱。

6. 船舶出发港/地(船舶在北方航道水域航行前最后进入的港口)。

7. 船舶目的港/地(船舶在北方航道水域航行后进入的第一个港口)。

8. 描写船舶在北方航道水域航行的预计航线(工作区域)。

9. 在北方航道水域开始和结束航行的预计日期。

10. 船舶上预计船员和旅客数量。

11. 载运货物的类型和预计数量(公吨)(有关拖曳物体的信息)。

12. 运载危险货物的级别和预计数量(公吨)(如果有)。

13. 曾作为船长或大副有在北方航道水域冰间航行经历的信息,指出当时船长或大副在北方航道水域航行时的船舶名称、国际海事组织识别号和期限。

14. 船上卫星电话号码(如果有)。

15. 船上传真号码(如果有)。

16. 船上电子邮箱(如果有)。

17. 船舶类型。

18. 由授权对船舶进行分类和检验的组织分配给船舶的船舶抗冰类别。

19. 船舶最大长度(米)。

20. 船舶最大宽度(米)。

21. 船舶最大吃水量(米)。

22. 船舶总容量。

23. 船舶主动力装置功能(千瓦)。

24. 船舶的冰带宽度(米)。

25. 船舶在干净的水中航行的每日燃料消耗量(公吨)。

26. 船头和船尾结构信息。

附件 2：

根据抗冰强度类别允许船舶进入北方航道的标准

1. 无抗冰强度和抗冰强度为 Ice 1-Ice 3 在 7 月至 11 月 15 日航行期①的船舶

船舶抗冰强度类别	冰上航行方式	喀拉海		拉普捷夫海		东西伯利亚海		楚科奇海
		西南部	东北部	西部	东部	西南部	东北部	
		Т С Л	Т С Л	Т С Л	Т С Л	Т С Л	Т С Л	Т С Л
无②	СП③	− − −	− − −	− − −	− − −	− − −	− − −	− − −
	ПЛ	− − +	− − +	− − +	− − +	− − +	− − +	− − +
Ice 1	СП	− − +	− − +	− − +	− − +	− − +	− − +	− − +
	ПЛ	− − +	− − +	− − +	− − +	− − +	− − +	− − +
Ice 2	СП	− − +	− − +	− − +	− − +	− − +	− − +	− − +
	ПЛ	− + +	− + +	− − +	− − +	− − +	− − +	− − +
Ice 3	СП	− − +	− − +	− − +	− − +	− − +	− − +	− − +
	ПЛ	+ + +	+ + +	− − +	− − +	− − +	− − +	− + +

本附件使用的代号：

“СП”——独立航行；

“СЛ”——破冰船领航航行；

“Т”——水文气象监测局官方信息为重度冰层条件；

“С”——水文气象监测局官方信息为中度冰层条件；

“Л”——水文气象监测局官方信息为轻度冰层条件；

“+”——允许船舶航行；

“−”——禁止船舶航行。

---

① 对于无抗冰强度和抗冰强度为 Ice 1-Ice 3 的船舶，从 11 月 16 日至 12 月 31 日，从 1 月至 6 月禁止在北方航道水域航行。

② 吨位在 1 万以上没有抗冰强度的油船、液化气运输船、化学品运输船，只能在 7 月至 11 月 15 日期间在破冰船的护航下在北方航道水域的纯水区航行。

③ 除油船、液化气运输船、化学品运输船外，吨位在 1 万以上没有抗冰强度的船舶只允许在北方航道水域的纯水区独立航行。

2. 抗冰强度为 Arc 4-Arc 9 在 7 月至 11 月航行期的船舶

船舶抗冰强度类别	冰上航行方式	喀拉海		拉普捷夫海		东西伯利亚海		楚科奇海
		西南部	东北部	西部	东部	西南部	东北部	
		Т С Л	Т С Л	Т С Л	Т С Л	Т С Л	Т С Л	Т С Л
Arc 4	СП	− + +	− + +	− − +	− − +	− − +	− − +	− − −
	ПЛ	+ + +	+ + +	− + +	− + +	− + +	− + +	− − +
Arc 5	СП	+ + +	+ + +	− + +	− + +	− + +	− + +	− − +
	ПЛ	+ + +	+ + +	+ + +	+ + +	+ + +	+ + +	+ + +
Arc 6	СП	+ + +	+ + +	+ + +	+ + +	+ + +	+ + +	+ + +
	ПЛ	+ + +	+ + +	+ + +	+ + +	+ + +	+ + +	+ + +
Arc 7	СП	+ + +	+ + +	+ + +	+ + +	+ + +	+ + +	+ + +
	ПЛ	+ + +	+ + +	+ + +	+ + +	+ + +	+ + +	+ + +
Arc 8	СП	+ + +	+ + +	+ + +	+ + +	+ + +	+ + +	+ + +
	ПЛ	+ + +	+ + +	+ + +	+ + +	+ + +	+ + +	+ + +
Arc 9	СП	+ + +	+ + +	+ + +	+ + +	+ + +	+ + +	+ + +
	ПЛ	+ + +	+ + +	+ + +	+ + +	+ + +	+ + +	+ + +

3. 抗冰强度为 Arc 4–Arc 9 在 1 月至 6 月和 12 月航行期的船舶

船舶抗冰强度类别	冰上航行方式	喀拉海		拉普捷夫海		东西伯利亚海		楚科奇海
		西南部	东北部	西部	东部	西南部	东北部	
		Т С Л	Т С Л	Т С Л	Т С Л	Т С Л	Т С Л	Т С Л
Arc 4	СП	– – +	– – +	– – +	– – +	– – +	– – +	– – +
	ПЛ	– – +	– – +	– – +	– – +	– – +	– – +	– – +
Arc 5	СП	– – +	– – +	– – +	– – +	– – +	– – +	– – +
	ПЛ	– – +	– – +	– – +	– – +	– – +	– – +	– – +
Arc 6	СП	– – +	– – +	– – +	– – +	– – +	– – +	– – +
	ПЛ	– + +	– + +	– – +	– – +	– – +	– – +	– + +
Arc 7	СП	+ + +	– + +	– – +	– – +	– – +	– – +	– + +
	ПЛ	+ + +	+ + +	+ + +	+ + +	+ + +	+ + +	+ + +
Arc 8	СП	+ + +	+ + +	– + +	– + +	– + +	– + +	+ + +
	ПЛ	+ + +	+ + +	+ + +	+ + +	+ + +	+ + +	+ + +
Arc 9	СП	+ + +	+ + +	+ + +	+ + +	+ + +	+ + +	+ + +
	ПЛ	+ + +	+ + +	+ + +	+ + +	+ + +	+ + +	+ + +

4. 抗冰强度为 icebreaker 6- icebreaker 8① 在 1 月至 6 月和 12 月②航行期的破冰船

船舶抗冰强度类别	冰上航行方式	喀拉海		拉普捷夫海		东西伯利亚海		楚科奇海
		西南部	东北部	西部	东部	西南部	东北部	
		Т С Л	Т С Л	Т С Л	Т С Л	Т С Л	Т С Л	Т С Л
icebreaker 6	СП	− + +	− + +	− − +	− − +	− − +	− − +	− + +
	ПЛ	+ + +	+ + +	+ + +	+ + +	+ + +	+ + +	+ + +
icebreaker 7	СП	+ + +	+ + +	− + +	−+ +	−+ +	+ + +	+ + +
	ПЛ	+ + +	+ + +	+ + +	+ + +	+ + +	+ + +	+ + +
icebreaker 8	СП	+ + +	+ + +	−+ +	−+ +	−+ +	−+ +	+ + +
	ПЛ	+ + +	+ + +	+ + +	+ + +	+ + +	+ + +	+ + +

① 对于抗冰强度 9 级的破冰船在北方航道水域不限制其自由航行。

② 对于抗冰强度为 icebreaker 6- icebreaker 8 的破冰船，在 7 月至 11 月的航行期允许其独立航行。

外国船舶免检多次穿越俄罗斯国界规则①

（2014 年 8 月 15 日俄罗斯政府批准）

1. 本规则规定了外国船舶在俄罗斯港口之间航行，或在码头之间航行，以及离开俄罗斯港口进入俄罗斯内海或领海进行商船航运（船舶捕鱼活动除外），之后再到达俄罗斯港口，以及俄罗斯联邦政府规定的其他情况下，免边防检查、海关检查（船舶需办理到达/离开有关的海关业务）等其他种类检查，多次穿越俄罗斯国界的统一管理办法。

本规则适用于满足《俄罗斯联邦国界法》第 9 条第 20 款和第 23 款要求、条件和限制的外国船舶。

2. 外国船舶根据《俄罗斯联邦国界法》在海上穿越俄罗斯联邦国界。

3. 对于外国船舶，船舶上的人员、货物、商品和动物，边防检查、海关检查以及俄罗斯联邦国际条约和联邦条约规定情况下的其他种类检查都在穿越俄罗斯国界的口岸进行，这些口岸设在外国船舶入境的开放海港，外国船舶到达俄罗斯境内和离开俄罗斯国境时均要实施检查。

4. 外国船舶在俄罗斯联邦国界口岸接受过边防检查和海关检查，以及俄罗斯联邦国际条约和联邦条约规定情况下的其他种类检查后，就可以根据“外国船舶免边防检查、海关检查（船舶需办理到达/离开有关的海关业务）等其他种类检查多次穿越俄罗斯联邦国界许可证”多次穿越俄罗斯国界，外国船舶计划驶离港口并多次穿越俄罗斯联邦国界进行商船航运，该许可证由该港口的边防部门颁发。

5. 要想得到多次穿越俄罗斯联邦国界许可证，船舶所有者或其授权人（以下简称申请人）应向外国船舶离港以便进行多次穿越俄罗斯联邦国界的港口所在地的边防机关递交附件 1 格式的允许外国船舶免边防检查、海关检查（船舶需办理到达/离开有关的海关业务）等其他种类检查多次穿越俄罗斯国界申请书（以下简

① 该规则的全称为《外国船舶免边防检查、海关检查（船舶需办理到达/离开有关的海关业务）等其他种类检查多次穿越俄罗斯国界规则》。

称申请书)。

6. 申请书通过传真或电子邮件在外国船舶到达俄罗斯港口前不晚于10个工作日发往俄罗斯港口。

7. 随申请书附下列文件:

1)外国船舶行程计划;

2)船员花名册;

3)旅客名单(如果有旅客)。

8. 申请人可自愿在申请书上附外国船舶近海航行运输和拖曳许可证复印件,以及商船航运方面的其他活动种类的许可证复印件(以下简称运输和拖曳许可证)(如果有俄罗斯联邦法律规定的这类许可证)。

9. 如果申请人没有自愿提交运输和拖曳许可证复印件,办理外国船舶多次穿越俄罗斯联邦国界许可证所需的、包含在运输和拖曳许可证中的信息,边防机关可以向拥有此类信息的参与提供国家服务的国家机关查询,包括在跨部门信息协作框架内查询。

10. 颁发或拒绝颁发外国船舶多次穿越俄罗斯联邦国界许可证的决定由边防机关领导或负责人(以下简称边防机关负责人)在收到申请后的8个工作日内做出。

11. 外国船舶多次穿越俄罗斯联邦国界许可证的样式见附件2,由边防机关负责人签字并盖章。上述许可证的表格是空白法定表单,有序列号和编号。

12. 外国船舶多次穿越俄罗斯联邦国界许可证的期限是申请书申请的期限(但不超过1年),并在运输和拖曳许可证有效期限内(如果有俄罗斯联邦法律规定的运输和拖曳许可证)。

外国船舶多次穿越俄罗斯联邦国界许可证,在许可证上所指的外国船舶航行路线上和(或)外国船舶计划多次穿越俄罗斯联邦国界的区域有效。

13. 外国船舶多次穿越俄罗斯联邦国界许可证通过邮局寄送申请人,并附决定颁发后2日内颁发的通知单。同时将上述许可证复印件通过传真或电子邮件向申请人发送。

在外国船舶多次穿越俄罗斯联邦国界许可证整个有效期内,其复印件及运输和拖曳许可证(如果有俄罗斯联邦法律规定的运输和拖曳许可证)复印件由船长保存。

外国船舶多次穿越俄罗斯联邦国界许可证复印件还要在做出颁发该许可证后的1日内通过传真或电子邮件发给外国船舶计划离开的港口进行多次穿越俄罗斯联邦国界的港口所在地的海关机构和该港务局局长。

14. 拒绝颁发外国船舶多次穿越俄罗斯联邦国界许可证通知的样式见附件3。

该通知在做出拒绝颁发许可证决定的 2 日内通过邮局寄给申请人。同时该通知的复印件通过传真或电子邮件发给申请人。

15. 拒绝颁发外国船舶多次穿越俄罗斯联邦国界许可证的根据是:

1) 提交的申请书违反本规则第 6 条和第 7 条的要求;

2) 在申请书中有虚假信息或不完全信息;

3) 对俄罗斯联邦的安全构成威胁;

4) 船长或船舶所有人违反了《俄罗斯联邦国界法》,在提交申请外国船舶多次穿越俄罗斯联邦国界许可证之日未满一年。

16. 在下列情况下,外国船舶多次穿越俄罗斯联邦国界许可证的效力终止:

1) 申请人拒绝多次穿越俄罗斯联邦国界的可能性;

2) 运输和拖曳许可证(如果有俄罗斯联邦法律规定的运输和拖曳许可证)有效期终止;

3) 外国船舶提供了所在位置的虚假信息;

4) 外国船长在外国船舶多次穿越俄罗斯联邦国界许可证有效期内违反了国家边界方面的俄罗斯联邦国际条约和法律,其中包括未履行本规则第 21—26 条规定的要求。

17. 如果在 6 个小时内,船舶位置监控技术设备停止发送外国船舶的位置信息,则外国船舶多次穿越俄罗斯联邦国界许可证暂时失效。

18. 做出终止(暂时终止)外国船长在外国船舶多次穿越俄罗斯联邦国界许可证效力的决定之后,边防机关负责人应立即通过传真或电子邮件向外国船舶申请人和船长发去终止(暂时终止)外国船舶多次穿越俄罗斯联邦国界许可证效力的通知,通知的格式见附件 4,上面指明做出这一决定的根据。

外国船舶船长在收到终止(暂时终止)外国船舶多次穿越俄罗斯联邦国界许可证效力的通知后,应在船舶日志上做记录。

如果外国船舶多次穿越俄罗斯联邦国界许可证的效力终止时,外国船舶位于俄罗斯领海之外,该船舶必须在尽短的时间内驶入航行路线上最近的俄罗斯港口。

19. 如果作为许可性暂停生效的根据消除后,根据边防机关负责人的决定,外国船舶多次穿越俄罗斯联邦国界许可证恢复生效。

20. 所颁发的外国船舶多次穿越俄罗斯联邦国界许可证、拒绝颁发许可证通知或终止(暂时终止)许可证效力的登记和注册由边防机关在登记表和按俄罗斯联邦法律规定程序建立的边防机关信息系统中进行。

21. 外国船舶船长或申请人在外国船舶离开俄罗斯港口前不晚于 24 小时用传真或电子邮件向港口所在地边防机关(最近的边防机关)发送外国船舶离开俄罗斯港口通知(以下简称外国船舶离港通知),通知书格式见附件 5,并提交船员名单和旅客名单(如果有旅客)。

22. 外国船舶船长或申请人在向边防机关发送船舶离港通知后的1小时内应通过电话确认边防机关是否收到通知。

23. 在通知中申请的船舶离港时间前,外国船舶不准离开俄罗斯港口。

24. 如果是一次性拒绝穿越俄罗斯联邦国界,外国船长或申请人应立即通过传真或电子邮件将此事通知收到船舶离港通知的边防机关,并在满1小时后打电话确认边防机构是否收到上述信息。

25. 外国船舶离开俄罗斯港口时,船长应将船员名单和(或)旅客名单(如果有旅客)更改信息通过传真或电子邮件发往港口所在地边防机关(最近的边防机关)。

26. 不与穿越国界所在地边防机关协议,外国船舶禁止更改申请的航线以及穿越俄罗斯联邦国界的日期、时间和穿越地的地理坐标、俄罗斯联邦法律规定的情况除外。

27. 在实际穿越俄罗斯联邦国界时,外国船舶船长应向穿越国界地责任区的边防机关通过无线电、传真或电子邮件报告外国船舶信息、穿越时间、穿越地的地理坐标,并且在船舶日志上做记录。

附件 1:申请书(样式)

ЗАЯВЛЕНИЕ

О разрешении неоднократного пересечения иностранным судном государственной границы Российской Федерации без прохождения пограничного, таможенного (в части совершения таможенных операций, связанных с прибытием (убытием) судом) и иных видов контроля

Кому ____

(наименование пограничного органа)

От кого ____

(наименование заявителя – юридического лица, адрес его местонахождения или)

____

фамилия, имя, отчество (при наличии) заявителя – физического лица, дата его рождения, серия, номер и дата выдачи паспорта

____

или иного документа, удостоверяющего личность, адрес места жительства)

____

(телефон, факс, адрес электронной почты)

Прошу разрешить неоднократное пересечение государственной границы Российской Федерации без прохождения пограничного, таможенного (в части совершения таможенных операций, связанных с прибытием (убытием) судом) и иных видов контроля иностранному судну ____________

(название,

____

государственная принадлежность, номер ИМО (при наличии)

____

номер MMSI (при наличии), позывной сигнал, порт приписки)

Для осуществления ______________________________

(вид деятельности в области торгового мореплавания)

Данные о собственнике иностранного судна

____

(наименование юридического лица, адрес его местонахождения или)

____

Фамилия, имя отчество (при наличии) физического лица, дата его места рождения, серия, номер и дата выдачи паспорта

____

или иного документа, удостоверяющего личность, адрес места жительства)

____

(телефон, факс, адрес электронной почты)

Данные о судовладельце

____

(наименование юридического лица, адрес его местонахождения или

____

Фамилия, имя, отчество (при наличии) физического лица, дата его места рождения, серия, номер и дата выдачи паспорта

____

или иного документа, удостоверяющего личность, адрес места жительства)

____

(телефон, факс, адрес электронной почты)

Данные о капитане иностранного судна

____

Фамилия, имя, отчество (при наличии) капитана иностранного судна

____

реквизиты документа, удостоверяющего личность, адрес места жительства)

____

Описание маршрута плавания иностранного судна с указанием географических координат и предполагаемых даты и времени каждого пересечения государственной границы Российской Федерации

____

____

Способ получения информации о выдаче разрешения ______________________________

____

подтверждаю наличие и работоспособность технических средств контроля местоположения иностранного судна и (или) других технических средств контроля местоположения иностранного судна.

« » __________ ____ г. ______________________________

(подпись заявителя)

附件 2:许可证(样式)

РАЗРЕШЕНИЕ
на неоднократное пересечение иностранным судном государственной границы Российской Федерации без прохождения пограничного, таможенного (в части совершения таможенных операций, связанных с прибытием (убытием) судом) и иных видов контроля

«   » ________ 20 ____ г.   Серия __________ № __________

Иностранному суду ____
(название, государственная принадлежность

____
номер ИМО (при наличии) номер MMSI (при наличии), позывной сигнал, порт приписки)

разрешено неоднократное пересечение иностранным судном государственной границы Российской Федерации для осуществления ________________

____

____
(вид деятельности в области торгового мореплавания)

Описание маршрута плавания иностранного судна и (или) района, в котором предполагается неоднократное пересечение государственной границы Российской Федерации, с указанием географических координат, предполагаемых даты и времени пересечения ________________

____

____

____

Разрешение действительно до «   » ________ 20 ____ г.

«   » ________ ______ г.   ________________________________
(подпись руководителя пограничного органа или уполномоченного должностного лица пограничного органа)

М.П.

____

附件 3:拒绝颁发许可证通知(样式)

РАЗРЕШЕНИЕ
на неоднократное пересечение иностранным судном государственной границы Российской Федерации без прохождения пограничного, таможенного (в части совершения таможенных операций, связанных с прибытием (убытием) судом) и иных видов контроля

«____» __________ 20_____ г. Серия _____________ №____________

Иностранному суду ____
(название, государственная принадлежность

____
номер ИМО (при наличии) номер MMSI (при наличии), позывной сигнал, порт приписки)

разрешено неоднократное пересечение государственной границы Российской Федерации для осуществления ____________________

____

____
(вид деятельности в области торгового мореплавания)

Описание маршрута плавания иностранного судна и (или) района, в котором предполагается неоднократное пересечение государственной границы Российской Федерации, с указанием географических координат, предполагаемых даты и времени каждого пересечения __________________

____

____

____

Разрешение действительно до «____» __________ 20_____ г.

«____» _______________ г. ______________________________
(подпись руководителя пограничного органа или уполномоченного должностного лица пограничного органа)

М.П.

附件 4:终止(暂时终止)许可证效力通知

УВЕДОМЛЕНИЕ

Об отказе в выдаче разрешение на неоднократное пересечение иностранным судном государственной границы Российской Федерации без прохождения пограничного, таможенного (в части совершения таможенных операций, связанных с прибытием (убытием) судом) и иных видов контроля

Кому ______________________________

(реквизиты заявителя)

Иностранному судну ______________________________

(наименование, флаг, номер ИМО (при наличии)

____

Позывной сигнал, порт приписки

Отказано в разрешении на неоднократное пересечение государственной границы Российской Федерации без прохождения пограничного, таможенного (в части совершения таможенных операций, связанных с прибытием (убытием) судом) и иных видов контроля.

Основание отказа ______________________________

(указывается одно или несколько оснований,

____

пересмотренных пунктом 15 правил неоднократного пересечения иностранными судами

____

государственной границы Российской Федерации без прохождения пограничного, таможенного (в части совершения таможенных операций, связанных с прибытием (убытием) судом) и иных видов контроля, утвержденных постановлением Правительства Российской федерации от 15 августа 2014 г. № 813)

« » __________ ______ г. ______________________________

(подпись руководителя пограничного органа или уполномоченного должностного лица пограничного органа)

附件 5:外国船舶离港通知

УВЕДОМЛЕНИЕ

о выдаче иностранного судна из российского порта в целях неоднократного пересечения государственной границы Российской Федерации без прохождения пограничного, таможенного (в части совершения таможенных операций, связанных с прибытием (убытием) судом) и иных видов контроля

Кому ____

(наименование пограничного органа)

От кого ____

(наименование заявителя – юридического лица, адрес его местонахождения или)

____

фамилия, имя, отчество (при наличии) заявителя – физического лица, дата его рождения, серия, номер и дата выдачи паспорта

____

или иного документа, удостоверяющего личность, адрес места жительства)

____

(телефон, факс, адрес электронной почты)

Иностранное судно ______________________________________

(название, государственная принадлежность

____

номер ИМО (при наличии) номер MMSI (при наличии), позывной сигнал, порт приписки)

имеющее разрешение на неоднократное пересечение государственной границы Российской Федерации серии ________ № ________

выданное « » ________ 20 ___ г. ________________________

(орган, выдавший разрешение)

____

____

Намерено выйти из порта ________________________________

(название порта)

____

(дата и время выхода из порта)

« » ________ ____ г. ______________________________

(подпись заявителя или капитана иностранного судна)

向边防机关提交免检多次穿越俄罗斯国界的船舶位置信息规则

（2014 年 8 月 15 日俄罗斯联邦政府批准）

规则全称为《外国船舶免边防检查、海关检查（船舶需办理到达/离开有关的海关业务）等其他种类检查多次穿越俄罗斯国界时向边防机关提交船舶位置信息的规则》。

1. 本规则规定《俄罗斯联邦国界法》第 9 条第 19 款和第 20 款所指的船舶，在免边防检查、海关检查（船舶需办理到达/离开有关的海关业务）等其他种类检查多次穿越俄罗斯国界时向边防机关提交船舶（以下简称船舶）位置信息的办法。

2. 向边防机关提交船舶位置信息由俄罗斯船舶识别和远距离跟踪系统中心（以下简称俄罗斯识别系统中心）实施，该中心是根据 2008 年 12 月 8 日俄罗斯联邦政府决定《远距离船舶识别和跟踪系统应用措施》第 1 条组建的，提交信息要通过互联网采用电子形式。

为获得计划多次穿越俄罗斯联邦国界的船舶信息，俄罗斯识别信息中心应使用国家港口监控集中登记的数据，国家港口监控由港务局局长根据《俄罗斯联邦商船航运法典》第 79 条第 1 部分实施。

3. 下列船舶信息位置应提交给边防机关：

1）船舶名称、呼号和国际海事组织识别号（如果有）；

2）水上移动通信业务标识码（如果有）；

3）船旗国；

4）确定船舶位置地理坐标时的日期和世界标准时间。

4. 本规则第 3 条所指的船舶位置信息，从发送船舶位置信息开始每隔 2 小时向俄罗斯识别信息中心发送一次直到船舶进入目标港水域。

5. 根据本规则第 3 条，需要向边防机关提交的船舶位置信息的数据是根据船舶自动获取的信息编成的。船舶按要求都安装了监控技术设备和（或）安装了其他船舶位置技术监控设备，可以自动不间断地传输船舶位置信息。

向俄罗斯识别信息中心提交船舶位置信息从检查船舶位置监控技术设备是否

完好之时开始，每隔 2 小时发送一次，在船舶预计出港前不晚于 4 小时检查设备，直到船舶进入目的港水域。

6. 港口所在责任区的边防机关（边防机关的联系信息见互联网 ps. fsb. ru），在船舶预计出港前不晚于 1 小时，应通过电话通知船长，根据本规则第 2 条已收到具体船舶位置的信息。

船长在收到上述信息之前，船舶不能出港。

7. 如果船舶位置信息在根据本规则第 5 条应到达俄罗斯识别系统中心后的 30 分钟仍没按规定的程序到达，中心将用电子邮件通知船舶所有者不再接收船舶位置信息。船舶所有者应保证在收到上述通知 6 小时之内，从船上提交本规则第 9 条规定的信息。

8. 如果船舶在海上发现船舶停止发送船舶位置信息，船长应保证从船上发送本规则第 9 条规定的信息。

9. 如果发生了本规则第 7 条和第 8 条规定的情况，应用无线电通信、传真或电子邮件向船舶将要离开出发去航行或去目的港的港口所在地管辖区的边防机关，同时向俄罗斯识别系统中心发送下列信息：

1）船舶名称、呼号和国际海事组织识别号（如果有）；

2）水上移动通信业务标识码（如果有）；

3）船旗国；

4）发现停止发送船舶位置信息时的船舶位置地理坐标；

5）发现停止发送船舶位置信息时的日期和世界标准时间；

6）船舶登记港；

7）对船舶航行路线的简单描述；

8）发现停止发送船舶位置信息时的航向和航速；

9）停船的原因、日期和时间（如果船舶在发送信息时没在航行）；

10）停止发送船舶位置信息时的原因（如果知道）；

11）计划利用船舶位置监控技术设备恢复发送船舶位置信息的时间（如果知道）。

10. 发送了本规则第 9 条规定的信息后，每隔 2 小时用无线电通信向船舶将要离开出发去航行或去目的港的港口所在地管辖区的边防机关发送本规则第 9 条第 1）、3）、6）、9）点所规定的信息。

11. 发送本规则第 9 条和第 10 条规定的信息时，俄罗斯船舶使用俄语，外国船舶使用俄语或英语。

俄罗斯海港法

2018 年 8 月 3 日修订

第 1 章　总则

第 1 条　本联邦法调节的对象

1. 该联邦法规定了俄罗斯联邦海港（以下简称海港）的商船航行中出现的关系，确定了设立、开放和关闭海港的程序，开展海港活动的程序，包括提供服务，并规定了国家对海港活动的监管。

2. 俄罗斯联邦关于经济特区的立法确定了国家管理的特殊性，以及这些活动的主体在经济特区港口的经济活动特点和法律地位。

3. 在本联邦法中，海港是指《俄罗斯联邦商船航运法典》定义的海港。

第 2 条　与海港实施活动有关的法律调节

1. 海港的立法以俄罗斯联邦宪法、公认的国际法原则和规范以及俄罗斯联邦的国际条约为基础。

2. 海港活动的实施受本联邦法、《俄罗斯联邦商船航运法典》、其他联邦法和俄罗斯联邦其他标准法律法规的调节。

3. 如果俄罗斯联邦的国际条约规定了与本联邦法不同的规则，则适用国际条约的规则。

第 3 条　海港习俗

1. 海港习俗是在海港提供服务时确立并广泛使用的行为规则，在俄罗斯联邦的立法中没有规定。

2. 俄罗斯联邦商会证实海港习俗。

3. 海港习俗不得与俄罗斯联邦宪法、普遍接受的国际法原则和规范、俄罗斯联邦国际条约、《俄罗斯联邦商船航运法典》、联邦法、其他联邦法律和俄罗斯联邦的其他标准法律文件相抵触。

第 4 条　本联邦法使用的主要概念

本联邦法使用下列主要概念：

1)海港的基础设施是指位于海港内的建筑物、设施、船舶和设备,用于开展商船运输活动,包括提供服务。海港的基础设施清单由授权的联邦权力执行机构批准,该机构履行交通领域的国家政策制定和法律监管职能(以下简称交通领域的联邦权力执行机构)。

2)港内锚地是指专门分配的海港水域空间,用于维修船只和进行货物作业。

3)港外锚地是指专门分配的通往海港的水域空间,用于停留和维修船只。

4)港口水力技术设施是指位于海港内,与水环境相互作用的工程结构(海岸保护结构、防波堤、水坝、码头、系泊设施,以及通道、疏浚工程造成的水下设施),目的是确保航行和锚地的安全。

5)码头是指用于停泊和维修船舶,为乘客提供服务的港口水利技术设施,包括乘客登船和下船、进行货物作业。

6)海港基础设施的所有者是根据俄罗斯联邦法律注册的法人或个体企业家,并代表他们自己运营海港的基础设施,无论他们是否拥有这些设施或以其他合法理由使用这些设施。

7)海运码头是指海港的一套基础设施,在技术上相互联系,旨在(或)进行货物运输,包括转运、维修船舶、其他交通工具和(或)客运服务。

8)海运码头运营商是指运营海运码头的运输组织,操作货物,包括转运,维修船舶、其他交通工具和(或)客运服务。

9)货物转运是指一种复杂的服务类型和(或)在直接国际运输和间接国际运输,直接和间接混合运输中将货物和(或)行李从一种运输方式转到另一种运输方式的工作,包括在海港内转移货物及其技术存储,或通过转运货物而不进行技术存储,只从一种运输工具转移到另一种运输工具。

10)货物的技术存储是指聚集一批货物等交通工具进行分装。

11)在海港接受服务的用户(以下简称用户)是指发货人、收货人、船舶所有者、承运人、旅客或其他个人或法人。

12)海港提供的服务(以下简称海港服务)是指根据俄罗斯联邦的国际条约和俄罗斯联邦法律向海港和邻近港口区域向用户提供的服务。

13)本段已于2017年7月18日失效。

14)本段已于2011年7月19日失效。

15)本段已于2017年7月18日失效。

16)邻近海港区域是指在海港水域附近,但不在俄罗斯联邦领海之外的规定宽度的海上航道和海上航线部分,船舶必须遵守船舶交通管理系统和/或引航和/或必须遵守确保进入海港的船舶航行安全和船舶离开海港强制性规定的海港的安全措施。

第 5 条　海港和邻近海港区域

1. 海港的范围包括用于本联邦法律规定用途的土地、海港水域,或用于上述目的的区域。

2. 建立或改变海港区域边界的决定由俄罗斯联邦政府做出。该决定的附录是对海港区域边界位置的文字描述,包括该区域边界特征点的地理坐标列表,以及(或)为维护统一的不动产登记册而建立的坐标系中这些点的坐标列表。

3. 扩大海港区域的决定由俄罗斯联邦政府做出,以便创造计划纳入海港区域边界的人造土地。

4. 俄罗斯联邦政府批准建立或改变海港边界以及扩大海港的程序。

5. 邻近海港区域由交通领域的联邦权力执行机构确定。

第 2 章　设立、开放和关闭海港

第 6 条　设立海港

1. 海港的设立是依据俄罗斯联邦在联邦交通(铁路、空中、海上、内陆水道、管道运输)和联邦重要公路发展领域的规划图进行的。

2. 设立海港的决定由俄罗斯联邦政府做出。

3. 在设立海港的决定中可以规定与土地的形成、填海造地、与海港基础设施有关的基本建设项目的建设以及其他有关的活动。

4. 准备和做出设立海港决定的程序由俄罗斯联邦政府批准。

第 7 条　提供服务的海港的开放和关闭

1. 海港基础设施基本项目建设结束后,海港依据交通领域的联邦权力执行机构的决定提供服务,并更改俄罗斯联邦海港注册相关信息。

2. 除本条第 2.1 款和第 3 款规定的情况外,关闭提供服务的海港是根据俄罗斯联邦政府的决定,并在做出决定一年后实施。港务当局有义务在做出决定后的一个月内,以书面形式通知海运码头的经营者和海港基础设施的其他所有者关闭海港提供服务的决定。

2.1. 根据俄罗斯联邦政府关于改变海港边界的决定,可以关闭提供服务的海港。

3. 当出现自然现象、沉船、事故、其他情况时,由于对人的生命或健康构成威胁,会损坏和(或)灭失财产(包括货物)而无法在海港或海运码头提供服务,港务当局可以决定暂时关闭提供服务的海港或海运码头。港务当局应立即通知交通领域的联邦权力执行机构有关此类决定,该机构应确定此决定的有效期。

4. 开放和关闭提供服务的海港和海港码头的信息在“航海者通告”上发布。

第3章　海港活动的国家调节

第8条　海港活动国家调节的基础

1. 海港活动国家调节的目的是为下列情况提供保障:

1)航海安全、公民的生命和健康;

2)国防和国家安全;

3)交通安全;

4)海港基础设施的经营安全;

5)海港的综合发展;

6)有效利用国家所有的海港基础设施;

7)海港活动条件平等;

8)平等获得海港服务;

9)预防环境污染,遵守对水上设施使用和保护的要求;

10)海港的竞争力;

11)本款已于2011年7月18日失效。

2. 海港活动的国家调节通过以下途径:

1)就与海港活动的实施和发展、海港基础设施的运作有关的问题颁布法规;

2)在海港进行的个别种类活动实行许可制度;

3)海港的技术调节;

4)设定自然垄断主体提供的港口服务的港口费和关税;

5)设立国有海港租赁财产的程序;

6)开放和关闭提供服务的港口;

7)对提供某些类型服务或禁止提供某些类型服务的海运码头经营者、海港基础设施的其他所有者规定责任,此类情况和程序由俄罗斯联邦立法规定;

8)在海港进行国家检查(监督);

9)为海运码头运营商和承运人平等使用海港基础设施创造条件;

10)在邻近海港区域和海港实施导航和水文支持;

11)确定海港活动信息收集、存储和分析的程序;

12)组织动员培训、进行动员并实施海港民防活动;

13)对海港基础设施的建设和重建的设计文件进行国家鉴定;

14)本款已于2011年7月18日失效;

14.1)确保有能力接收船舶运行期间、货物作业期间产生的废物,并在海港收集这些废物;

15)完成俄罗斯联邦法律规定的其他职能。

第3—5款已于2011年7月18日失效。

第8.1条 海港实施的国家检查(监督)

1. 为了确保海港符合商船航运、运输安全、环境保护、卫生和流行病学、兽医、植物检疫、劳动保护和海港水上技术设施安全方面的俄罗斯联邦国际条约、本联邦法、俄罗斯联邦的其他联邦法律和其他标准法律法规的要求,授权的联邦权力执行机构和港务局局长[以下简称国家检查(监督)机关]根据俄罗斯法律管辖权赋予的权限进行国家检查(监督)。

2. 与在海港实施国家检查(监督),对法人进行检查,在海港经营的个体企业家有关的关系,均受2008年12月26日通过的联邦法“进行国家检查(监督)和市政检查时保护法人和个体企业家权利”的约束,并要考虑到俄罗斯立法规定的对上述人员组织和实施检查的特殊性。

3. 俄罗斯联邦政府根据俄罗斯联邦法律确定了在海港国境口岸实施的检查内容、手段和方法。考虑到运输组织和在海港运营的其他企业的需求,确定了整个俄罗斯联邦边境口岸检查站的运作时间。

4. 国家检查(监督)机构及其官员不得为海港法律未禁止的活动设置障碍,也不得让从事此类活动的人员尽本联邦法、其他联邦法律和其他标准法律法规未规定的任何义务。

5. 在港口水上技术设施方面,水上技术设施安全领域的国家监督由交通监督领域的联邦权力执行机构实施。

第9条 俄罗斯联邦海港登记

1. 海港需要在俄罗斯联邦海港登记处进行国家登记。

2. 俄罗斯联邦海港登记按俄罗斯联邦政府规定的程序由授权的联邦权力执行机构实施。

3. 俄罗斯联邦海港登记需录入下列信息:

1)海港登记序列号;

2)海港名称;

3)海港地点;

4)决定开放提供服务的日期和决议号;

5)海港码头运营商名单,以及海港码头运营商提供的服务;

6)海港的主要技术指标,包括处理货物、维修船舶和(或)为乘客提供服务的能力;

7)导航期;

8)海港办公机关的名称及地址;

9)将海港从俄罗斯联邦海港登记处除名的依据和日期。

4. 如果本条第 3 部分的信息进行了更改,相应的更改应记入俄罗斯联邦海港登记册。

5. 从俄罗斯联邦海港登记处除去海港应依据俄罗斯联邦政府关于关闭服务海港的决定实施,不早于做出决定后的一年。

第 10 条　港务局局长

1. 港务局局长执行本联邦法、其他联邦法、俄罗斯联邦政府标准法律文件赋予他的海港行政权力。

2. 港务局局长是负责人,管理港口行政机构内的主任办公室,直接隶属于行使国家服务和在海港管理国家财产职能的俄罗斯联邦权力执行机构,依据交通领域联邦权力执行机构批准的港务局局长条例行事。港务局局长的职能由港务局局长执行,或者根据他的指示,由港务局局长办公室官员执行。

3. 对港务局局长的强制性要求:

1)有俄罗斯联邦国籍;

2)受过高等教育;

3)担任过执行国家港口管制职能的港务局局长,以及有总吨位 3000 或以上的海船船长的工作经验,而且总的服务年限不得少于 24 个月,同时作为船长的经验不少于 7 个月。

4. 港务局局长不应有外国国籍或外国居住证或其他能证明俄罗斯联邦公民在外国长期居住的权利的证件。

5. 其他对港务局局长的要求,包括知识和技能、职业培训、补充职业教育、任职程序,由本条第 2 部分港务局局长条例规定。

6. 港务局局长办公室负责人应当是俄罗斯联邦公民,不应有外国国籍或居住证或其他能证明俄罗斯联邦公民在外国长期居住的权利的证件。

7. 对港务局局长办公室负责人的要求,包括知识和技能、职业培训、补充职业教育、任职程序,由交通领域的联邦权力执行机构规定。

第 11 条　港务局局长的职能

港务局局长履行下列职能:

1)保证海港和邻近海港区域的航行和锚地安全;

2)保证海港区域的交通安全,包括采取措施预防、阻止海船和其他船舶在海港区域非法停留和行使。

3)遇到在港口威胁非法干涉,或实施非法干涉行为,通知交通安全领域的联邦权力执行机构;

4)与授权的联邦权力执行机构就实施海关、边防、移民、卫生检疫、植物检疫、兽医、环境和俄罗斯联邦立法规定的其他类型的国家检查(监督)单位相互协作;

5)采取措施防止船舶在生产和消费过程中的废物和(或)含油水、石油和其他对人类健康和/或环境有害的物质对海港水域造成污染;

6)采取措施预防港口的紧急情况,参加处置紧急情况的组织工作;

7)一旦港口的船舶发生火灾,组织抢救人员和船舶;

8)签发海港疏浚许可证;

9)举办活动保证港口的动员培训;

10)根据俄罗斯联邦商船航运法进行国家港口检查;

11)履行俄罗斯联邦法律规定的其他职能。

第12条　港务局局长法令

1. 为履行本联邦法、其他联邦法和俄罗斯联邦其他标准法律法规所规定的职能,港务局局长根据本联邦法第10条第2款规定的港务局局长条例规定的方式发布非规范性法令,由船长和(或)在海港开展活动并且有针对性的特定人员执行。

2. 港务局局长的法令不得与俄罗斯联邦宪法、普遍接受的国际法原则和规范、俄罗斯联邦国际条约、《俄罗斯联邦商船航运法典》、联邦法、其他联邦法律和俄罗斯联邦的其他标准法律法规相抵触。

第12.1条　海港管理

1. 俄罗斯联邦以联邦国家预算机构的形式为两个或更多个海港建立海港管理,并按照交通领域的联邦权力执行机构批准的海港管理条例行事。相关的海港管理中包含的海港清单由交通领域的联邦权力执行机构批准。

2. 海港的管理由海港管理负责人领导。对海港管理负责人的强制性要求是:不少于3年的港务局局长经历,或者在符合港务局局长要求时,担任过港务局副局长。对港务管理负责人的其他要求(知识和技能、职业培训、补充职业教育、任职程序)根据本条第1部分所述的港务管理条例确定。

3. 港务管理部门为港务局局长履行本联邦法、其他联邦法、俄罗斯联邦政府的标准法律法规的职能提供组织、后勤和财政支持,并根据本联邦法律的要求向用户提供海港服务。港务管理部门提供的海港服务清单由交通领域的联邦权力执行机构确定。

4. 港务管理领导在港务局局长及其办公室官员履行职能时,无权干涉他们的活动。

第13条　船舶在海港和锚地航行与停留的一般规则

船舶在海港和锚地航行与停留的一般规则(以下简称一般规则)由受俄罗斯联邦政府授权的权力执行机构规定,包括:

1)总则;

2)船舶航行规则和海港及邻近海港水域船舶交通管理规则,包括船舶交通管制系统影响的区域；

3）船舶进港和出港规则；

4）船舶在海港和邻近海港区域抛锚规则；

5）保障安全和维护港口水上设施规则；

6）保护环境安全规则，包括确定港口收集船舶废物的种类、遵守海港植物检疫规则；

7）与疏浚船舶相对航行时相关的船舶机动规则；

8）船舶破冰规则；

9）—11）已于2013年7月23日失效；

12）俄罗斯联邦法律在商船航运方面的其他信息。

第14条　海港的强制性规定

1. 海港的强制性规定根据总则制定，并要反映具体海港的特点。

2. 海港的强制性规定由交通领域的权力执行机构批准，在正式公布后由海港管理机构用俄语和英语两种语言颁布。

3. 如果海港、军事基地或海岸警卫队的军舰、船舶和快艇或用于运输服务和（或）国家守卫设施安全的船舶的基地有共同的水域，则海港的强制性规定应分别与负责制定和实施国家政策的联邦权力执行机构、国防领域的法律调节机构、联邦安全领域的权力执行机构和国家守卫领域的联邦权力执行机构协商。

3.1. 如果在海港水域或其邻近水域有捕鱼区，则海港的强制性规定须与渔业领域的联邦权力执行机构协调。

4. 海港的强制性规定包括：

1）海港描述、海港和邻近海港水域捕鱼区信息（如果有）；

2）出入海港规则，包括出入海港的安全保障措施；

3）在海港及邻近水域的船舶航行规则；

4）描述船舶交通管制系统的运作区域和这些区域的航行规则；

5）船舶在海港的抛锚规则及抛锚地点；

6）确保环境安全的规则，包括确定在海港收集的船舶废物类型，确保在海港遵守检疫的规则；

7）在海港使用特殊通信设备的规则；

8）海港边界信息；

9）海港邻近区信息；

10）关于全球海上遇险和安全系统海域A1和A2边界的信息；

11）有关海港接收船舶技术能力的信息；

12）导航期信息；

13)船舶强制导航区和非强制导航区信息;

14)海港和邻近海港区深度信息;

15)危险货物处理信息;

16)关于海港和邻近区域冰船航行组织的信息;

17)当海港出现非法干涉行动威胁时,港口内船长传递的信息;

18)向港内船长传递的导航和水文信息;

19)其他俄罗斯联邦标准法律文件规定的商船航运方面的信息。

第 15 条　保障海港和邻近区域安全

1. 为了确保在海港及其邻近区域开展活动的安全,交通领域的联邦权力执行机构规定了用于控制船舶移动的雷达系统的要求,遇险时确保安全所必需的全球海上通信系统运行的海港基础设施的要求,以及对自动信息系统的对象和手段、船舶航行控制和管理服务的要求。

2. 海港码头的经营者、海港基础设施的其他所有者、船长、其他从事活动的人员和(或)在海港的人员,有义务:

1)立即按照俄罗斯联邦交通安全法律规定的程序通知港务局局长有关危及航行安全和(或)在海港开展活动的情况,以及在海港和邻近区域实施非法干扰行为和(或)有实施非法干扰行为威胁的情况;

2)履行航行安全、海港码头和海港水域交通安全;

3)采取措施,防止生产和生活废物、污水和(或)含油水、石油和其他有害人类健康和(或)环境的物质污染海港;

4)协助对海港发生事件的原因进行客观、完全和全面的调查。

3. 港务局局长有义务:

1)当收到有关对海港活动安全构成威胁的情况,海港区域污染以及其他类似事件的信息时,应立即向授权的联邦权力执行机构报告,以便采取适当措施;

2)协助授权的联邦权力执行机构确保航行安全,防止海港非法干扰行为,以及对海港事故原因进行客观、完全和全面的调查。

4. 本段已于 2013 年 7 月 23 日失效。

5. 根据俄罗斯联邦关于交通安全的立法,保护海港码头和海港区域免受非法干扰行为的影响。

6. 本段已于 2013 年 7 月 23 日失效。

第 16 条　对海港基础设施所有者的主要要求

1. 除完成本联邦法第 15 条第 2 部分的要求,海港码头经营者和其他海港基础设施所有人还有义务:

1)根据工业安全、环境安全、消防安全和技术法规要求,经营海港基础设施;

2)开展并保护海港基础设施免受海港非法干扰行为有关活动的影响;

3)确保海港能平等接受服务,服务信息公开;

4)不允许有联邦垄断法或不公平竞争法承认的作为(不作为)。

2. 海港码头经营者和海港技术互联基础设施的其他所有者有义务缔结彼此之间的协议,其基本条件是组织和确保在海港提供相关服务的技术过程的连续性,建立海港基础设施维护和运营的程序,包括履行给用户提供合同所产生的海港服务义务。

第 16.1 条　船舶航行雷达控制系统、航行监督和管理机构的员工

船舶航行雷达控制系统、航行监督和管理机构的员工必须有俄罗斯联邦国籍,根据本联邦法第 15 条第 1 款的要求从事活动。

第 4 章　提供海港服务的基础,海港服务的价格

第 17 条　在海港提供服务的规则

1. 海港为船舶维修提供服务,开展货物作业,包括货物装卸、客运服务、确保海港和邻近区域航行安全及确保时刻准备救援行动和其他服务。

1.1. 在俄罗斯联邦的海港,即船舶在海上航行时必须使用的港口,考虑到该航道的时间表以及提供维修服务,优先使用该航道的船舶航行,在俄罗斯联邦法律规定的边防、海关和其他类型的国家检查(监督)时优先提供服务。

2. 在海港提供服务的规则是根据既定程序发布的法令,规定如何提供海港服务,并对受这些规则管辖的法律关系的参与者具有约束力。

3. 考虑到相关俄罗斯联邦权力执行机构的建议,交通领域的联邦权力执行机构批准下列规则:

1)海港提供货物转运服务的规则;

2)本段已于 2017 年 7 月 18 日失效;

3)通常在海港提供其他服务的规则。

4. 服务乘客规则和通常在海港提供的其他服务,但与乘客和其他公民无关的其他商业活动的规则,包括与手提行李、行李、货物行李有关的服务,均由俄罗斯联邦政府批准。

4.1. 根据俄罗斯联邦残疾人社会保障的法律,残疾人与其他旅客平等获得旅客服务。海港基础设施应考虑为残疾乘客提供无障碍条件,应按照旅客服务规则和海港通常提供的与旅客和经营活动的其他公民无关的其他服务规则规定的方式提供。

5. 考虑到各类货物的特殊性,海港提供货物转运服务的规则规定了货物转运的技术过程,这些规则应包括海运码头运营商和承运人接收与交付货物的规则,确

定接收和交付的地点,货物交接程序和其他规则。

6. 本段已于 2017 年 7 月 18 日失效。

7. 法人和个体企业家根据与用户的协议在海港提供服务。

8. 法人和个体企业家从事的活动种类根据俄罗斯联邦法律需要许可证的,只允许依据许可证经营。

9. 拖船服务、海上代理服务、海上中介、海上保险以及与海港救援行动有关的服务,适用《俄罗斯联邦民法》和《俄罗斯联邦商船航运法典》规定的规则。

10. 为了适用 2008 年 4 月 29 日通过的联邦法“关于外国投资进入战略上重要的经营公司,以确保国防和国家安全的程序”,俄罗斯联邦海港处于主体地位的经营主体应由反垄断机构规定,在该海港范围内市场份额超过 20%的经营主体。

第 18 条　海港服务的价格

1. 自然垄断主体提供的海港服务费率和适用此类费率的规则是根据俄罗斯联邦关于自然垄断的立法确定的。

2. 海港服务费的金额与自然垄断领域无关,是根据合同确定的。

3. 海港服务费应用卢布表示,除俄罗斯联邦法律规定的情形以外。

第 19 条　港口收费

1. 在海港及其邻近区域,因使用海港的个别基础设施,保障航行安全要收取作为联邦财产的海港基础设施的建设和重建费(以下简称港口费)。

2. 除海港基础设施建设和重建费归俄罗斯联邦所有(以下简称投资性港口费),港口费需向港务部门、在海港提供相应服务的经营主体支付。投资性港口费率的确定程序、收取和使用程序由俄罗斯联邦政府批准。

3. 在海港可规定下列港口费:

1)船舶费;

2)运河通行费;

3)破冰费;

4)引航费;

5)航标费;

6)导航费;

7)码头费;

8)环保费;

9)海港交通安全费;

10)投资费。

4. 在每个海港直接收取的港口费清单由交通领域的联邦权力执行机构确定。

5. 港口费率及其适用规则,包括减少应用于海上航线船舶的港口费率的程序,是根据俄罗斯联邦关于自然垄断的立法确定的。如果根据《俄罗斯联邦商船航运法典》第 114.3 条第 3 款规定的理由，在航线登记期限届满之前要取消航线，海运公司有义务全额支付整个海运实际运营期间（不得超过 6 个月）港口费和其他强制性款项，如果这些费用和付款已经支付，就要考虑到本部分第一句确定的港口费减少支付比例。

6. 海港管理部门对港口费用的收入和支出的核算，包括为了确保港务局局长、在海港提供相关服务的经营主体的活动，按照 1995 年 8 月 17 日通过的《俄罗斯联邦自然垄断法》第 8 条第 4 款的规定进行。

第 5 章　在海港提供转运货物服务的特点

第 20 条　转运货物合同

1. 海港码头运营商根据货物转运协议提供货物处理服务。

2. 根据货物转运合同，一方（海港码头经营者）必须有偿进行货物转运，并履行货物转运合同规定的其他服务和工作，另一方（客户）有义务确保及时提供适当数量的货物和（或）及时收取货物并运出。根据货物转运合同，客户可以是托运人（发货人）、收货人、承运人、货运代理人或其他自然人或法人。

3. 在货物转运合同中应写清货物转运的数量和期限，以及提供服务的其他条件、客户转运货物的条件，以及当事方承认的其他条件，作为组织和实施货物转运过程的必要条件。

4. 根据货物转运合同，海港码头的经营者可以在海港内进行装卸、搬运、货物技术存储。货物转运合同可规定执行转运货物文件的办理，以及其他附加服务和工程的履行。

5. 有关海港码头运营商提供的货物转运合同的条款和条件的信息，包括额外工作和服务的实施，税费的信息及其使用规则，由海港码头的运营商在其互联网信息和电信网络的官方网站上公布，并且无须审查收费。

第 21 条　货物交接的特点

1. 海港码头运营商和承运人的货物接收和交付在位于海港的相应车辆的装卸场所进行。根据俄罗斯联邦关于铁路运输的立法，在随行人员的参与下进行货物的接收和交付，需要不断或换班看管。

2. 将货物装入货车，从货车卸货的地方是非公共铁路轨道的一部分，它位于泊位、仓库和（或）毗连区，用于装载、卸载货物；它也可能是公共铁路轨道的一部分。

3. 海运承运人从托运人（发件人）处接收货物并由海运承运人向收货人交付货物，均在船舱或甲板上进行。

4. 在所有情况下，从托运人（发件人）处接收货物并将货物交付到海港内港的收货人都在船舱或甲板上进行。

5. 如果货物转运合同规定海港码头的运营商有义务从承运人处接收货物并且(或)将货物交付到承运人继续运输,则承运商(如果有货物运输合同)确保将货物交付给运营商,运营商需通过外部检视来检查其状况,并检查货物的重量和件数。

第 22 条　确保从海港运出货物

1. 客户或授权从海运码头运营商处接收货物的人员应及时从海港运出货物。

2. 货物必须从海港运出期限由货物转运合同确定,须符合海港货物转运服务的既定规则。

3. 如果货物未在规定期限内从海港运出,海港码头经营者的行为由本条和海港提供货物转运服务的规则确定。

4. 海港码头的经营者必须采取在当时情况下可用的措施,旨在确保在规定期限内未从海港运出的货物的安全。

5. 除非该协议另有规定,海港码头的经营者必须以书面形式通知客户货物从海港运出的转运合同规定的期限届满。

6. 除非货物转运合同另有规定,对于未在规定期限内从海港运出的货物,海港码头经营人可以使用本联邦法第 23 条规定的货物置留权。

7. 海港码头的经营人根据有关协议向海关机构或授权人员转移海关监管的,并在规定的时间没有从海港运到临时仓库的货物。

第 23 条　货物置留权

1. 除非货物转运合同另有规定,如果未支付货物转运合同和(或)本联邦法律规定的款项,则海港码头的经营人有权置留货物(根据联邦法律取消流通或限制流通的货物,以及用于国家防卫、国家安全和执法的货物除外),在这种情况下,货物置留的海运码头经营者的要求,以本条规定的方式销售的货物成本得到满足。海港码头的运营商有权置留货物,直到客户全额支付货物转运合同和(或)本联邦法规定的付款债务,同时考虑到与货物置留有关的海运码头运营商的费用。

2. 如果在货物转运合同规定的期限内,交付给海运码头运营商的货物没有领取,并且(或)没有从海港运出,或者客户没有将债务偿还给海运码头的运营商,未实施货物转运协议规定的付款,根据联邦法律,海运码头的运营人可以根据法院判决全部或部分变卖货物。法院的货物变卖的程序不适用于本条第 5 款规定的情况。

3. 用于运输或包装货物的集装箱、托盘或类似装置(如果此类装置属于客户)可由海运码头的运营人根据法院判决全部或部分变卖。变卖此类器具的司法程序不适用于本条第 5 款规定的情况。

4. 关于即将独立变卖食品和(或)易腐货物,以及客户拥有的运输或包装器具,如果货物转运合同中没有不同的规定,则海港运营者必须以书面形式通知客户。

5. 如果客户在通知食品和(或)易腐货物变卖后四天内未做出决定,则海运码头的运营商有权独立变卖属于客户的此类货物以及运输或包装的器具(根据联邦法律取消流通或限制流通的货物,以及用于国家防卫、国家安全和执法的货物除外),按照货物的买卖合同文件价格,或在没有通过相关协议或类似情况下,按类似的商品价格或专家评估价格。货物价值的专家评估由评估活动主体根据俄罗斯联邦关于评估活动的立法进行,或根据俄罗斯联邦关于民事诉讼的立法或俄罗斯联邦关于仲裁法院司法程序的立法或俄罗斯联邦关于仲裁法院的立法进行审查。

6. 海运码头运营商出售的货物的核算程序和结算由交通领域的联邦权力执行机构确定。

7. 从货物销售收到的资金,减去应付海运码头运营商的款项以及与滞留和销售货物成本相关的费用,其余转给客户。如果从货物销售收到的资金不足以支付应付海运码头经营者的款项以及与货物的滞留和销售相关的费用,则海运码头的经营者有权以司法形式要求对他造成的损害给予全额赔偿。

8. 如果由授权的国家机构扣押的货物变卖,以及授权处理货物的人拒绝国家得利,货物转让协议和(或)本联邦法律规定的付款将转移给海运码头的运营人,如果客户未向海运码头的运营商支付所提供服务和所执行工作的费用,则从货物销售收益中扣留。

第24条 海运码头运营商的责任依据

1. 海运码头运营商从货物到达仓库之日起,直至货物交出或货物给客户或其授权的人员使用之日,为货物的丢失、短缺或损坏负责。

2. 海运码头运营商应对由于其失误而发生的货物损失、短缺或损坏负责,其大小如下:

1)货物丢失或短缺的价值,为货物的损失或短缺;

2)货物价值减少的金额,以及货物损坏无法修复价值的金额,则为货物损坏;

3)货物申报价值的数额,为付给海运码头运营商时公布的价值的货物损失、短缺或损坏。

3. 除了偿还损失、短缺或损坏的货物的成本之外,如果货物转让合同规定了货物的技术存储并且不包括在成本中,则海运码头的经营者将向先前收到的此类货物的技术存储付款返还给客户。

4. 货物损失、短缺或损坏货物的成本是根据货物价格确定的,由货物价值支付的文件确认或在货物随附的文件中规定。如果货物随附的文件中没有标明价格,则货物的成本是根据价格确定的,在类似情况下通常会按类似货物价格,或者根据专家评估价格。

5. 如果从货物转运合同规定的日期起 30 天内未由海运码头经营者向客户或其授权人签发货物，则货物算作丢失。

6. 货物损失、短缺或损坏的申请在货物签发当天或拒绝向客户或其授权的人发放货物时提交给海运码头的运营人。如果在货物交付期间，客户或其授权的人员没有以书面形式向海运码头运营商提交货物损失、短缺或损坏的申请，并且没有说明货物损失、短缺或损坏的一般性质，除非另有说明，否则货物算按照货物随附文件中的说明收到的。

第 25 条　索赔和诉讼、诉讼时效

1. 在根据货物转运合同提出对海运码头运营商的诉讼之前，必须向海运码头运营商提交相关索赔，但与提供服务和（或）为个人、家庭和其他非客户提供服务有关的诉讼除外。

2. 货物转运合同产生的索赔可以在产生索赔的事件发生之日起 6 个月内向海运码头运营商提出。如果海运码头的运营商认为在错过提交这些索赔的截止日期的原因有效，则有权在本条规定的截止日期之后接受对这些索赔的审议。

3. 货物转运合同产生的索赔以书面形式提出，并且必须附有确认提交的索赔文件，包括证明货物质量、件数和货物成本的文件。

4. 海运码头的经营者有义务在收到货物转运合同之日起 30 天内审议货物转运合同中的索赔，并以书面形式通知申请人满足（包括部分满足）或拒绝该索赔。如果海运码头的运营商部分满足或拒绝此类索赔，申请人的通知必须参考联邦法律和俄罗斯联邦的其他监管法律行为，指明决定的依据。如果书面通知部分满足或拒绝这项索赔，则索赔人的文件将退还给索赔人。

5. 自向海运码头运营商提出由货物转运合同引起的索赔之日起，直至收到对该索赔的答复或为答复设定的截止日期为止，诉讼时效暂停。

6. 货物转运合同产生的诉讼可以在作为提出诉讼的理由发生之日起的一年内提交。

第 26 条　转运危险货物的要求

1. 到达海运码头运营商仓库的货物，在其物理和化学性质、包装和标签方面，必须符合交通领域的联邦权力执行机构确定的货物运输安全要求。

2. 危险货物是指由于其固有的物理和化学特性以及（或）运输、处理和储存过程中的其他特征，可能对人的生命或健康构成威胁，危害环境，破坏或灭失物质财产的货物。

3. 如果危险货物违反既定规则（错误的名称和标记，俄罗斯联邦法律要求的标记、包装或文件缺失），并且在收到危险货物时被移交给海港运营商，而海港运营商无法核实货物的危险性,如果不了解危险货物或必要的预防措施,经营者应销毁和(或)阻止此类货物出现对海港其他货物构成威胁的情况,威胁海港活动的安全性、基础设施的安全性,威胁生命或人的健康,不赔偿发货人或收货人或其他人依据法律的相关人。

4. 海运码头经营者因采取本条第 2 款所述危险货物销毁或失去危险措施而产生的费用,应由有义务告知危险货物的人予以偿还。

第 27 条 规范海运码头运营商与承运人之间的法律关系

1. 在海港,货物可通过直接和间接混合交通,通过海运码头运营商与海运、铁路、公路和其他类型运输的承运人的协作,以直接国际运输和间接国际运输的形式运输。

2. 在组织海港货物转运的工作时,海运码头经营者和各种运输承运人的协作、权利、义务的顺序由他们根据俄罗斯联邦的立法签订的合同确定。

3. 海运码头经营者和铁路货物运输的承运人的协作、权利、义务的顺序,是由确保海港货物转运的工作安排协议决定的。

4. 在海港转运货物的工作安排协议的期限不少于五年。在上述的合同中,确定了以下基本条件:

1)提供和清洁车厢的程序、非公有铁路的运作、确定在公共和非公共铁路上查找铁路车辆的费用。

2)在考虑到生产条件和运输量(当海港码头运营人使用承运人的机车时)、货物同时装载考虑到货车和从货车卸货的地点和标准,以及发出车厢、返还车厢最大数量(当海港码头运营人使用自己的机车或其他有权使用的机车时)的情况下,车厢在非公共铁路上流转的技术期限。

3)时间标准:

a)按发货人和收货人分散车厢(当海运码头所有者使用自己所拥有的机车时);

b)提供和清洁车厢;

c)装卸货物作业;

d)办理手续并发放文件;

e)把车厢送去称重,称重完清洁车厢;

f)上设备装货;

g)装卸货物;

h)清理车厢上的器具用于装货、安放、加固和运输货物,清理之前运货的残留;

i)检查车厢和其他交通工具是否适合运输。

4）合同双方之间的结算程序。

5）影响货物装卸的特殊条件，影响其他工程和操作的执行（气象条件、轮班工作和其他特殊条件）以及海运码头经营者以书面形式通知承运人的情况。

6）货物装卸联合计划程序，并确定货物装卸的平均每日计划或商定标准。

7）海运码头经营者和铁路运输货物的承运人的责任。

4.1. 本条第 3 款规定的合同标准形式由交通领域的联邦权力执行机构批准。

5. 由于技术原因，海运码头经营人无法使用自己的机车，向装货地点、卸货地点提供车厢，清洁卸货车厢，在海港内的非公共铁路上分流工作按照运营人之间订立的单独合同的条款，通过铁路运输货物。

6. 海运、铁路和其他类型运输的承运人可与海港基础设施的所有者签订协议，海港基础设施的运营商不是海运码头的经营者。

第 6 章　海港的土地和财产关系

第 28 条　保障海港活动的土地

1. 为了在海港边界附近的土地上安全运行海港基础设施创造必要的条件，可以根据俄罗斯联邦的立法，在特殊的土地使用条件下设立守卫、卫生保护和其他区域。

2. 海港边界内的土地不能归外国公民、无国籍人或外国组织所有。

3. 海港边界内的土地不作为财产提供给个体企业家和法人，但本条第 4 款规定的情况除外。

4. 在由投资者（个体企业家或法人）投资的港口水上技术设施所占用的港口边界内的土地，以及用于在海港开展活动的建筑、设施占用的土地，属于个体企业家或法人的财产，以及个体企业家或法人建筑的人造土地，根据联邦法《联邦所有权下的水上设施产生的人工土地及俄罗斯联邦的某些立法修正案》，可以属于他们所有。

5. 为开展海港活动，可以在海港边界内纳入个体企业家或法人拥有的土地。

6. 位于海港边界内的土地，可以按照民法和土地法规定的方式收归国家所有。

7. 联邦权力行政机构有权将位于海港边界内的土地收归国有，准备和做出这些决定的程序由联邦土地法决定。

第 29 条　限制海港基础设施的周转

1. 以下海港基础设施完全由联邦所有：

1）进港渠道，疏浚造成的水下结构；

2）船舶跟踪雷达系统；

3）全球海上遇险和安全系统运行所必需的海港基础设施；

4）导航设备和其他海上航线的导航水文保障；

5）自动信息系统的设施和设备，用于控制和管理船舶航行的统一服务。

2. 海港的下列国有基础设施不得转为私人所有权或转为市政所有权：

1）海岸保护结构、防波堤、水坝、码头、系泊设备，但用于原子破冰船队船舶综合技术服务的系泊设备除外，该系统可由俄罗斯法人所有，这些法人包括在总统批准的俄罗斯法律实体名单中，他们可以有核装置；

2）海港的基础设施，用于保障国家检查（监督）机构的活动；

3）铁路和汽车通道，通信线路，供热、供气、供水和供电设备，其他设备，两个或多个海运码头使用的工程通信；

4）破冰船，但原子破冰船除外，可以由俄罗斯联邦总统批准的俄罗斯法人名单中的俄罗斯法人拥有，可能拥有核设施，特种救援船只。

3. 本条第2款规定的海港的基础设施，由法人或个体企业家建造或购买，可归其所有。这部分的效力还适用于法人或个体企业家所有或他们建造或购买的基础设施，直至该联邦法生效之日。

3.1. 本条第1款规定的海港基础设施的建设可以由法人或个体企业家根据俄罗斯联邦关于特许协议的立法确定的条件和方式进行。

4. 除非俄罗斯联邦法律另有规定，否则本条第1款和第2款规定的海港基础设施可转让给法人、个体企业家拥有和使用。

5. 本条第1款和第2款规定的海港基础设施不得在破产程序中出售，包括不得列为破产财产。

第30条　管理海港的国家财产

1. 海港的国家财产管理是为了维护和发展海港的活动，根据其预期目的有效利用国家财产，并确保国家财产的保护和再生产。

2. 海港联邦财产的管理由俄罗斯联邦政府授权的联邦权力执行机构根据联邦法和俄罗斯联邦的其他监管法律进行。

3. 联邦财产由下属联邦国家单一企业的经济管理或运营管理指定。负责在海上运输领域提供国家服务和国家财产管理的联邦权力执行机构，除现有权力外，还对联邦财产行使以下权力：

1）组织联邦财产评估，以行使俄罗斯联邦的财产和其他权利以及保护合法利益，确定联邦财产评估合同条款；

2）对联邦国家单一企业进行：

a）协商不动产交易；

b）协调单一企业参与商业和非营利组织的决议，以及缔结简单的合伙协议；

c）协调经营实体或合伙企业的授权（股权）资本的出资（股份）管理，以及单一企业拥有的股份；

d) 核准、审计并确定服务的付款金额；

3) 在联邦国家单一企业的经济管理和运营管理中保留联邦财产，并按照既定程序合法收回该财产；

4) 在联邦国家机构的运营管理中保留联邦财产，以既定方式收回多余的、未用的或用于其他目的的财产；

5) 监督联邦财产的处置、是否按用途使用；

6) 在其职权范围内，对联邦财产的使用进行检查，指定和进行文件与其他检查，包括组织审计，并决定对联邦国家单一企业和联邦国家机构进行审计。

4. 渔业领域的联邦权力执行机构行使本条第 3 款规定的与联邦财产有关的权力，联邦财产分别指定为经济管理或联邦国家单一企业和隶属于本机构的联邦国家机构的业务管理。

第 31 条　提供位于海港以供拥有和使用的国有财产的条件

1. 本条规定了通过租赁海港土地和基础设施以及签订特许协议，在海港和海港基础设施范围内授予国有土地所有权和使用权的条件。

2. 本条第 1 款规定的海港土地和基础设施的租赁是根据本联邦法、其他联邦法和俄罗斯联邦其他标准法律法规规定的方式，按照其预定目的进行的。

3. 当租赁联邦所有的土地并且土地上有港口水上技术设施或土地用于建造这些设施时，租金金额不应超过根据俄罗斯联邦关于税费的法律规定的土地税率计算的金额。

4. 海港国有并属于不动产的基础设施的租金金额，是根据民法对独立评估师根据海港内公共不动产租赁协议评估使用产权市场价值的报告、俄罗斯联邦关于评估活动和联邦评估标准的立法确定的，由执行评估活动监管职能的联邦权力执行机构批准。

5. 使用海港国有基础设施的租金索引程序是根据双方订立的租赁协议的条款确定的。

6. 租赁使用海港国有基础设施的租金由租户转给资产负债表中的人。如果这些租赁物品在联邦国家机构的负债表中，则使用海港国有基础设施的租金将按俄罗斯联邦预算法规定的方式划转。

7. 除了拖船、破冰船、水文船和港口船队的其他船舶之外，如果这些财产的租户没有宣布更短的期限，则海港的国有并属于不动产的基础设施租赁期限为 49 年。海港的基础设施，其重建计划是根据俄罗斯联邦在战略规划领域的立法规定的，这些基础设施的出租人可以宣布较短的租期。如果国家所有并属于不动产的海港基础设施需要承租人自费大修，则基础设施的租赁期不能少于 15 年；如果承租人需要重建,则不少于 30 年。除非海港相关基础设施的承租人宣布更短的期限,否则港口船队的拖船、破冰船、水文船和其他船舶的租赁期限为 10 年。

8. 租赁协议、海港国有并属于不动产的基础设施的特许协议的强制性条款分别为:

1)按本来用途使用租赁和特许协议的对象;

2)平等获得使用租赁物品、特许协议的对象的海港服务;

3)国家检查(监督)机构代表能不受阻碍地行使俄罗斯联邦法律规定的权力。

9. 使用本条第 8 款规定的租赁物品用于非预期用途,以及由于租户的过错导致超过一年不使用此类租赁物体,则严重违反了租赁协议的条款,出租人可以在法庭上要求提前终止协议。

10. 承租人有权在出租人同意的情况下转租海港的国有并属于不动产的基础设施,并符合租赁协议的要求,费用不超过与相应租赁物体面积成比例计算的租金。

11. 租赁国家并属于不动产的基础设施的协议(与公路和铁路通道,通信线路,供热、供气、供水和供电设备,工程通信等相关的海港基础设施除外)无须与所有、经营或管理属于不动产的海港相邻基础设施者进行竞争而签署,如果这个相邻的不动产在技术性能、地点、用途方面与上述租赁对象相连并保障海港提供服务的技术过程。

12. 如果有权签订本条第 11 款规定的协议但未持有招标(拍卖)的若干人要求缔结国有并属于不动产的海港基础设施租赁协议,则在这些人之间进行招标(拍卖)。

12.1. 国有并属于不动产的海港基础设施租赁协议与唯一参与竞标的申请人签署,如果上述投标符合招标文件(拍卖文件)规定的要求和条件,则提交参与投标(拍卖)的唯一申请人被认可为招标(拍卖)的唯一参与者,认可参与投标(拍卖)和招标文件的申请所规定的条件和价格(竞价文件)。在这种情况下,申请参加招标(拍卖)和招标文件(拍卖文件)规定的价格不得低于招标公告(拍卖)中规定的合同(批)的初始(最低)价格。

12.2. 本条第 11、12 和 12.1 款的规定不适用于未经招标(拍卖)订立的租赁协议因违反租赁协议条款而终止的人。

13. 如果联邦法律和俄罗斯联邦的其他标准法律法规未做规定,关于本条第 11 款提到的海港基础设施之间存在不可分割的联系的结论,以及在海港提供服务的技术程序,由履行提供公共服务和管理海运领域国家财产职能的联邦权力执行机构发布。港口的国有并属于不动产的基础设施与不动产相关的相邻基础设施的所有权、经营权或管理人所拥有的不可分割的连接标准由交通领域的联邦权力执行机构确定。

14. 租赁联邦财产的程序,包括发布程序和关于本条第 11 款所述海港基础设施不可分割的结论,以及确保海港提供服务的技术过程分别转移到联邦国家单一企业和隶属于提供国家服务和国家财产管理的海上运输领域的联邦国家机构,能保证提供海港服务的结论,由交通领域的联邦权力执行机构,通过与社会和经济发展的分析与预测、企业发展领域制定国家政策和法律规定职能的联邦权力执行机构协商确定。

第 7 章　最终条款

第 32 条　过渡性条款

1. 在本联邦法生效之日提供服务的海港(以下简称活动海港)被视为开放服务,无论其在俄罗斯联邦海港登记册中登记号码的日期是哪一天。在这种情况下活动海港的信息应以规定的方式记入俄罗斯联邦海港登记册。

2. 活动海港的土地可能属于工业、能源、交通、通信、广播、电视、信息自动化、空间活动、国防、安全和其他特殊用途土地,允许建设海港基础设施。

3. 本俄罗斯联邦法生效之后俄罗斯联邦政府做出建设海港的决定,用于海港活动的土地属于工业、能源、交通、通信、广播、电视、信息自动化、空间活动、国防、安全和其他特殊用途土地,允许建设海港基础设施。

4. 在俄罗斯联邦政府建立海港边界之前,上述边界是指海港的现有边界。海港的现有边界是指海港的边界,其中的信息包含在海港的强制性规定中并发布在“航海者通告”中。

5. 本段已于 2011 年 4 月 21 日失效。

6. 在根据俄罗斯联邦城市规划法规定的程序确定俄罗斯联邦在联邦运输发展领域的地域规划方案的程序之前,但不迟于 2012 年 12 月 31 日,建立新的或扩建现有海港的决定是在批准的领土规划文件的基础上做出的。

7. 本段已于 2011 年 3 月 20 日失效。

8. 本联邦法第 29 条第 1 款所指的海港基础设施,在本联邦法生效之前由法人或个体企业家建造或购买的,可由其拥有。

第 33 条　对《俄罗斯联邦自然垄断法》的修订

1995 年 8 月 17 日通过的第 147 号《俄罗斯联邦自然垄断法》第 4 条第 1 款第 6 段说明如下:

“运输终端,港口和机场的服务;”。

第 34 条　关于“内陆海域、领海和俄罗斯联邦毗连区”的联邦法修正案

1998 年 7 月 31 日通过的联邦法关于“内陆海域、领海和俄罗斯联邦毗连区”

第 5 条有以下变化:

1)第 1 款第 1 段如下:

“1. 俄罗斯联邦境内所有港口的俄罗斯联邦海港法律制度都是一样的。”;

2)第 3 款如下:

“3. 港务局局长是负责船舶入海港和船舶出海港并负责海港航行安全的官员。”;

3)第 4 款已失效;

4)第 5 款如下:

“5. 港务局局长的职能和权力应由本联邦法、其他联邦法律和俄罗斯联邦适用于海港的其他标准法律法规确立和调节。”

第 35 条 对《俄罗斯联邦商船航运法典》的修订

《俄罗斯联邦商船航运法典》的修订如下:

1)第 6 条第 3 款第 6 段失效;

2)第 9 条如下:

第 9 条 海港、港务当局

1. 海港是指海港的一套基础设施,位于特别划定的区域,用于维修船只、商船航运、渔船船舶综合服务、旅客服务、货物装卸,包括其处理,通常在海港提供其他服务,以及与其他运输方式的协作。

2. 本段已于 2013 年 7 月 23 日失效。

3. 海港的活动根据联邦法进行。

3)第 33 条第 4 款第 2 段如下:

“船舶登记规则和它们在海港的权利由交通领域的联邦权力执行机构批准。”

4)第 35 条中:

a)第 1 款如下:

“1. 本法典第 23 条第 2 款所指船舶的登记由港务局局长进行。

捕鱼队登记的船舶及其权利的信息,每个季度由港务局局长提交给渔业领域的联邦权力执行机构。”;

6)已于 2017 年 12 月 29 日失效。

5)第 37 条第 3 款第 2 段删除“港口”两字。

6)第 53 条第 2 款:

a)第 2 段如下:

“保障安全的最低船员数量证书由已注册船舶的港务局局长签发。”

6)在第 3 段中删除“商港和渔港”;

7)第 54 条中:

a)在第 2 款中删除“相应地”和“商港和渔港局局长”；

б)在第 3 款中删除“相应地”和“商港和渔港局局长”；

8)第 74 条第 2 款如下：

“港务局局长根据交通领域的联邦权力执行机构批准的港务局局长条例行事。”；

9)本段已于 2013 年 7 月 23 日失效。

10)第 76 条中：

a)名称如下：

“第 76 条 港务局局长的职能。”

б)第 1 段如下：

“港务局局长负责执行以下职能，以确保海港航行和秩序。”；

в)第 8 段如下：

“办理船舶进出海港；”；

11)第 77 条已失效；

12)第 90 条第 3 款如下：

“3. 在海港引航的程序由港务局局长确定。”；

13)第 108 条中：

a)在第 1 款中删除“商港或最近的渔港局局长”；

б)在第 2 款中删除“商港或最近的渔港局局长”和“商港或最近的渔港局局长”；

14)第 109 条中：

a)在第 1 款中删除“商港或最近的渔港局局长”；

б)在第 2 款第 1 段和第 2 段删除“商港或最近的渔港局局长”；

15)第 111 条第 1 款第 3 段“港口活动”改为“在港口活动”；

16)在第 114 条中删除“商港或最近的海上渔港”；

17)第 376 条第 4 款如下：

“4. 建船舶登记，船舶建好后认为是海船，在船舶建造单位附近的海港登记。”

“在造船舶所有权在海港登记的规则由交通领域的联邦权力执行机构批准。”

第 36 条 俄罗斯联邦税法第 2 部分的修订

俄罗斯联邦税法第 2 部分第 340 条做如下修订：

1)第 2 款第 5 段“港口服务”改为“在港口服务”；

2)第 3 款第 4 段“港口服务”改为“在港口服务”；

第 37 条 《俄罗斯联邦内陆水运法典》的修订

《俄罗斯联邦内陆水运法典》第 112 条第 1 款第 2 段，由“海港码头运营商”替换“在海港装卸货物的单位”。

第 38 条　国有和市政财产私有化法修订

2001 年 12 月 21 日通过的联邦“国有和市政财产私有化法”第 28 条第 8 款如下：

“根据本联邦法，下列土地不得转让：

森林资源和水资源，受特别保护的自然区域和物体；

被有害物质污染并受到生物污染；

公共用地（广场、街道、车道、道路、堤坝、公园、森林公园、广场、花园、林荫道、水上物体、海滩和其他物体）；

根据俄罗斯联邦法律不得转让。

为国家或市政需要保留的土地范围内的国有或市政土地不得依照本联邦法进行转让。

除非联邦法律另有规定，用于保障海港、内河港口、机场或为其发展保留的交通用地不得依照本联邦法律予以转让。”

第 39 条　联邦法“关于将土地从一个类别转移到另一个类别”的修订

2004 年 12 月 21 日联邦法第 12 条第 1 部分第 4 款“关于将土地从一类转移到另一类”，在“水体位置”之后加上“包括与联邦法律规定的建造人造土地有关的”。

联邦法“特许权协议”的修订

2005 年 7 月 21 日联邦法“特许权协议”的修订如下：

1）在第 4 条第 1 部分第 4 款的“其中包括”后面加上“用于建造和（或）改建港口水上设施的人造土地”；

2）1. 1. 本联邦法第 4 条第 1 部分第 4 款规定的土地的租赁（转租）协议，必须在国家土地登记之后的 60 个工作日内与特许公司签订。

第 40 条　联邦法“特许权协议”的修订

2005 年 7 月 21 日联邦法“特许权协议”的修订如下：

1）在第 4 条第 1 部分第 4 款的“其中包括”后面加上“用于建造和（或）改建港口水上设施的人造土地”；

2）在第 11 条后加 1. 1，内容如下：

1. 1. 本联邦法第 4 条第 1 部分第 4 款规定的土地的租赁（转租）协议，必须在国家土地登记之后的 60 个工作日内与特许公司签订。

第 41 条　本联邦法的生效

1. 本联邦法应在其正式公布之日起十天后生效，但本联邦法第 36 条除外。

2. 本联邦法第 36 条自其正式公布之日起满一个月后生效，且不得早于开采矿藏的下一个征税期的第一天。

俄罗斯联邦总统　普京
莫斯科　克里姆林宫
2007 年 11 月 8 日

俄罗斯联邦商船航运法典

2019 年 1 月 31 日 修订

第 1 章　总则

第 1 条　《俄罗斯联邦商船航运法典》所调节的关系

1. 本法典调节商船航运关系。商船航运关系还由根据本法典颁布的其他联邦法律(以下简称法律)、俄罗斯联邦总统令、俄罗斯联邦政府决议(以下称俄罗斯其他法律文件)调节。

2. 商船航运产生的财产关系,基于其参与者的平等、意志自主和财产独立性,根据《俄罗斯联邦民事法典》,均由本法典调节。对于未受本法典调节或未完全调节的财产关系,适用俄罗斯联邦民事法律规则。

第 2 条　商船航运的概念

本法典中商船航运是指与使用船舶进行以下行为有关的活动:

运输货物、乘客及其行李,其中包括海上线路(包括货物和行李的装卸、乘客的上下船)和(或)货物的拖曳及保存;

捕鱼;

进行海洋资源研究;

对海底及地下矿物资源和其他无生命资源进行勘探和开采;

引航、冰上导航和破冰援助;

搜索和救援行动;

打捞沉入海中的财物;

水上技术、水下技术和其他类似工程;

卫生、检疫和其他监督;

保护和维护海洋环境;

进行海洋科学研究;

教学、体育和文化目的;

其他目的。

第 3 条　本法典规定的规则适用范围

1. 本法典规定的规则适用于：

1）在海上航道和内陆水道航行期间的海洋船舶，俄罗斯联邦国际条约或法律另有规定的情况除外；

2）内陆航行船只、沿海路航行的混合（河流－海上）航行船只，以及运输货物、旅客及其行李时在内陆水道航行，在与海船相撞的救援行动时。

2. 除法典直接规定以外，本法典规定的规则不适用于：

1）军舰、军事辅助船舶、用于运输服务和（或）确保国家重要设施安全的船舶，以及国家拥有或经营的其他仅用于政府非商业性服务的船舶；

2）国家拥有的非商业货物；

3）如果本法典明确规定，本法典规定的规则适用于本款规定的船舶和货物，则不得将此类规则用作没收、逮捕和扣留此类船舶和货物的理由。

第 4 条　使用挂俄罗斯联邦国旗的船舶进行商船运输

1. 除俄罗斯联邦国际条约另有规定外，本法典或俄罗斯联邦政府根据这些条约通过的决议，使用悬挂俄罗斯联邦国旗的船舶，可进行下列活动：

1）沿海航行；

2）在内陆海域和（或）俄罗斯联邦领海内进行破冰、搜救行动、打捞沉入海中的财产、水上技术工程和水下技术工程及其他类似工作；

3）海洋资源研究、在内陆水域和（或）俄罗斯联邦领海、俄罗斯联邦专属经济区和俄罗斯联邦大陆架的地下勘探和开发海底矿物资源。

2. 就本法典而言，沿海运输是指货物、乘客及其行李的运输和（或）拖曳：

1）在俄罗斯联邦的内海水域和（或）领海内，不越过俄罗斯联邦的国界；

2）从俄罗斯联邦的内海水域和（或）领海到位于俄罗斯联邦专属经济区和（或）俄罗斯联邦大陆架的人工岛屿、设施和构筑物；

3）从位于俄罗斯联邦专属经济区和（或）俄罗斯联邦大陆架的人工岛屿，设施和构筑物进入内海水域和（或）俄罗斯联邦领海；

4）在位于俄罗斯联邦专属经济区和（或）俄罗斯联邦大陆架的人工岛屿、装置和设施之间；

5）从俄罗斯联邦的内海水域和（或）领海进入内海水域和（或）进入俄罗斯联邦的领海，越过俄罗斯联邦的国界。

3. 只有悬挂俄罗斯联邦国旗的船舶才能进行：

1）在内陆海域和（或）俄罗斯联邦领海进行引航，进行卫生、检疫和其他检查，保护和维护海洋环境以及北方航线水域的破冰和冰上引航；

2)在俄罗斯联邦和(或)俄罗斯联邦管辖领土内生产的石油、天然气(包括液化状态)、天然气凝析油和煤炭的海运,包括俄罗斯联邦的大陆架和在北方航线水域装载的船舶,到第一个卸货点或转运点;

3)石油和石油产品、天然气(包括液化状态)、天然气凝析油和煤炭的储存,如果在北方航线水域的船舶上储存。

4. 俄罗斯联邦政府可以做出使用悬挂俄罗斯联邦国旗的船舶在其他水域运输货物的决定,以及本条第3款第2项规定的悬挂外国国旗进行货物海上运输的决定。如果这不违反普遍接受的国际法原则和规范,以及俄罗斯联邦的国际条约。

第5条　商船运输领域的国家管理

1. 商船运输领域的国家管理由运输领域的联邦权力执行机构实施,该机构履行国家政策制定和海运领域法律监管的职能(以下简称运输领域的联邦权力执行机构),以及渔业领域的联邦权力执行机构和其他管辖范围内的联邦权力执行机构。

2. 运输领域的联邦权力执行机构,根据俄罗斯联邦的国际条约、本法典、俄罗斯联邦的其他法律和法规,在其权限范围内颁发组织和公民的约束规则,包括拖曳规则、指示和其他包含规范商船运输关系的法律规范的文件。

3. 根据俄罗斯联邦的国际条约、本法典、俄罗斯联邦的其他法律和法规,由渔业领域的联邦权力执行机构颁布其职权范围内的强制性组织和公民约束规则,其活动与捕捞船队船舶的使用有关,包括规则、指示和其他包括调节与捕鱼有关的法律规则。

4. 除了北方海上航道水域和海港水域的海上航线及其通道之外,海上航线的航行和水文保障由国防领域的联邦权力执行机构负责。

北方航线海港水域及其通道的导航和水文保障由负责提供海上运输领域公共服务和国家财产管理的联邦权力执行机构负责,北方航线水域、位于北方航线岸上的海港及其通道除外。

北方航线水域、位于北方航线岸上的海港及其通道由海上运输领域提供国家服务和管理国家财产的联邦权力执行机构和国家原子能公司依据俄罗斯联邦政府的规定进行导航水文保障。

第5.1条　在北方海上航道水域航行

1. 北方海上航道水域是指毗连俄罗斯联邦北部海岸的水域,其覆盖俄罗斯联邦的内海、领海、毗连区和专属经济区,东部到与美利坚合众国的海洋空间划界线和白令海峡的杰日尼奥夫角相平行,西部到热拉尼耶角和新地群岛的经线,新地群岛的东海岸线和马托奇金海峡、喀拉海峡和尤戈尔海峡的西部边界。

2. 由俄罗斯联邦政府授权的联邦权力执行机构批准的北方海上航道水域航行

规则适用于确保航行安全，以及防止、减少和维护船舶对海洋环境的污染控制，并包括：

1）北方海上航道水域船舶航行组织的程序，包括交通领域的联邦权力执行机构或其下属机构，与国家原子能公司或其下属机构协商后，颁发船舶在北方航线水域航行许可证，向船舶冰上引航人员颁发北方海上航线冰上引航证；

2）北方海上航道水域船舶航行导航水文保障规则；

3）其他涉及北方海上航道水域船舶航行的组织。

2.1 俄罗斯联邦政府授权的权力执行机构与国家原子能公司协调后，批准下列规则：

1）北方海上航道水域船舶破冰引航的规则；

2）关于北方海上航道水域船舶引航的规则；

3）北方海上航道水域的船舶引航规则；

4）北方海上航道水域船舶航行的水文气象保障规则。

3. 北方海上航道水域的船舶航行由国家原子能公司组织，工作内容包括：

1）考虑北方海上航道水域的水文气象、冰况和导航情况，规定制定上述海域船舶航行路线和使用破冰船队的建议程序；

2）组织为船舶航行领域提供信息服务，保证航行安全，实行破冰引航；

3）协助在北方海上航道水域实施搜索和救援行动。

4. 本条第2款第1项规定的在北方海上航道水域中船舶航行许可证的发放，须视船舶是否符合有关安全航行和保护海洋环境免受船舶污染的要求（适用于北方航道水域）和俄罗斯联邦国际条约、本条第2款提到的北海航道水域航行规则，以及俄罗斯联邦国际条约规定的证明存在保险的文件，或由船舶造成的污染或其他损害造成的民事责任的其他财政支持。

5. 北方海上航线的破冰引航、冰上引航费用的支付金额是根据俄罗斯联邦关于自然垄断的法律确定的，同时应考虑到船舶的容量、船舶的冰级、船舶引航的距离以及导航期。

支付北方海上航线的破冰船引航及冰上引航费用，根据所提供的服务量而定。

本条规定的规则也适用于俄罗斯联邦、俄罗斯联邦主体拥有或经营的军舰、军用辅助船和其他船只，或仅用于政府非商业性服务的船舶。

第6条　商船航运的国家监督

1. 国家对俄罗斯联邦有关商船航运国际条约的遵守情况以及俄罗斯联邦关于商船的法律（以下简称商船航运的国家监督）由联邦权力执行机构（以下简称国家监督机构）在实施联邦国家运输监督时进行监督。

2. 国家对渔船运输的监督是为了确保渔业捕捞船队船舶航行安全，由渔业领域的联邦权力执行机构负责。

3. 国家监督机构应与渔业领域的联邦权力执行机构和国防领域的联邦权力执行机构相协调,根据运输领域的联邦权力执行机构批准的规定,调查海上事故或事件。

4. 国家对体育帆船、游艇以及用于非商业目的的船舶的监督,按照俄罗斯联邦政府规定的方式进行。

第 6.1 条 对商船航行国家监督的组织

1. 与实施商船航行国家监督、组织和对法人及个体企业家进行检查有关的关系,须遵守 2008 年 12 月 26 日第 294-ф3 号联邦法律《关于在实施国家监督和市政检查时保护法人和个体企业家权利》的规定,并要考虑本条第 2—6 款规定的组织和检查的特点。

2. 检查的对象是法人、个体企业家在实施其活动过程中遵守俄罗斯联邦国际条约、本法典、其他联邦法律和俄罗斯联邦在商船航运安全领域的其他监管法律行为(以下简称强制性要求)的情况。

3. 定期检查的依据是:

1)自上次对经营海港基础设施的法人、个体企业家定期检查结束后,三年期满。港口和航行水上技术设施、保障航行安全的设施除外。

2)自上次对经营港口和航运水上技术设施、航行安全设施的法人、个体企业家进行定期检查结束后,一年期满。

4. 实施非定期检查的依据是:

1)国家监督机构签发给法人、个体企业家的关于消除违反强制性要求的命令期限届满;

2)向国家监督机构提交公民的上诉和申请,包括个体企业家、法人、国家权力机构(国家监管机构官员)、地方自治机构的信息,媒体关于事故和交通事故的信息,这些都与违反强制性要求、海港和船舶基础设施运行规则、货物运输和装卸规则、乘客和行李运输规则有关。此类违规行为会对人的生命、健康、环境造成威胁,对国家安全、自然人和法人财产、国家或市政财产造成损失或造成伤害;

3)根据俄罗斯联邦总统或俄罗斯联邦政府的指示,或根据检察官要求进行计划外检查,要有国家监督机构负责人(副职)关于进行计划外检查的命令,或者检察机构收到材料和投诉,要根据检察官的要求在执法监督框架内进行活动。

5. 国家监督机构可以依据本条第 4 款第 2 项立即进行计划外现场检查,并根据 2008 年 12 月 26 日通过的第 294-ф3 号联邦法律《关于实施国家监督和市政检查时保护法人和个体企业家权利》第 10 条第 12 部分规定的程序通知检察机构。

6. 据本条第 4 款第 2 项实施的计划外现场检查,不允许提前通知法人、个体企业家。

第 7 条　船舶

1. 本法典中的船舶是指用于商船航运目的的自航式或非自航式漂浮设施。

2. 本法典中捕捞船队的船舶是指用于渔业捕捞的船只，以及收鱼船只、辅助船只和专用船只。

3. 本法典中的小型船舶是指长度不超过 20 米、总人数不应超过 12 人的船只。

4. 本法典中的游艇是指总人数不超过 18 人的船舶，其中乘客不得超过 12 人，用于非商业目的和水上娱乐。

5. 本法典中的运动帆船是指为了运动而建造或改装的船舶，使用风力作为主要驱动力并用于非商业目的。

6. 本法典中的海上浮动平台是指为勘探和开发海床及其底土的矿物和其他非生物资源而设计的船舶。

第 8 条　船舶所有人

本法典中的船舶所有人是指以自己的名义经营船舶的人，无论其是船舶所有人还是以不同法律依据在使用船舶。

第 9 条　海港

1. 海港是指其范围和位于该范围内的海港基础设施的全部，用于开展商船航行活动，包括提供服务。

2. 本款已于 2013 年 7 月 23 日失效。

3. 海港依据联邦法律进行运作。

第 10 条　船舶容量

本法典第 320、326、331、336.6—336.8 和 359 条中的船舶容量是指其总吨位，根据《1969 年国际船舶吨位丈量公约》附件 1 所包含的船舶计量规则来确定。

第 11 条　计算单位

1. 本法典第 170、190、320、331、359 和 360 条规定的计算单位是国际货币基金组织规定的特别提款权单位。

2. 按照特别提款权单位卢布的价值，换为卢布：

在法院、仲裁法院或仲裁法庭做出裁决之日或当事人协议确定的日期，是本法典第 170、190 条规定的金额；

在设立限制责任基金之日，是本法典第 320、331 条规定的金额；

在设立责任限制基金、实施支付或提供相当于付款的保证金之日，是本法典第 359、360 条规定的金额。

以特别提款权为单位的卢布价值，按照国际货币基金组织在其办理业务和计算确定相关日期的方法计算。

第2章　船舶

第1节　船舶所有权

第12条　船舶所有权的主体

1. 船舶的所有人可以是：

公民和法人；

俄罗斯联邦、俄罗斯联邦主体；

市政机构。

2. 安装有核动力装置的船舶只能由俄罗斯联邦拥有，但原子破冰船队的核动力装置船舶除外，这些船舶可以为俄罗斯联邦总统批准的俄罗斯法人清单所列俄罗斯法人所有。

3. 在俄罗斯船舶公开登记处注册的船舶，可以为公民和法人（包括外国公民和外国法人）、俄罗斯联邦、俄罗斯联邦主体、市政机构所有。

第13条　船舶的所有权

船舶所有人有权自行决定对船舶采取任何不违反法律和俄罗斯联邦其他法律的行为，并且不侵犯受法律保护的其他人的权利和利益，包括将船舶让予其他人，保留所有权而转让支配、使用和处置船舶的权利，以及对船舶抵押等其他处置方式。

第14条　将船舶交与信托管理

1. 船舶所有人有权根据船舶管理信托合同将其转让给受托人，为期不超过5年，以便管理船舶，为船舶所有人谋利。

正在经营或运营管理的船舶不得转让给信托管理部门。

将船舶转移到信托管理部门不需要将所有权转让给信托管理人。

2. 将船舶移交给信托管理部门必须在船舶注册的登记册中进行强制登记。

3. 受托人可以是管理船舶及其运营的个体企业家或商业组织，须满足本法典第15条第1款的要求，但单一企业除外。

4. 船舶的信托管理合同必须指明该合同的当事人、受托人的权利和义务、其薪酬的多少和形式。

第2节　船舶悬挂的旗帜和国籍

第15条　悬挂俄罗斯联邦国旗航行的权利

1. 下列船舶所有人的船舶可以获得悬挂俄罗斯联邦国旗的权利：

1）俄罗斯联邦公民；

2）俄罗斯联邦法律依据的法人；

3）俄罗斯联邦、俄罗斯联邦主体；

4）市政机构；

5）外国公民、外国法人和根据《俄罗斯联邦国际公司法》注册的法人，这是指在俄罗斯船舶公开登记处注册的船舶。

2. 应承租人的请求，俄罗斯联邦国旗悬挂的权利可暂时授予在外国船舶登记册上登记的船舶，并根据无船员（光船租赁）船舶的租船协议授予俄罗斯承租人使用和支配的权利。

1）光船承租人按照本条第 1 款的规定，应符合船舶所有人的要求；

2）船舶所有人已书面同意移交船舶悬挂俄罗斯联邦国旗；

3）根据船舶注册所在国的法律登记的船舶抵押或抵押相同性质的船舶的抵押权人已经书面同意将移交的船舶悬挂俄罗斯联邦国旗；

4）船舶登记所在国的法律并未禁止授予船舶悬挂外国国旗的权利；

5）当船舶获得悬挂俄罗斯联邦国旗的权利时，暂停悬挂外国国旗的权利。

3. 悬挂俄罗斯联邦国旗的权利由海港港务局局长在光船租赁登记处登记船舶时，暂时授予船舶，时间不超过光船租赁期限。为了更改旗帜，光船租赁的期限不得少于 1 年。

当暂时授予船舶悬挂俄罗斯联邦国旗航行的权利时，由船舶所在港口的港务局局长确定船舶的名称。

4. 在俄罗斯船舶公开登记处注册的船舶可授予悬挂俄罗斯联邦国旗航行的权利。

第 16 条　悬挂俄罗斯联邦国旗航行权利的产生

船舶获得悬挂俄罗斯联邦国旗的权利从在国家登记处登记之日算起。

第 17 条　船籍

1. 享有悬挂俄罗斯联邦国旗权利的船舶，具有俄罗斯联邦的国籍。

2. 拥有俄罗斯联邦国籍的船舶，有义务悬挂俄罗斯联邦国旗。

第 18 条　船舶失去悬挂俄罗斯联邦国旗的权利

在下列情况下，船舶失去悬挂俄罗斯联邦国旗的权利：

船舶不再符合本法典第 15 条第 1 款的要求；

根据本法典第 15 条第 2 款和第 3 款，船舶获准悬挂俄罗斯联邦国旗航行的期限到期。

第 19 条　授予船舶使用和拥有外国光船承租人，在悬挂外国国旗时临时移交船舶

1. 可以给外国船舶租赁人提供在国家船舶登记处、俄罗斯国际船舶登记处或

小型船舶登记处登记的船舶,前提是:

1)船舶所有人已书面同意船舶悬挂外国国旗;

2)在未事先按规定方式确定和登记的船舶抵押的情况下,抵押权人书面同意船舶悬挂外国国旗;

3)承租人所在国的立法不包含禁止在国家船舶登记处、俄罗斯国际船舶登记处或小型船舶登记处登记的船舶有权悬挂该国国旗的权利,并在该船舶到期后将船舶悬挂俄罗斯联邦国旗的规定。

1.1. 在向外国光船承租人提供在国家船舶登记处、俄罗斯国际船舶登记处或小型船舶登记处登记的船舶时,该船舶必须根据本条第 2 款提到的某一联邦权力执行机构命令暂时悬挂外国国旗,暂停悬挂俄罗斯联邦国旗的权利。

2. 除了渔船队外,悬挂外国国旗移交船舶的决定由国家监督机构做出;渔业领域的联邦权力执行机构做出移交渔船队船舶的决定,并要遵守本条第 1 款规定的要求,还要考虑到相关活动领域工人全俄行业工会的意见。

船舶转让悬挂外国国旗的期限不超过 2 年,并有权随后每 2 年延长一次,但不超过光船租赁期限。为了更改旗帜,光船租赁的期限不得少于 1 年。

确认终止悬挂外国国旗移交船舶决定的方式与决定本身的方式相同。

第 3 节　船舶的识别

第 20 条　船名

1. 接受国家登记的船舶必须有其名称。

船舶的名称由其所有者根据运输领域的联邦权力执行机构与渔业领域的联邦权力执行机构和其他相关联邦权力执行机构协调确定的程序指定。

2. 如果船舶的所有权转移或有其他充分的理由,船舶的名称可以更改。

船舶名称的变更事宜应立即告知船舶注册抵押权的抵押权人。

第 21 条　呼号

1. 船舶都有一个呼号。根据船舶的技术设备,它还分配船舶卫星通信站的识别号码和船舶电台选择呼叫的号码。

2. 分配船舶呼号的程序由通信领域的联邦权力执行机构确定,分配船舶卫星通信站识别号码的程序和船舶电台的选择性呼叫号码的程序,由无线电导航和卫星通信领域的授权组织确定。

第 4 节　船舶的分类与检验

第 22 条　应该分类和检验船舶,并授权给船舶分类和检验的组织

1. 应该接受国家登记的船舶,以及在俄罗斯联邦船舶登记处登记的船舶都应

分类并检验。

2. 接受国家登记的船舶，在国家船舶登记处登记的船舶或光船租赁登记处登记的船舶的分类和检验由俄罗斯联邦政府授权的俄罗斯组织（以下简称授权对船舶分类和检验的俄罗斯组织）根据俄罗斯联邦的国际条约有偿进行，申请人支付的费用按俄罗斯联邦政府确定的程序收取。须进行国家登记的船舶、已在俄罗斯国际船舶处登记的船舶的分类和检验，由船舶所有人选择授权进行船舶分类和检验的俄罗斯组织或根据俄罗斯联邦国际条约，由俄罗斯联邦政府授予拥有必要权力的外国船级社进行。

体育帆船以及用于非商业目的的小型船只的分类和检验，按照俄罗斯联邦政府规定的方式进行。

3. 被授权对船舶进行分类和检验的俄罗斯组织可以以联邦自治机构的形式创建。

第 23 条　船舶检验

1. 除用于非商业目的的小船外，船舶均须经过授权对船舶进行分类和检验的俄罗斯组织或外国船级社的检查，以符合俄罗斯联邦国际条约的要求。

2. 符合本条第 1 款规定要求的船舶的合规性由经授权对船舶进行分类和检验的俄罗斯组织或外国船级社颁发的文件予以确认。

第 24 条　船舶分类

1. 有权对船舶进行分类和检验的俄罗斯组织或外国船级社，根据其权限将本法典第 23 条第 1 款所述的级别授予船舶。

2. 有权对船舶进行分类和检验的俄罗斯组织发布船舶分类和建造规则、船舶建造技术监督、船舶材料和产品制造技术监督规则，以及船舶符合这些规则的分类证书。

如果船舶违背这些规则，则被授权对船舶进行分类和检验的俄罗斯组织不签发分类证书，暂停或终止先前颁发的分类证书。

第 25 条　船舶文件

1. 接受国家登记的船舶，除本法典第 27 条第 1 款所指的船舶外，必须有下列船舶文件：

1）悬挂俄罗斯联邦国旗权利证书（临时证书）；

2）船舶所有权证书；

3）旅客证（用于客船）；

4）测量证书；

5）载重线证书；

6）油污防治证书；

7)船舶无线电台和无线电日志许可证(如果船舶有无线电台);

8)船员花名册;

9)船舶日志;

10)机器日志(用于机械发动机船舶);

11)卫生日志;

12)船舶航行卫生证书;

13)俄罗斯联邦国际条约、俄罗斯联邦的法律和其他法律文件规定的其他船舶文件。

2. 用于卫生、检疫和其他监督的船舶可以没有载重线证书和测量证书。可以通过发布适当的证书以简化的方式确定这种船舶的容量。

本段已于2012年4月23日失效。

第26条　本条已于2011年6月14日失效。

第27条　一些船舶的船舶文件

1. 须接受国家登记的体育帆船、游艇和小型船舶必须有以下船舶文件:

1)船证;

2)船员花名册。

2. 本条第1款规定的船舶必须有船证,证明有权悬挂俄罗斯联邦国旗航行,船舶有特定的主体、船舶的容量,并适合航行。

第28条　本条已于2011年6月14日失效。

第29条　船舶文件的颁发

1. 俄罗斯联邦国旗悬挂证书、船证和船舶所有权证书由进行船舶国家登记的机构签发。

2. 船舶无线电台的许可证是根据本法典进行国家登记的船舶,在收到向船舶无线电台发放许可证的国税的支付信息之日起3天内,由通信领域的联邦权力执行机构颁发。

3. 航行权的船舶卫生证书由俄罗斯联邦的水上运输的卫生和流行病学监督机构签发。

4. 对于本条第1—3款所述的文件,国家税是按照俄罗斯联邦法律规定的税收和费用的数额与方式支付。

5. 运输领域的联邦权力执行机构确定船舶文件清单,这些文件以电子文件的形式颁发,其颁发程序(船舶无线电台许可证除外)以电子签名并确认有效。颁发船舶无线电台许可证的程序,以及电子签名并确认其有效的程序,由通信领域联邦权力执行机构与运输领域联邦权力执行机构协调确定。

第 30 条　悬挂外国国旗船舶的船舶文件的认可

悬挂外国国旗船舶和访问俄罗斯联邦海港的船舶文件的认可是根据俄罗斯联邦的国际条约进行的。

第 31 条　本条已于 2017 年 12 月 29 日失效。

第 32 条　船舶文件的制作规则,船舶日志的保留

1. 本法典第 25 条第 1 款第 8—11 项规定的船舶文件,按照运输领域的联邦权力执行机构制定的规则保存在纸质和(或)电子载体上。

2. 船舶日志从最后一次记录之日起保留在船上 2 年。在规定期限届满后,船舶日志应存放在船舶登记的机构。该机构按照运输领域的联邦权力执行机构确定的方式保存船舶日志不少于 10 年。

3. 提供船舶日志给有权获得相关信息的人员,以供审查和复制。

如果船舶在俄罗斯联邦境外销售,则船舶日志将提供给有权在船舶销售之前获得相关信息的人员,并进行审查和复制。

第 3 章　船舶登记、船舶权利和船舶交易

第 33 条　俄罗斯联邦的船舶登记处

1. 船舶须在俄罗斯联邦的一个船舶登记处(以下简称船舶登记处)进行国家登记:

1)国家船舶登记处;

2)小型船舶登记处;

3)光船租赁登记处;

4)俄罗斯国际船舶登记处;

5)在建租用登记处。

1.1. 作为船舶附件的小艇和其他浮动设备,重达 200 千克(含)的小船和发动机容量(如果安装)高达 8 千瓦(含)的发动机,以及不超过 9 米、无发动机也无休息区的运动帆船,以及无甲板、长度不超过 12 米的非自行船只不需要登记。

2. 船舶的所有权和其他财产权,这些权利(抵押、信托管理和其他)的限制(抵押),其产生、转移和终止,必须在国家船舶登记处或小型船舶登记处登记。在俄罗斯国际船舶注册处登记的船舶的所有权和其他财产权(不包括对光船租赁的船舶的这些权利),这些权利(抵押、信托管理和其他)的限制(抵押)须在俄罗斯国际船舶登记处登记。俄罗斯国际船舶登记处的国家登记,关于所有权和其他限制(抵押)的实际权利,以及从该船舶的登记簿中排除,须经过书面同意,对受益人有适当的限制(抵押)。

3. 在国家船舶登记处、俄罗斯国际船舶登记处或小型船舶登记处对船舶所有

权和其他财产权的登记,这些权利的限制(抵押),其发生、转让和终止是这些权利的登记权、限制(抵押)和交易的唯一证据,只能在法庭上受到质疑。

4. 本条第 1 款规定的船舶登记处应按照本章规定的规则运作。

船舶的国家登记规则,其在海港的权利和交易以及船舶的集中登记均由运输领域的联邦权力执行机构批准。

5. 船舶都在船舶国家登记处注册,用于非商业目的的小型船舶除外。

用于非商业目的的小型船舶在小型船舶登记处注册。

6. 在光船租赁登记处登记的船舶根据本法典第 15 条第 2 款和第 3 款暂时获得悬挂俄罗斯联邦国旗的权利。

7. 下列船舶可以在俄罗斯国际船舶登记处登记:

1)用于国际货物运输、旅客、行李及拖航的船舶。如果船舶在外国船舶登记处注册,并且在向俄罗斯国际船舶登记处提交国家登记之日船龄已超过 15 年,则不在俄罗斯国际船舶登记处进行国家注册;

2)用于在近海运输和牵引的船舶,在提交国家登记申请之日的船龄不得超过 15 年;

3)用于勘探和开发海床及其底土矿物和其他非生物资源、水上技术工程和水下技术工程的船舶,以及确保上述工程和活动的船舶;

4)自行式船舶,主发动机容量至少为 55 千瓦,非自行式船舶,容量不低于 80 千瓦,由俄罗斯造船组织于 2010 年 1 月 1 日后建造,用于本法典第 2 条规定的用途;

5)用于本法典第 2 条规定用途的船舶(捕捞船队的船只除外),并由俄罗斯联邦公民或俄罗斯法人在列入俄罗斯联邦政府批准的海港清单的俄罗斯联邦海港的此类船舶的国家登记处注册;

6)用于本法典第 2 条规定用途的船舶(捕捞船队的船只除外),其船龄在提交国家登记申请之日不超过 25 年,在外国船舶登记处注册,并根据租船协议由根据俄罗斯联邦法律设立的自由经济区注册的法人租用(光船租赁),这些船在俄罗斯联邦政府批准列入俄罗斯联邦海港名单的海港进行国家注册;

7)在海上使用的船只和用于在沿海拖航的船只(前提是海港之间的航程不超过 24 小时),由俄罗斯联邦公民、根据俄罗斯联邦法律登记的法人、俄罗斯联邦、俄罗斯联邦主体所拥有或由他们根据无船员的船舶租赁协议(光船租赁)租用;

8)用于在俄罗斯联邦海港储存和转运石油与石油产品的船舶,这些船舶在提交国家注册申请之日的船龄不超过 20 年。

8. 使用本条第 7 款所列船舶开展其中规定的工程、服务和活动还包括租赁这些船舶。

9. 下列船舶在俄罗斯船舶公开登记处注册：

1)用于商业目的的船只，包括小型船只，如果使用目的是从事本法典第 4 条未规定的活动，使用人是根据《加里宁格勒州和滨海边疆区特别行政区法》作为特别行政区的参与者而注册的；

2)用于非商业目的的小型船只、运动帆船和游艇。

10. 属于外国公民和外国法人的船舶，如果光船承租人是根据《国际公司法》注册的法人，则须在俄罗斯公开船舶登记处注册。

11. 在俄罗斯公开船舶登记处进行国家登记，须在加里宁格勒海港或符拉迪沃斯托克海港进行。但是，不需要将船只展示给港务局局长，也不需要将船开到俄罗斯联邦的领土。

第 34 条　仅用于政府非商业公务活动的船舶

1. 俄罗斯联邦、俄罗斯联邦主体拥有或经营的船舶只用于政府非商业性服务，其国家登记，根据本章制定的规则在国家船舶登记处或小型船舶登记进行。军舰、军用辅助船、边防船舶以及用于运输服务和(或)保障国家保卫设施安全的船舶除外。

2. 以本条第 1 款规定以外的方式进行国家登记的船舶，在将此类船舶用于商业用途的情况下，可根据本章规定的规则重新登记。

第 35 条　对船舶进行国家登记的机构

1. 在国家船舶登记处、俄罗斯国际船舶登记处、光船租赁登记处的船舶进行国家登记，以及在建船舶登记处的在建船舶的国家登记，由港务局局长进行。其港务局局长在上述船舶登记处或在建船舶登记处进行国家登记的海港名单由俄罗斯联邦政府批准。

2. 船舶在小型船舶登记处进行国家登记，由俄罗斯联邦政府授权的机构进行。

3. 本款已于 2017 年 12 月 29 日失效。

第 36 条　国税

船舶在国家船舶登记处、俄罗斯国际船舶登记处、小型船舶登记处或光船租赁登记处登记，对其进行的任何变更，以及船舶在俄罗斯国际船舶登记处的年度确认登记，均需根据俄罗斯联邦的立法交纳税费。

第 37 条　国家船舶登记的条件

1. 船舶只能在其中一个船舶登记处进行登记。

1.1. 船舶可在其中一个船舶登记处登记，但须对该船舶进行分类和检验。

2. 在外国船舶登记处登记的船舶可以在国家船舶登记处、俄罗斯国际船舶登记处或小型船舶登记处登记，只要它已从外国船舶登记处删除，并能出示该船舶已被排除在外国船舶登记处的证明。

在国家船舶登记处、俄罗斯国际船舶登记处或小型船舶登记处进行的国家登记在外国船舶登记处不予承认,除非船舶以规定的程序从国家船舶登记处、俄罗斯国际船舶登记处或小型船舶登记处注销。

如果在30个日历日之后,船舶所有人仍未收到先前登记船舶的国家海事管理局的回应,则可以向船舶国家登记机关申请在一个登记处对该船舶进行国家登记。在这种情况下,该船舶的所有者在对船舶进行国家登记的申请中应附上证明向上次登记的国家海事管理局申请从外国船舶登记处注销的请求。根据该船舶的国家登记结果,国家登记机关应当将登记船舶的通知发送给原登记国的国家海事管理机构。

3. 船舶可以在俄罗斯国际船舶登记处注册一定期限,有权进一步延长这一期限或不确定登记船舶的期限。

船舶在俄罗斯国际船舶登记处的国家登记须经年度确认。俄罗斯国际船舶登记处船舶国家登记年度确认程序由船舶国家登记规则、船舶在海港的权利和交易规则以及注册船舶的集中登记来确定。

俄罗斯国际船舶登记处根据租船合同向俄罗斯承租人提供的无船员船舶(光船租赁)的国家登记期限不得超过上述合同期限或本船舶航行权暂停悬挂外国国旗的期限。此条考虑了这些期限中最短的时期。

第38条　根据船员租船协议租用的无船员船舶的国家登记(光船租赁)

1. 在外国船舶登记处登记的船舶,在光船租赁登记处或俄罗斯国际登记册处进行国家登记,需要在光船承租人申请的基础上进行,还须附下列登记所需的文件:

1)在更改船旗之前,从船舶登记的外国船舶登记处退出,如果抵押设定,则指明船舶所有人和抵押权人或具有相同性质的船舶注册产权;

2)船舶悬挂俄罗斯联邦国旗期间,船舶所有人和船舶登记抵押权人或具有相同性质的船舶注册产权的书面同意;

3)由船旗国在更改船旗之前直接登记的外国主管当局签发的文件,并确认悬挂该国国旗航行的权利在该船舶有权悬挂俄罗斯联邦国旗的期限内暂停;

4)光船租赁的原件和复印件;

5)测量证书;

6)旅客证书(客船);

7)关于国际海事组织指定的船舶识别号的信息;

8)根据本法典第15条第1款,证明光船租赁船舶的承租人符合船舶所有人要求的文件。

2. 在光船租赁登记处或俄罗斯国际船舶登记处进行国家登记时,签发的有权悬挂俄罗斯联邦国旗的证书,有效期不超过光船租赁期限。

第 39 条　向国家船舶登记处或小型船舶登记处提交的信息

1. 船舶的国家登记在国家船舶登记处或小型船舶登记处进行,以所有者的姓名登记。

2. 在国家船舶登记处或小型船舶登记处需输入下列主要信息:

船舶的系列登记号及其国家登记日期;

船舶名称(当前名和曾用名)、船舶以前的国家登记的港口(地点)和注销的日期(如果有的话);

船舶登记港口(地点)的名称和国际海事组织指定的船舶识别号码;

船舶呼号;

船厂的名称、船舶的建造地点和年份;

船舶的类型、用途和船舶航行区域;

船舶的主要技术特性,包括容量(总量和净量)、船舶的总容量和主要尺寸;

所有者的姓名、国籍和地址;

如果有多个所有者,则每个所有者在共同所有权中的份额;

船舶或船舶部分所有权的依据(买卖合同、船舶建造合同及其他);

船主的姓名和地址,如果申请人不是船舶所有者;

船舶转移至受托人管理时,受托人的姓名和地址;

有关船舶注册抵押的数据,如果按照本法典第 376 条和第 377 条确定的话;

将船舶从国家船舶登记处或小型船舶登记处中注销的依据和日期。

3. 在临时给船悬挂外国国旗时,在国家船舶登记处或小型船舶登记处需输入下列主要信息:

关于决定将船舶悬挂外国国旗的联邦权力执行机构的指示,以及该决定的日期;

允许船舶悬挂外国国旗的期限;

允许悬挂外国国旗航行的国家名称;

光船承租人的姓名和地址;

暂停悬挂俄罗斯联邦国旗航行的日期。

第 40 条　需在光船租赁登记处、俄罗斯国际船舶登记处和俄罗斯船舶公开登记处输入的信息

1. 船舶的国家登记是在光船租赁登记处以船舶承租人的名义进行的船舶国家登记。

2. 在光船租赁登记处需输入下列主要信息:

船名;

船舶所有人的姓名和地址；

光船承租人的姓名和地址；

光船租赁订立的日期及有效期；

船舶获得悬挂俄罗斯联邦国旗权利的期限届满日期；

关于船舶在更换船旗之前登记的外国船舶登记处的信息，指明该船舶登记的法律适用于该船舶的所有权，以及这种登记也适用于相同性质的船舶抵押；

应船舶抵押权人的要求或性质相同的船舶抵押，在光船租赁登记处可输入抵押权人的姓名以及在更改船旗之前登记在外国船舶登记处中的与船舶抵押或性质相同的船舶抵押的其他数据。

3. 船舶在俄罗斯国际船舶登记处的国家登记是以船舶所有人的名义或以光船租赁船舶承租人的名义进行的。

4. 当船舶以船舶所有人的名义进行国家登记时，在俄罗斯国际船舶登记处录入本法典第 39 条第 2 款和第 3 款规定的信息。

当船舶以光船租赁船舶承租人的名义进行国家注册时，在俄罗斯国际船舶登记处录入本条第 2 款规定的信息。

第 41 条　通知船舶登记处输入信息变化的义务

在国家船舶登记处、俄罗斯国际船舶登记处、俄罗斯船舶公开登记处、小型船舶登记处或光船租赁登记处，船主或光船承租人输入的信息有任何变更，都有义务在他们获知这种变化起的 2 个星期内通知船舶登记机构。

第 42 条　船舶的初始国家登记

1. 船舶的初始国家登记涉及下列船只：

1）其所有权已在在建船舶登记处登记；

2）在俄罗斯联邦境外购得。

2. 船舶的初始国家登记由船舶国家登记机关进行，期限自签发悬挂俄罗斯联邦国旗临时悬挂权证书不超过 3 个月。俄罗斯联邦国旗悬挂权证书由船舶国家登记机关签发，以取代俄罗斯联邦国旗临时悬挂权证书。该证书在船舶初始登记之日起 3 个月内签发，前提是该船舶符合国家登记的要求。

第 43 条　船舶国家登记港（地）的变更

1. 根据船舶所有者的申请可以变更船舶的国家登记港（地）。在船舶的国家登记港（地）变更时，根据之前船舶国家登记港（地）港务局局长转交的文件，在之前船舶国家登记港（地）的所有船舶登记信息都要输入新的船舶国家登记港（地）。

2. 在新的船舶国家登记港（地）进行的船舶国家登记，有重新签发的悬挂俄罗斯联邦国旗航行证明或船证证明。

第 44 条　船舶的重新国家登记

如果由于事故或任何其他原因，船舶不再符合先前登记在船舶登记处中的信息，则该船舶信息按照本规则第 33 条第 4 款规定的方式被船舶登记处删除，在船舶检验后可以按照本法典规定的程序重新登记。

第 45 条　证明船舶国家登记的船舶文件灭失

如果悬挂俄罗斯联邦国旗授权证书或船证灭失，则该船舶文件的副本由登记该船舶的机构签发。

第 46 条　拒绝对船舶、对其拥有权和交易权进行国家登记

1. 有下列情况，拒绝对船舶、对其拥有权和交易权进行国家登记：

国家登记的申请人不适合；

未遵守本法典第 37 条第 1.1 款规定的要求；

未遵守本法典第 37 条第 2 款第一段关于从以前的船舶登记处注销的要求；

提交国家登记的文件不符合俄罗斯联邦法律的要求；

签发船舶所有权文件的人无处置该船舶的权利；

船舶所有权文件证明申请人无处置该船舶的权利；

根据本法典，申请人要求国家登记的船舶权利和船舶的交易权利，不是应该进行国家登记的权利；

申请的权利和已登记的权利间有矛盾。

2. 对船舶、所有权与交易权拒绝国家登记，相关人员可向法院或仲裁法院提出上诉。

第 47 条　船舶从国家登记处、俄罗斯国际船舶登记处或小型船舶登记处注销

1. 以下的船舶应该从国家船舶登记处、俄罗斯国际船舶登记处、小型船舶登记处或俄罗斯船舶公开登记处强制注销：

损毁或失踪的船舶；

结构损毁的船舶；

船舶因改造或任何改变失去船舶特性；

不再符合本法典第 15 条第 1 款的要求（以光船承租人的名义在俄罗斯国际船舶登记处登记的船舶除外）。

2. 有下列情形，在俄罗斯国际登记处登记的船舶应强制注销：

船舶所有者申请；

本法典第 37 条第 3 款规定的船舶国家登记期限已满；

船舶所有者在俄罗斯国际船舶登记处或俄罗斯船舶公开登记处对船舶国家登记年度确认交纳国家税款延迟。

在俄罗斯船舶公开登记处注册的船舶，以及实施本法典第 4 条活动所用船舶

须强制从登记处注销。

第48条 失踪的船舶

如果从获知最后消息的地点抵达目的港所需必要时间的2倍期间内还没有船舶的消息,视为船舶失踪。认定船舶失踪所要求的期限从获知船舶最后消息之日起不得少于1个月,但不得多于3个月;战时期限不得少于6个月。

第49条 结构损毁的船只

受损船被认为结构损毁,如果:

船舶无论在船舶所在的地方或船舶可以交付的任何其他地方都无法修复;

修船在经济上不合算。

第50条 船舶登记处的公开性

船舶登记处对任何有兴趣获取其中所含信息的人开放。相关人员有权按照俄罗斯联邦政府规定的程序付费获得船舶登记处中适当的摘录。

第51条 违反船舶国家登记的责任

逃避船舶强制性国家登记的人,如果船舶违反既定程序在船舶登记处登记,或者违反了船舶登记处中所载信息变更的义务,将根据俄罗斯联邦法律承担行政责任。

第4章 船员和船长

第1节 船员

第52条 船员的构成

1. 船员包括船长、船上指挥人员和一切任职人员。

2. 船上指挥人员是指除船长外的船长助手、轮机员、电机员、报务员和医生。运输领域的联邦权力执行机构、渔业领域的联邦执行机构和其他联邦执行机构也可以指派其他专家到该船任指挥人员。

3. 任职人员是指不属于指挥人员的人。

4. 小型船舶的船员可以只有一人作为小型船舶的驾驶员。

第53条 船舶的船员最低组成

1. 每艘船上必须有一定数量的船员,他们应具有适当的资格并且有足够的数量,以便:

1)保障航行安全,保护海洋环境;

2)满足船上人员工作时间的要求;

3)防止船上人员超负荷工作。

2. 提供保证船舶船员的最低组成证书由海港港务局局长与交通领域的联邦权

力执行机构与相关的全俄工会的协商后，根据联邦执行机构批准的规定颁发。

在海港实施监督时，船舶组成人员应符合船舶船员最低组成证书中所含数据的要求，以证明船舶配备了足够的船员，能确保船舶航行安全。

第54条　船员的证书

1. 船员持有由俄罗斯联邦政府授权的联邦权力执行机构批准的船员证明条例规定的船员证和资格证书，才允许担任船员职务。

2. 船员证和资格证书根据船员的船舶工作经验、年龄、健康状况，专业培训要求，按照本条第1款的规定，并根据资格委员会的知识测试结果，由港务局局长签发。向船员发放船员证和资格证书的海港名单由运输领域的联邦权力执行机构确定。

3. 用于捕捞船的船长证、本条第1款第1段所述的船上指挥人员船员证，以及船上其他人员的船员证和资格证书，如果有海港港务局局长的确认书证明按要求颁发了船员证和资格证书，即视为有效。

4. 依照船员证和资格证书履行职责时，在直接威胁人民生命、海上财产保全，或因船员无能、作为或不作为而造成海洋环境破坏的情况下，或为防止被骗，所颁发的船员证和资格证书可以被颁发证书的海港港务局局长没收或注销，也可以暂时失效。

5. 本条第3款规定的确认书证明该船员证、资格证书的有效期届满，根据本条第4款的规定予以没收或注销或暂停失效。

6. 颁发船员证和资格证书的程序，本条第3款以电子文件形式提供的确认书，以及以电子形式集中登记的程序，通知有关各方其船员证、资格证书和确认书的状况，均须运输领域的联邦权力执行机构批准。

第55条　对申请在船上工作的人员和允许在船上工作的人员的健康状况要求

1. 申请上船工作的人员必须接受初步体检，包括对人体内存在麻醉药品、精神药物及其代谢物的化学毒理学研究。允许在船上工作的人员必须每年接受这种体检。

2. 妨碍船舶工作的疾病清单由俄罗斯联邦政府制定。执行医疗检查的程序和未患有在船上工作的医学禁忌症的医学意见形式，由卫生领域制定国家政策和标准法律监管职能的联邦权力执行机构与交通领域的联邦权力执行机构进行协商确认。

第55.1条　海员身份证

1. 办理、颁发和使用海员身份证应按俄罗斯联邦政府规定的程序，还须考虑本条的要求。

2. 2001 年 8 月 7 日通过的第 115-ф3 号联邦法律《关于打击犯罪收入和资助恐怖主义合法化(洗钱)》第 6 条所列人员,如果有显示一些组织或自然人参与了极端主义活动或恐怖主义活动的信息,不能为其办理和颁发海员身份证。如果先前已获得海员身份证的人员被列入参与极端主义活动或恐怖主义活动的组织和个人名单,则上述人员的海员身份证不能使用,应予以没收。

第 56 条　海员的国籍

1. 除俄罗斯联邦公民外,悬挂俄罗斯联邦国旗船舶的船员可以是外国人或无国籍人,但他们不能担任船长、大副、轮机长和报务员。

2. 除渔船队外,外国人和无国籍人可能成为船员的条件由运输领域的联邦权力执行机构确定;到渔船队工作的条件由渔业领域的俄罗斯联邦权力执行机构根据吸引和使用外国人和无国籍人务工的法律确定。

3. 悬挂俄罗斯国旗的船舶和在俄罗斯船舶公开登记处注册的船舶上的船员,除俄罗斯公民外,还可以是外国公民和无国籍人,但他们不能担任船长和大副。

第 57 条　船上的劳动关系

1. 船员的劳动关系由《俄罗斯联邦劳动法》、根据该法通过的其他联邦法律和俄罗斯其他标准法律规范调节,包括本法典和船舶服务条例、包含劳动法规范的当地法规以及协议、集体合同和劳动合同。

2. 未经船长同意,任何船员不得受雇上船工作。

3. 除渔船队外,船上服务条例由交通领域的联邦权力执行机构批准,而渔船队的船上服务条例由渔业领域的联邦权力执行机构批准。

4. 未经体检的人员,以及因未经医生处方使用麻醉药品或精神药物或新的潜在危险精神活性物质而受到行政处罚的人员,在该人员受行政处罚未期满之前,不得在船上工作。

5. 存在劳动法规定的雇主终止雇佣合同的依据,与被授权在船上工作的人签订的雇佣合同可以在一个人被认为因与麻醉药品或精神药物式新的潜在危险精神活性物质的使用有关的行政违法行为而受到惩罚的期间终止,或所指人员未按规定方式通过体检。

第 58 条　船员的遣返

1. 有下列情形,船员可以被遣返:

1)在俄罗斯联邦境外,期限为固定期限或某一航次的雇佣合同期限期满;

2)根据劳动合同在通知中规定的期限届满时,由船主或船员主动终止雇佣合同;

3)海难事故;

4)生病或受伤,需要下船治疗;

5)由于破产、出售船舶或更改船舶登记状态,船舶所有者无法按照俄罗斯联邦的法律或其他法律行为或劳动合同的规定履行其对船员的义务;

6)未经船员同意,将船派往战区或流行病危险区;

7)船员在一定集体协议上的最长工作期限届满。

2. 应船员的要求遣返至其居住国、受雇上船的港口或集体协议中指定的港口,或在雇佣船员时指定的任何其他地点。

3. 船舶所有者应组织适当快速的遣返。遣返用空中交通工具。

4. 遣返费用由船舶所有者承担。

遣返费用包括:

1)支付:

船员到达本条第二款指定遣返地点的费用;

船员从离开船舶到到达遣返地点的食宿费用;

如果船员因身体状况不适合转乘,如有必要,直到船员健康适合转往遣返地的医疗费;

船员携带30千克行李到达遣返地点的费用。

2)从船员离船到船员到达遣返地点的工资和补贴,如果在集体协议中有规定的话。

5. 如果船员遣返是由于船员在履行工作职责时出现过错造成的,则船舶所有者有权根据俄罗斯联邦劳动法的规定不补偿遣返费用。

第59条　船员的财产

如果因船舶事故造成船员失去财产或财产损失,船舶所有者有义务赔偿对船员造成的损失。对船舶事故负责的船员的财产造成的损害不予赔偿。

第60条　船舶所有者的义务

1. 船舶所有者必须保证船员的:

安全劳动条件;

健康维护;

有救生设施;

不断供给食物和水;

有适当居所(船舱、餐厅、卫生设施、医疗点和休息室);

日常文娱活动。

2. 船舶所有者必须保证:

支付船员应得的工资和其他款项,包括遣返费用;

在船员履行劳务义务时,保证他们的生命和健康安全。

第2节　船长

第61条　船舶管理和船长的其他义务

船长负责管理船舶,包括航行、采取措施确保船舶航行安全、保护海洋环境、维护船舶秩序,防止船舶、船舶上的人员和货物受到伤害。

第62条　帮助海上任何遇险人员的责任

1. 如果对自己船舶和船上人员没有严重危险,船长应帮助海上任何遇险人员。

2. 如果违反本条第1款规定的义务,按照俄罗斯联邦的刑法,船长应承担刑事责任。

第63条　撞船后提供施救的义务

1. 相撞船舶的每位船长,如果碰撞不会对本船旅客、船员和本船造成重大危险,在撞船后都应对对方船只、旅客和船员进行施救。

2. 如果有可能,双方船长应向对方通报自己的船名、登记港以及出发港和目的港。

3. 船长未履行本条第1款和第2款义务,船舶所有者不承担责任。

第64条　船长给予紧急医疗救助的义务

如果船上的人员需要紧急医疗救护,而在海上的船舶无法提供时,船长必须驶入最近的港口或采取措施将该人员送到最近的港口并通知船舶所有者;当船只在外国港口停靠或将此人送到外国港口时,还要通知俄罗斯联邦使领馆。

第65条　在军事行动或有其他军事危险时船长的义务

如果在船舶的出发港或目的港区域内或在船舶必经区域发生军事行动,以及在其他有军事危险的情况下,船长有义务采取一切措施防止船只、船上人员、文件以及货物和其他财产被毁灭、损坏和扣押。

第66条　船员弃船

如果船长认为船舶受到不可避免的覆灭威胁,船长应在采取一切措施营救船上乘客后允许船员离开船舶。在他下令采取抢救船舶日志、机器日志和无线电日志、本次航行的海图、导航仪器磁带、文件和贵重物品的措施后,船长最后离开船舶。

第67条　维护船上秩序

1. 船长在其职权范围内发布的命令,船上人员都必须执行。

2. 船长有权在与船舶所有者协商后对船员采取奖励措施,并对船员采取纪律措施,根据联邦法律和俄罗斯联邦其他标准法律规定暂停任何船员的职责。

3. 船长有权对其行为虽不包含俄罗斯联邦刑法规定的犯罪特征,但将船舶或其中的人员和财产安全构成威胁的人关禁闭。

第 68 条 船长、船员和俄罗斯联邦领事机构的关系

船长、船员和俄罗斯联邦领事机构的关系由俄罗斯联邦领事条令确定。

第 69 条 启动刑事案件的公诉，并由船长实施紧急调查行动

1. 在船舶航行时，船长可以启动刑事案件的公诉，并根据《俄罗斯联邦刑事诉讼法》采取紧急调查行动。

2. 发起公诉的刑事案件，船长与诉讼程序无关的行为的程序和特点由运输领域的联邦权力执行机构确定。

第 69.1 条 船长对犯有危害海上航行安全罪的人采取的行为

如果俄罗斯联邦国际法有规定，船长可以向外国主管部门移交船长有合理理由认为已经犯罪并危及海上航行安全的人，俄罗斯公民和长期生活在俄罗斯联邦的无国籍人士除外。在这种情况下，如有可能，船长在船舶进入外国领海之前，必须在可行的情况下向其主管机构发出通报，表明其打算将此人移交给他们并说明移交理由，向指定机构提供现有证据。

第 70 条 在船上有遗嘱、出生和死亡的情况下，船长的义务

1. 船长有权在航行的船上当遗嘱证明人。船长证明的遗嘱等同于公证。

2. 船长必须在每次在船出生事件和死亡事件的船舶日志上签字。

3. 船长必须将死亡事件通知死者的一名亲属或其配偶，并采取措施保存并将死者遗体送回家乡。如果没有这种可能，船长应将死者的遗体运送到陆地或将其火化，然后将骨灰盒送回其家乡。

特殊情况下，如果船舶将长时间在海上航行，无法保存死者遗体，船长有权按海上习俗将其海葬，但要制作相应文件。

4. 船长确保编制死者遗物清单并保管死者在船上的财物，直到进入俄罗斯联邦的第一个港口，按清单将财物交给港务局局长。

第 71 条 船长是船舶所有者和货主的代表

如果没有船舶所有者或货主的其他代表，船长因其职务被视为船舶所有者和货主的代表，涉及与船舶、货物或航行需求有关的交易，以及与托付给船长的财产有关的索赔。

第 72 条 急需资金继续航行

1. 如果在航行期间迫切需要资金继续航行，特别是修理船只或给船员提供给养，船长有权（如果无法或来不及收到船舶所有者的指示）出售部分财产以便继续航行。

船长必须选择对船舶所有者和货主造成最小损失的获得资金的方法继续航行。

2. 船舶所有者要补偿给货主出售货物的价值，除非货物销售造成的损失低于

共同海损或货物销售仅为对货物有利而进行。

第73条　大副代理船长义务

如果船长死亡、生病或由于其他原因不能履行职责，在接到船舶所有者命令之前，由大副代为履行职责。

第5章　港口国家监督

第74条　港务局局长

1. 港务局局长执行本联邦法、其他联邦法律、俄罗斯联邦政府标准法律赋予他的海港行政权力。

2. 港务局局长按照运输领域联邦权力执行机构批准的港务局局长职能规定行事。

第75条　本条已于2013年7月23日失效。

第76条　港务局局长的职能

港务局局长具有以下职能：

检查俄罗斯联邦法律和俄罗斯联邦国际条约在商船航行和海事劳务关系领域的遵守情况；

船舶的国家登记和颁发相应的船舶文件；

登记船舶和在建船舶的所有权，船舶和在建船舶的抵押和其他权利，颁发相应文件；

向船员发放船员证、资格证书、确认书和海员身份证；

查验船舶文件、船员证、资格证书以及颁发船员证和资格证书的确认书；

检查涉及进港和出港程序要求遵守的情况；

办理船舶进港和出港手续；

检查引航服务和船舶交通管制系统的活动；

监督在港口入口和港池水域内的破冰船护航情况；

发放打捞海上沉没货物的许可证，协调建设、水利及其他工程，并考虑海港船只的航行条件及影响海港航行安全的其他因素；

确保海港水域的运输安全，包括采取措施防止、阻止海船和其他船只在海港水域的非法存在和移动；

通知运输领域的联邦权力执行机构关于在海港已实施或正实施非法干扰行为的威胁。

第77条　本条已于2007年11月8日失效。

第78条　港务局局长的命令

港务局局长在其权限内的命令对港口的所有船舶、组织和公民具有约束力。

第 79 条　对船舶的港口国家监督

1. 对位于港口、出海的船舶进行国家监督，港务局局长对海港的监督进行集中登记，目的是检查是否有船舶文件，船舶的主要性能是否符合船舶文件，是否符合航行安全要求，是否能保护海洋环境免受船舶污染，包括是否有证明俄罗斯联邦国际条约和俄罗斯法律规定的保险文件及公民个人责任造成污染损失或船舶造成的其他损害的资金保障文件，以及检查是否遵守航运业劳动关系领域的要求。

2. 在没有船舶文件或有充分理由认为船舶不符合航行安全和保护海洋环境免受船舶污染要求的情况下，以及船舶不符合海事劳务关系要求的情况下，港务局局长会对船舶进行检查。

3. 为了验证在船舶检查过程中发现的缺点是否消除，港务局局长进行船舶检查。

4. 对位于海港的船舶、离港船舶的国家监督，以及集中登记的程序由运输领域的联邦权力执行机构批准。

5. 按照运输领域的联邦权力执行机构制定的程序，如果船舶不符合安全航行和保护海洋环境的要求，港务局局长可以禁止船舶进入海港或将船舶停泊在海港的入口处。

第 80 条　船舶出港许可证

1. 每艘船在出港前都必须获得港务局局长签发的出港许可证。

如果有下列情形，港务局局长有权拒绝签发出港许可证：

1）船舶不适合航行，违反装载、供应船舶、配备船员的要求或船舶存在其他缺陷，危及其航行安全、船上人员的生命或健康或海洋环境受损，以及不遵守劳动关系要求；

2）违反对船舶文件提出的要求；

3）卫生检疫、移民、海关、联邦安全局和其他授权国家机构的指示；

4）未缴纳规定的港口费。

2. 本条规定的港务局局长履行权力的费用（检查、验证等）由船舶所有者承担。

第 81 条　港务局局长扣留船只和货物

1. 因船舶碰撞，损坏港口设施、水域、通航水道和导航设备或由于其他损害而发出实施救援行动的请求，港务局局长可以扣留船舶和货物，直到船舶所有者和货主提供足够的安全保障。

因理由不充分扣留船只和货物而造成损失的责任，应由扣留所针对的人承担。

2. 根据本条第 1 款所列要求，港务局局长扣留船只和货物的命令有效期为 72 小时，但官方认为不工作的天数除外。如果法院、仲裁法院或授权法院在规定期限内没有做出依法授权对船舶和货物实施保留,应立即解除对该船舶和货物的扣留。

第 82 条　在导航设备覆盖区进行建设

1. 海上航道导航区域的建设应与负责提供海上运输领域国家服务和国家财产管理的联邦权力执行机构以及国防领域的联邦权力执行机构协调,若有本法典第 76 条第 11 段的情况,应与港务局局长协调。

2. 如果在北方航道导航区域进行建设,还应与国家原子能公司进行协调。

第 83 条　吸引船舶救援人员和船舶

应港务局局长的要求,港口内的船舶必须参与救援港口水域内遇险的人员和船只。

第 84 条　违反港口航行安全和船舶秩序规则的责任

如果违反有关港口航行安全和秩序的规定,港务局局长有权根据俄罗斯联邦的立法实施行政处罚。

第 6 章　海事引航员

第 1 节　船舶的引航

第 85 条　本章规定的适用范围

在海港、海港水域、海港之间以及公海之间的船舶引航按照本章规定的规则进行。

第 86 条　船舶引航的目的

保障船舶航行安全,防止船舶事故;

保护环境。

第 87 条　海事引航员

1. 船舶引航由海事引航员实施,引航员须获得港务局局长颁发的在一定区域内有引航权力的引航员证书。

2. 海事引航员(以下简称引航员)为俄罗斯公民,须满足交通领域的联邦权力执行机构与国防和渔业联邦权力执行机构协商批准的《海事引航员条例》的要求。

3. 引航员必须每年参加体检,其中包括对人体内存在麻醉药品、精神药物及其代谢物的化学毒理学研究。

4. 未经过体检的人,以及因未经医生处方使用麻醉药品或精神药物或新的潜在危险精神活性物质而受到行政处罚的人,无权在该人被视为受到行政处罚结束之前申请引航员的资格。

5. 雇主有劳动法规定的终止劳动合同的理由,在引航员因为未经医生处方使用麻醉药品或精神药物或新的潜在危险精神活性物质而被认为因行政违法而被处罚期间，可终止与引航员签订的劳动合同。如果此人未按规定方式通过体检，也可终止劳动合同。

第 88 条　对实施船舶引航组织的国家监督

1. 对实施船舶引航组织的国家监督由国家监督机构进行。

2. 在实施船舶引航组织的国家监督程序内，国家监督机构有权做出以下决定：

在相应区域这些组织须实施引航员强制引航，以及引航的范围；

向仲裁法庭申请开除反复或严重违反交通领域的联邦执行机构设立的其雇员的设备、数量和资格要求的组织。这些要求是为达到本法典第 86 条所确定船舶引航目的。

第 89 条　确定强制引航区域和非强制引航区域

交通领域的联邦权力执行机构确定在海港强制决议中确定强制引航区域和非强制引航区域。

第 90 条　船舶强制引航区域

1. 在船舶强制引航区域，船长不得在没有引航员的情况下航行，除非该船舶属于免于强制引航的船舶类别，或根据交通领域的联邦权力执行机构的规定和程序，船长有权无引航员引航而航行。

根据俄罗斯联邦的法律，违反本条规定的船长，应承担行政责任。

2. 免除强制引航的船舶类别由交通领域的联邦权力执行机构在海港强制性决议中确定。

3. 海港的引航顺序由港务局局长确定。

第 91 条　船舶非强制引航

1. 在非强制引航的区域，船长认为有必要，可以用引航员。

2. 在非强制引航的区域，交通领域的联邦权力执行机构确定船舶或运输货物会对海洋环境造成损害，而必须强制引航的船舶类别。这些船舶的类别在海港强制决议中规定。

3. 在非强制引航的区域，港务局局长可以规定对船体、机械或设备已严重损坏的船舶进行强制引航，因为这可能会严重影响海港航行的安全。在这种情况下，船长会被告知他的船必须接受引航。

第 92 条　引航员履行公法性质的义务

在引航时，引航员必须立即通知港务局局长下列事项：

航道发生的任何可能对航行构成威胁的变化；

引航员引航的船舶以及他提供服务的区域内其他船舶发生的任何事故；

引航员引航船舶的船长未遵守船舶航行规则和预防船舶上的石油、有害物质、污水和垃圾污染的规则。

第2节　引航员与船长的相互关系

第93条　引航员证

1. 上船的引航员必须向船长出示引航员证。

2. 船长无权接纳无引航员证的人上船。

第94条　保证引航员安全上下船

1. 船长必须保证引航员安全上下船，还需无偿向其提供引航期间的单独房间和饮食。

2. 本条第1款也适用于为实习而跟随引航员上船的引航员。

第95条　船长对船舶资料的说明

1. 船长向引航员说明船舶的吃水、长度、宽度和吨位的准确数据，这些数据应记录在船长签字的引航收据上。

引航员有权要求船长说明船舶上其他数据（机动特性等），这些数据是引航员进行船舶引航所必需的。

2. 根据俄罗斯联邦的法律，对于本条第1款规定的船舶数据不说明或不正确说明，船长应承担行政责任。

第96条　船长与引航员的相互关系

为了保障船舶的航行安全，船长应遵照引航员的建议，没有充分理由不得干扰其工作。

第97条　引航员对舵手下的命令

船长可以委托引航员直接向舵手发出关于船只航行和操纵的命令，但不免除船长对此类命令可能产生后果的责任。

第98条　船长暂时离开驾驶台

如果在船舶引航期间船长被迫暂时离开驾驶台，船长必须通知引航员，并向引航员指明一人在他离开期间负责代为管理船舶。

第99条　引航员暂停引航

如果为了使船舶安全航行必须为之，引航员有权暂停船舶的引航，直到条件允许其安全航行。

第100条　引航员离船

在将船舶在安全地点抛锚、系泊，把船舶引入公海或被另一引航员替代之前，引航员未经船长同意不得离船。

第101条　引航员返回

1. 船长无权将引航员带到其服务区域以外。

2. 如果引航员被他所引航的船只带离服务区域，则船长必须确保引航员返回其永久居住地,并且费用由该船承担。

引航员所工作的单位有权因引航员耽搁造成的损失要求赔偿,除非引航员的延误是由不可抗力造成的。

第 102 条　引航员和船长的责任

1. 引航员在船上期间不免除船长管理船舶的责任。

如果有足够的理由怀疑引航员建议的正确性,船长有权拒绝该引航员的服务,以便安全航行。如果引航是强制性的,则船长应要求更换引航员。

2. 因引航员过错导致引航不当,可吊销其引航员证。

第 3 节　引航不当的责任、引航费

第 103 条　引航不当的责任

雇佣引航员进行引航的组织对因引航员的过失不当引航而导致船舶发生的损失负责。

第 104 条　责任限制与责任限制的丧失

1. 雇佣引航员进行引航的组织可以限制其根据本法典第 103 条规定的责任,其数额等于所支付的引航费的 10 倍。

2. 如果证明引航不当引起的船舶损失是由于引航员本人故意或重大疏忽而作为或不作为造成的,雇佣引航员执行船舶引航的组织将丧失本条第 1 款规定的责任限制的权利。

第 105 条　对第三方的责任

雇佣引航员执行船舶引航的组织,对因船舶引航不当而造成的第三方损失,不承担责任。

第 106 条　引航费

使用引航员服务的船只交纳引航费。收取引航费的数额、收取的程序和免于支付引航费的船只类别是根据俄罗斯联邦立法规定的程序确定的。

第 7 章　沉没的财产

第 107 条　本章规定的适用范围

1. 本章规定适用于打捞、清除和销毁俄罗斯联邦内海水域或领海内沉没的财产,以及打捞、清除和销毁北方航线上沉没的财产。

2. 失事船只,其残骸、设备、货物和其他物品,无论是漂浮在水下还是在水上,沉入水底或抛入浅水或在岸边,都属于沉没财产。

3. 本章规定不适用于下列情况:

打捞、清除和销毁军事财产;

打捞具有史前、考古或历史意义的文化性质沉没海洋财产，如果这些财产位于海底。

4. 如果根据本法典第 20 章规定，打捞、清除或销毁沉没的财产视为救援行动，则无论本章规定如何，此类规则均适用于救援人员的报酬和特殊补偿。

第 108 条　财产所有人打捞沉没的财产

1. 沉没财产的所有者，如果有意愿打捞沉没的财产，必须在财产沉没之日起一年内通知最近的港务局局长。

2. 自收到沉没财产所有人申请之日起 3 个月内，港务局局长确定打捞程序并给出足够的时间打捞沉没财产，但打捞时间不得少于自港务局局长通知财产所有人打捞沉没财产程序之日起的 1 年期限。

第 109 条　所有人打捞沉没财产的义务

1. 如果沉没财产危及航行安全或污染海洋环境，或干扰渔业、港口活动及港口进行的工程（水上技术工程等），沉船财产的所有人有义务应港务局局长的要求打捞沉没财产，必要时，清除或销毁它。

2. 如果沉没财产所有人是已知的，港务局局长通知他这一决定。

如果沉没财产的所有人不明，港务局局长应在“航海者公告”上发布沉没财产的打捞时限。如果已知沉船的旗帜，港务局局长也应向俄罗斯联邦与外交领域联邦权力执行机构发出相应的通知。

第 110 条　所有者对沉没财产的权利

如果沉没财产的所有人未根据本法典第 108 条第 1 款规定提出申请，或未根据本法典第 108 条第 2 款规定的期限内打捞财产，则所有者对沉没财产的权利根据俄罗斯联邦的法律确定。

第 111 条　港务机构打捞、清除或销毁沉没财产

1. 港务机构有权打捞沉没财产，如有下列情形，必要时清除或销毁这些财产：

沉没财产的所有人有义务打捞沉没财产，必要时按照本法典第 109 条第 1 款的规定清除或销毁沉没财产，但沉没财产的所有人不明，或者没有打捞沉没财产，则在必要时在规定期限内清除或销毁它；

沉没财产对航行安全构成严重和直接的威胁，或其污染直接威胁到海洋环境，将造成重大损失，或严重阻碍渔业生产、港口活动和在港口进行的工程（水上技术工程等）；

如果有足够的理由禁止沉没财产的所有人自己出资或其选择的打捞组织出资打捞、清除或销毁沉没财产。

2. 本条第 1 款规定的打捞、清除或销毁沉没财产的费用由财产所有人承担。

第 112 条　对打捞的沉没财产所有人的权利主张

根据本法典第 111 条第 1 款打捞的沉没财产，其所有人可以主张权利，但需先偿还因打捞沉没财产产生的费用和与此相关的其他费用，但不得超过自打捞之时起 1 年。

第 113 条　港口当局对其发生的费用获得全额补偿的权利

如果按照本法典第 111 条第 1 款的规定打捞、清除或销毁沉没财产，则在本法典第 112 条规定的期限届满后，海港管理部门有权：

以俄罗斯联邦法律规定的方式出售被打捞的沉没财产或其部分，并以其出售所得的金额，偿还其打捞的费用和与此有关的其他费用；

从沉没财产的所有人那里获得的销售补偿不足以抵消销毁沉没财产所支付的费用，则需要补偿与销毁此类财产有关的费用。

第 114 条　意外打捞的沉没财产

在进行与商船运输有关的业务时，在俄罗斯联邦领海或公海意外打捞的沉没财产，必须移交给最近的海港。在这种情况下，补偿的金额为交付财产价值的三分之一。

第 7.1 章　海洋航线运输

第 114.1 条　海洋航线

1. 海洋航线是指按固定的航班时间在港口之间运送货物和(或)旅客及其行李。

2. 海洋航线需要登记。

3. 承运人接受根据本法典第 114.4 条规定的海上运输条款运输海运货物和(或)旅客及其行李。

第 114.2 条　海洋航线的登记、登记的延期及海洋航线登记的注销

1. 海洋航线登记、延长登记和注销海洋登记的程序由交通领域的联邦权力执行机构批准的海洋航线条例(以下简称海洋条例)确定。

2. 海洋航线的登记是根据运营船舶的承运人的申请进行的，该承运人计划在海洋航线使用船舶，并对船舶拥有所有权或其他法律依据。申请由承运人或其授权的人根据本条提交给负责提供国家服务和海洋、河流运输领域国家财产管理的联邦权力机关(本条以下简称海洋航线登记机关)。

海洋航线登记由海洋航线登记机关在收到承运人或授权人员的海洋航线登记申请之日起不超过 10 个工作日内，通过填入统一海洋登记册进行登记。填入统一海洋登记册的程序，其中包含信息的组成，由海洋航线条例规定。

3. 海洋航线统一登记册中包含的信息必须由海洋航线登记机构在其互联网信

息和电信网络的官方网站上公布，并供免费查阅。

4. 海洋航线登记的申请应包含下列信息：

1）承运人［是法人的情况下——名称、地址、电话号码和电子邮件地址（如果有的话）；如果是个体企业家——姓、名字、父称、电话号码和电子邮件地址（如果有的话）］；

2）准备使用海洋航线的船舶类型和数量；

3）在海洋航线上强制和非强制入港清单；

4）计划的海洋航线时间表；

5）海洋航线登记的期限、建议的航线名称。

5. 在海洋航线登记申请中要附上海洋航线条例规定清单中的文件。

6. 海洋航线登记可以是任何期限，但不得少于6个月，或相当于海洋航线一个海港的导航期，如果这个导航期少于6个月。

7. 在下列情况下允许拒绝海洋航线登记：

1）提出的海洋航线登记申请违反本条第4款的要求；

2）提出的海洋航线登记申请者无权使用申请中的船舶；

3）海洋航线登记申请或所附文件中有虚假信息。

8. 海洋航线登记申请的拒绝决定应包含拒绝依据，并强制性地提及本条第7款的规定。

9. 拒绝海洋航线登记的决定由海洋航线登记机构在海洋航线登记规定的时间内做出，并在做出决定之日起一天内在其官方网站和电信网络中公布。

10. 提交申请进行海洋航线登记的承运人，自登记之日起被承认为海洋航线的运营人。

11. 海洋航线登记的延期，根据海洋航线运营人的申请，依照海洋航线条例规定的程序办理。

第114.3条　注销海洋航线登记

1. 注销海洋航线登记的依据是：

1）海洋航线运营方在海洋航线条例规定的期限内向海洋航线登记机构提交结束使用航线的申请；

2）在本条第3款规定的情形下，海洋航线登记机构的决定。

2. 登记期限结束时，在海洋航线条例规定的期限内未提交海洋航线登记延期的申请，则海洋航线登记自动注销；

3. 如果海洋航线运营者有下列情形，上述机构可以根据海洋航线条例规定的程序，依据海洋航线登记机构的决议注销海洋航线：

1）没有按照海洋航线条例规定的程序，并考虑本法典第114.4条第6款的规

定,在其互联网官方网站和电信网络中公布海洋航线时间表和(或)海洋航线运输费用的信息;

2)多次(在海洋航线登记期间内两次或以上)未遵守海洋航线时间表,并有执行本法典第 114.4 条第 4 款时间表的误差。

4. 因海洋航线运营者无法阻止的不可抗力情况造成的,包括自然现象和军事行动,而造成的违反本条第 3 款规定,不构成注销航线登记的理由。

5. 自海洋航线统一登记册中做出相应记录之日起,海洋航线被视为撤销登记。

第 114.4 条　在海洋航线运输的条件

1. 在海洋航线上运输货物、旅客及其行李的价格由海洋航线运营者确定。

2. 海洋航线根据时间表运作。海洋航线的时间表由海洋航线的运营商确定,持续时间不少于接下来的 3 个月。海洋航线运营者有权在海运开始运营 3 个月后更改海洋航线时间表。

3. 在海洋航线时间表上应该指出航线上必进的港口清单、预计进港顺序、预计进港时间和终点港。

4. 海洋航线时间表允许的时间偏差不得超过 4 天,包括更换航运船舶或船舶的技术状况。

5. 海洋航线的运营者有权更换运营船舶,自行决定本条规定的运营条件。

6. 海洋航线的时间表,船舶在海洋航线所需进入港口之间运输旅客及其行李的最高运费信息,海运船舶在海洋航线港口之间运输的每件货物的最高价格,海洋航线运营商都应在其官方网站和电信网络上公布,以供免费查阅。

第 8 章　海上货物运输合同

第 1 节　总则

第 115 条　货物海洋运输合同的定义和种类

1. 根据海上货物运输合同,承运人负责将托运人交付的或将要交付的货物运至目的地,并将其发给有权收货的人(以下简称收货人),托运人或承租人同意支付运费。

2. 货物海上运输合同可以通过以下方式签订:

1)使用整个船舶、部分船舶或船舶特定部分的舱位进行海上货物运输的条款(租船合同);

2)不适用此种条款。

3. 承运人是指本人或委托他人为本人与托运人或承租人签订海上货物运输合同的人。

4. 租船者是指以本条第 2 款规定的方式签订海上货物运输合同的人。

5. 托运人是指以本条第 2 款第 2 项规定的方式签订海上运输合同,以及任何以本人名义将货物交给承运人的人。

第 116 条　本章规定的适用范围

除非双方另有约定,本章规定均应适用。在本章有明确规定的情况下,与之相冲突的约定无效。

第 117 条　海上货物运输合同的形式

1. 海上货物运输合同应书面签订。

2. 存在海上货物运输的合同及其合同内容,可由租船合同、提单和其他书面证据证明。

第 118 条　海上货物运输的长期合同及其与海上货物运输合同的关系

1. 如果进行定期的海上货物运输,承运人与货主可以签订海上货物运输的长期合同。

签订长期合同安排海上货物运输时,每一次运输都应依据以长期合同为基础签订的海上货物运输合同进行。

2. 除非双方另有约定,海上货物运输的长期合同中约定的货物运输条款已包含在海上货物运输合同中。

如果海上货物运输合同的条款与长期合同条款不一致,应适用海上货物运输合同的条款。

安排海上货物运输长期合同的条款,如果未并入提单,不得约束第三方,但第三方为承租人的除外。

第 119 条　租船合同与提单的关系

承运人与非海上货物运输合同一方当事人的收货人之间的关系,依提单确定。如果提单中订有适用租船合同的条款,租船合同的条款将约束收货人。

第 120 条　租船合同的内容

租船合同应包括当事人姓名、船名、货物性质及种类的说明、运费数额、装货地名称,以及目的地名称或船舶航线。经双方同意,其他条件或条款也可以订入租船合同。租船合同应由承运人和承租人或双方代表签订。

第 121 条　租船合同的权利转让

如果货物运输依据租船合同进行,在承运人同意的情况下,承租人有权将海上货物运输合同下的权利转让给第三方。承租人及接受其转让的第三方,应就未能履行的海上货物运输合同向承运人承担连带责任。

第 122 条　本章规定对沿海货物运输的适用

除第 167 条、170 条和 171 条第 2 款外,本章其他规定应适用于沿海货物运输。

第 123 条　暂时终止或限制接收运输的货物

1. 如果发生自然灾害、事故和事故引起交通中断、宣布检疫，港务局局长在立即通知交通领域的联邦权力执行机构后，可命令暂时停止或限制接收货物，并相应地由交通领域的联邦权力执行机构决定暂时终止或限制接收运输货物的期限。

2. 如果货物运输由直接的多式联动或直接的水运或其他运输方式进行，港务局局长应立即将暂时终止或限制接收货物的情况通知货物的托运人。

第 2 节　交船和装载货物

第 124 条　船舶适航

1. 在航次开始前承运人有义务使船舶适航：保证船舶做好航行的技术准备，保证船舶的妥善装备、人员配备和供给，确保货舱和船舶的其他载货处所适于安全接收、运输和储存货物。

2. 如经承运人证明，船舶不适航是由承运人经适当谨慎处理仍不能发现的缺陷（潜在缺陷）所引起，承运人对此不适航不负责任。

3. 如果货物运输基于提单进行，或提单是在租船合同下签署，并制约承运人与非承租人的提单持有人之间的关系，则当事人间与本条第 1 款规定相抵触的约定无效。

第 125 条　替代船

如果货物将由特定类型的船舶承运，仅在承租人或托运人同意时，货物方可装入其他船舶，装船开始后由于技术原因导致货物必须转船的运输者除外。

第 126 条　装货港

1. 承运人应在租船合同中指定的港口或承租人根据租船合同的条款指定的港口交船。承租人应指定一个安全的装货港。

2. 如果承租人未指定或在合理时间内未指定装货港，或指定的港口非安全港口，承运人有权拒绝履行海上货物运输合同，并要求赔偿损失。

第 127 条　装货地点

1. 如果货物根据租船合同运输，承运人应在承租人指定的装货地点交船。承租人必须指定一个船舶可以安全到达、保持漂浮状态并且能够装载货物安全驶离的装货地点。如几个承租人指定了不同的装货地点，承运人可以在港口中通常使用的装货地点交船。

承租人可以要求将船舶移至其他装货地点并自行承担相关费用。

2. 如果货物由班轮运输，装货地点应由承运人决定。如果装货作业在非通常使用的装货地点进行，承运人应将该装货地点通知托运人。

第 128 条　交船期限

如果货物运输根据租船合同进行,承运人应在租船合同规定的期限内交船。如果未能在规定的期限内交船,承租人有权解除海上货物运输合同,并要求赔偿损失。

第 129 条　船舶装货准备就绪通知书

1. 如果货物运输根据租船合同进行,经承租人指定,承运人应将船舶做好装货准备或将在某一时刻做好装货准备的情况通知承租人或托运人。只有当船舶已到达装货港或该港口通常的装货地点时,此种通知才可以做出。

2. 本条第 1 款所述的通知天数和小时数应双方协议确定,无此种协议,则依据港口的通常做法确定。

3. 如果船舶在通知中指定的时间内仍未做好装货准备,装货准备就绪通知书将视为未做出,承租人因此造成的损失应由承运人负责赔偿。

第 130 条　停船时间

1. 承运人使其船舶装载货物并使船舶处于装载货物状态,而除运费外无须支付费用的时间(停船时间),应由双方协议确定。如果没有此种协议,则依据装货港的通常做法确定。

2. 装卸时间应从提交装货准备就绪通知书后之日起,以工作日、小时和分钟为单位计算。

3. 装卸时间不包括因超出承运人可控制的原因,或因不可抗力、对货物安全构成威胁或导致无法安全装货的状况造成的未进行装货作业的时间。

由于承租人可控制的原因造成的未进行装货作业的时间应计入停船时间。

4. 如果装货作业始于拟定停船时间之前,实际使用的装货时间应计入停船时间。

5. 本款已于 2011 年 6 月 14 日失效。

第 131 条　滞期时间

1. 如果停船时间届满,双方可以协议确定额外的等候时间(滞期时间)。如果没有此种协议,滞期时间的长度应根据装货港的通常做法确定。

2. 滞期时间应以日历日、小时、分钟计算,从停船时间届满之时算起。

3. 滞期时间内的星期日、法定假日、港口宣布的休息时间,以及因不可抗力或对装货安全构成威胁,导致无法安全装货的状况造成的装货中断时间不应计为滞期时间。

4. 本款已于 2011 年 6 月 14 日失效。

第 132 条　滞期费的支付

在滞期时间内因船舶滞期而向承运人支付的费用应由双方协议确定;如无此

种协议，应依相关港口通常采用的费率确定；如无此种费率，滞期费的金额应依据船舶及其船员的维持费用确定。

第 133 条　提前完成装货的报酬

双方应在协议中规定，承租人在装卸时间届满前提前完成装货应得到一定的报酬（速遣费）。如无此种协议，速遣费的金额应以滞期费的一半计算。

第 134 条　滞期时间届满承运人开航的权利

1. 由于承运人无法控制的原因导致约定的货物未能全部装完，承运人有权在滞期时间届满时开航。此种情况下，承运人仍享有收取全部运费的权利。

2. 使用整船运输时，根据相关协议，停船时间或滞期时间届满前承运人无权拒绝接收货物，即便接收和积载货物可能会导致船舶延误并超过上述时限。

3. 非使用整船进行货物运输时，根据相关协议，承运人有权在停船时间或滞期时间届满前拒绝接收可以妥善装载于船上、对其他货物不构成损害，但因交货迟延而将使船舶延误的货物。此种情况下，承运人仍享有收取全部运费的权利。

第 135 条　船舶延误的损失赔偿

如果船舶延误并非承运人造成，承租人应赔偿滞期时间届满后延误船舶而造成的损失。

第 136 条　承租人命令提前开船

如果承租人使用整船进行货物运输，即使货物未能全部装船，承运人亦应服从承租人关于开船的命令。此种情况下，承运人仍享有收取全部运费的权利。

第 137 条　清除无关货物

1. 如果整船、船舶的一部分或船舶的特定舱位用作货物运输，在开航港，托运人可以要求将无关货物从船舶、船舶的一部分或船舶的舱位中清除出去；使用整船运输的情况下，在任何挂靠港都可以提出此要求。

2. 如果该货物未能及时从船舶、船舶的一部分或船舶的部分舱位中清除出去，承租人有权要求对运费做相应的扣减，并要求赔偿其因此遭受的损失。

第 138 条　甲板货

1. 根据承运人和托运人双方的协议、俄罗斯联邦法律和其他法规或行业惯例，承运人有权将货物装载于甲板之上。

2. 如果承运人和托运人达成关于货物应该或可以装载于甲板上的协议，承运人应在提单或其他证明海上货物运输合同的运输单据上做出具有此种效力的说明。如果承运人未能做出此种说明，则应证明其与托运人之间已达成了甲板运输的协议。但承运人不能援引该协议对抗第三方，包括善意取得提单的收货人。

3. 如果货物违反本条第 1 款的规定或依照本条第 2 款的规定装载于甲板上，承运人不能援引甲板货物运输的协议。虽有本法典第 166 条和第 167 条的规定，承运人仍应对货物的灭失或损坏、单纯由于甲板货运输而引起的迟延交货负责。

承运人的责任限额，视具体情况，应依照本法典第 170 条和第 172 条的规定确定。

4. 货物运输协议规定货物装在舱内而货物实际装于甲板的行为，应视为承运人的作为或不作为，根据本法典第 172 条的规定，导致其责任限制权利的丧失。

第 139 条　货物的包装和标志

1. 对容器和包装提出要求，以确保运输安全的货物应置于状况良好的容器中，交付运输并加以包装。容器和包装应符合相应的国家标准和技术要求。上述要求同样适用于托运人提供的集装箱。

2. 托运人必须将货物妥善做出标志，并将与货物有关的必要信息通知承运人。如果货物需要特殊处理，托运人必须将货物的细节及其处理方式通知承运人。

第 140 条　替代货

经承运人同意，种类或类型已由租船合同确定的货物，可由其他种类或类型的货物代替。

第 141 条　货物单据

托运人应向承运人提交所有港口、海关、卫生及其他行政规章中所要求的货物单据，并应对承运人因迟延、错误或未完全提交上述单据而遭受的损失负责。

第 141.1 条　在卸货港卸货的适用规则

本法典第 126 条、第 127 条、第 129—133 条和第 135 条规定的规则同样适用于卸货港的卸货。

第 3 节　提单

第 142 条　提单的签发

1. 收到运输货物后，承运人应托运人的要求，应向托运人签发提单。

提单应以托运人签署的单据为依据制作，其内容应包括本法典第 144 条第 1 款第 3—8 项列出的信息。

2. 托运人应向承运人保证其提供的提单数据正确，并应对因此种信息的不正确而给承运人造成的损失负责。

承运人要求托运人赔偿损失的权利并不影响承运人根据海上货物运输合同向托运人以外的人要求承担的责任。

第 143 条　签发替代提单的其他单据

托运人有权要求承运人签发替代提单的海运单或其他能够证明收到所运输货物的单据。本条规定适用于此种单据，但有关提单作为权利凭证的规定、本法典第 144 条第 2 款第 2 段、第 146—148 条，以及第 149 条第 2 款的规定除外。

第 144 条　提单的内容

1. 提单应包括以下内容：

1）承运人名称和地址；

2）海上货物运输合同中列明的装货港口名称以及承运人在装货港收到货物的日期；

3）托运人名称和地址；

4）海上货物运输合同中列明的卸货港名称；

5）收货人名称，如果已由托运人指定；

6）货物名称、用以区分货物所必要的主要标志、对货物特性和危险性所做的必要描述、货物的重量及包数和件数或货物的数量，除非另有要求，所有上述内容应由托运人提供；

7）货物外表及包装；

8）由收货人支付的运费数或其他由其支付运费的指示；

9）签发提单的地点和日期；

10）如果正本提单为 1 份以上，则提交其份数；

11）承运人或以其名义行事人的签名；

经双方协议，其他内容和条款也可订入提单。

由船长签发的提单视为代表承运人签发。

2. 货物装船后，承运人应托运人的要求，应向其签发已装船提单，该提单上除本条第 1 款要求的内容外，还应说明货物已装上指定的船舶，并注明装货日期。

如果承运人已为接收的货物先行签发了提单或其他与货物有关的权利凭证，应承运人的要求，托运人应交还此种单据，以换取已装船提单。

如果修改后的单据包括已装船提单要求的所有内容，承运人可以修改已签发的单据，以满足托运人的已装船提单的要求。

第 145 条　对提单做出保留，提单的证据效力

1. 承运人或代表其签发提单的其他人，有合理的理由怀疑提单中有关货物名称、主要标志、包数或件数、货物重量或数量的记载与实际接收的货物情况不符，或在签发已装船提单的情况下与已装船的货物不符，或没有合理手段核对不符之处，承运人或类似的其他人须在提单中做出保留，以说明不符之处、怀疑的依据或缺乏核对手段。

2. 如果承运人或代表其签发提单的其他人未能在提单上就货物的外表做出记载，将视为已在提单上做出了货物外表良好的记载。

3. 除非提单中已做出了符合本条第 1 款规定的保留，除有相反证据外，提单是承运人按照其中记载状况收到所运输货物的证据。如果提单转让至包括收货人在

内依赖提单中对货物的记载行事的善意第三方手中,则对承运人提出的相反证据不予接受。

第 146 条　提单的种类

提单可以载明具体的收货人(记名提单),或载明按托运人或收货人指示(指示提单),或签给持有人。指示提单未说明由发货人指示或由收货人指示的,应视为由发货人指示。

第 147 条　多份提单

应托运人的要求,可向其签发多份(正本)提单,并应将可使用的正本提单份数记载于每份提单上,在一份正本提单交货后,其余不再有效。

第 148 条　提单的转让

提单可根据以下规则进行转让:

记名提单通过特别背书或以符合转让权利所规定的其他形式进行转让;

指示提单通过特别背书或空白背书转让;

不记名提单通过交付即可转让。

第 149 条　货物的处置权

1. 在收货人提取货物之前或货物处置权转移给收货人或第三方之前,托运人均有权处置货物。货物处置权一经转移给收货人或第三方,托运人应将该情况通知承运人。

2. 根据本法典第 155 条和第 156 条的规定,如果托运人交出全套正本提单或提供了充分的担保,托运人有权要求在船舶开航之前在开航地点返还货物、在中途港卸下货物、将货物交给运输单据中载明的收货人以外的其他人。

第 4 节　海上货物运输合同的履行

第 150 条　承运人对货物的义务

1. 从接收货物时起至交付货物时止,承运人应谨慎地装载、搬移、运输、储存、照料并卸载货物。

2. 如果已交付运输的货物特性需要特殊处理,并且在装货港和海上货物运输合同中做出了相关说明,承运人应根据该说明照料货物。

3. 双方间与本条第 1 款规定相抵触的任何协议无效。

第 151 条　危险货物

1. 如果易燃、易爆或危险货物在交付时未标明正确的名称,承运人在接收货物时无法通过直观的外部检查了解其性质,承运人可以在任何时候根据情况将该货物卸载、毁坏或使之不能为害,而无须赔偿托运人的损失。

托运人应对装载此种货物而给承运人造成的损失负责。

此种货物的运费不退还。如果货物发货时运费尚未付清,承运人有权收取全部运费。

2. 如果本条第 1 款所指货物在承运人知悉并同意装船后,对船舶、船上其他货物或人员构成危险,承运人有权根据情况卸载、毁坏货物或使之不能为害,并无须赔偿托运人的损失,共同海损除外。

承运人有权根据船舶实际运输此种货物的距离按比例收取运费。

第 152 条　货物运输的期限与航线

承运人应按照双方在协议中规定的航线,在规定的期限内交付货物。如无此种协议,应在考虑实际情况下,对于一个勤恳的承运人来说按通常航线、在合理时间内交付货物。

第 153 条　船舶停靠目的港的限制

1. 如果出于有关当局、自然现象或承运人无法控制的原因限制,船舶无法进入目的港,承运人应立即通知托运人或承租人所知道的其他有权处置货物的人。

2. 如果使用整船进行货物运输,承运人在发出通知之日起的合理期限内仍未收到托运人、承租人或其他有权处置货物的人关于如何处置货物的任何指示,船长有权自由选择在任何邻近港口卸货或将货物运回开航港,以其认为二者之中对托运人、承租人或有权处置货物的人最有利为准。

3. 如果一定要使用整船进行货物运输,船长应根据托运人、承租人或其他有权处置货物人的指令,将不能运往目的港的货物在其他港口卸下。在承运人发出通知之日起 3 日内仍无此种指令,船长有权自由选择任何邻近港口将货物卸下并将情况通知托运人、承租人或其他有权处置货物的人。如果执行其收到的指令将对其他货物的所有人带来损害,船长也有权如此行事。

4. 承运人在合理时间内等候托运人、承租人或其他有权处置货物人的指令而产生的相关费用、货物的费用以及按船舶实际运输货物的距离比例计算的运费,都应该得到赔偿。

第 5 节　海上货物运输合同义务的终止

第 154 条　承运人拒绝履行海上货物运输合同

如果已装船货物的价值不足以抵偿运费以及承运人为货物花费的其他费用,并且托运人和承租人未能在船舶开航前付清全部运费或未能提供额外的担保,承运人有权在船舶开航前拒绝履行海上货物运输合同,并有权要求收到一半运费、船舶滞期情况下的滞期费以及承运人为货物支付的其他费用。货物卸载应由托运人或承租人承担费用。

第 155 条　托运人或承租人拒绝履行海上货物运输合同

1. 使用整船进行货物运输的情况下，托运人或承租人有权拒绝履行海上货物运输合同，如果支付了如下费用：

1）全部运费的一半、船舶滞期情况下的滞期费、承运人为货物支付的未包含在运费数额中的其他费用，如果托运人或承租人在为装货而规定的装卸时间或滞期时间届满前或在船舶开航前提出拒绝履行合同，以二者之中发生在前的时间为准；

2）全部运费以及本款第 1 项中规定的其他款项，如果托运人或承租人在本款第 1 项其中一个日期之后提出拒绝履行合同，并且海上货物运输合同只针对一个航次订立；

3）第一航次的全部运费、本款第 1 项规定的其他款项以及其他航次运费的一半，如果托运人或承租人在本款第 1 项规定的其中一个日期之后提出拒绝履行合同，并且海上货物运输合同针对多个航次而订立。

托运人或承租人在船舶开航前拒绝履行海上货物运输合同，承运人应将货物交还托运人或承租人，即便卸货可能导致船舶超出规定时间而延误。

托运人或承租人在航行中拒绝履行海上货物运输合同，只能要求船舶在根据海上货物运输合同应挂靠的港口交货，或在因需要已挂靠的港口交货。

2. 非使用整船进行货物运输的情况下，托运人或承租人可以拒绝履行海上货物运输全责，如果全部运费、船舶滞期情况下的滞期费、承运人为货物支付的未包括在已付运费中的费用已付清。应托运人或承租人的要求，承运人应在货物运抵目的港之前将货物交还托运人或承租人，如果此种行为不会对承运人或其他托运人或承租人造成损害。

第 156 条　双方拒绝履行海上货物运输合同

1. 如果在船舶驶离装货地点之前，发生了下列情况，海上货物运输合同中的每一方均有权拒绝履行该合同而无须赔偿另一方的损失：

1）军事行为或其他对船舶或船上货物构成扣留危险的行为；

2）出发地或目的地被封锁；

3）由于海上货物运输合同的双方无法控制的原因，导致有关当局下令扣留船舶；

4）船舶被列入国家征用清单；

5）有关当局禁止需运输的货物从出发地运出或目的地禁止货物运入；

如果预计滞留时间较短，本款第 3 项和第 5 项规定的情形不能作为解除海上货物运输合同而不赔偿对方损失的依据。

发生本款规定的情形，承运人不承担卸货费用。

2. 在航次进行中发生第1款规定的任何情形，海上货物运输合同的每一方都有权拒绝履行该合同。在此种情况下，托运人或承租人应赔偿承运人为运输货物支付的费用，包括卸货费用和按船舶实际运输距离比例计算的运费。

第157条 无法履行合同导致海上货物运输合同的终止

1. 如果在海上货物运输合同订立之后，船舶驶离装货地点之前，由于下列双方无法控制的情况而导致合同终止，合同双方对由此产生的损失互不负赔偿责任：

船舶失踪或被强制扣留；

船舶不适航；

特定货物腐烂；

普通货物交付装船后腐烂，并且托运人未能交付同类其他货物装船。

2. 在航次当中，由于发生本条第1款列举的情形导致海上货物运输合同终止，承运人有权根据实际挽救并交付货物的数量，按照船舶实际运送距离的比例收取运费。

第6节 货物卸载及交付

第158条 有权接收货物的人

1. 根据提单进行运输的货物，应提供提单正本由承运人在卸货港交付给：

记名提单中的记名收货人或经特别背书或符合权利转让有关规定转让提单后的提单持有人；

指示提单中指示的人，如果提单中存在背书，则交付连续背书名单中的最后一个指定的人或交付最后一次空白背书情况下的提单持有人；

空白提单的提单持有人。

2. 如果货物运输依据海运单或其他相似的单据进行，承运人可以将货物交给此种单据中托运人指定的收货人。

第159条 存储货物

1. 如果使用整船进行货物运输，收货人在卸货港不主张货物的权利或拒绝接收货物，或迟延提货以至于货物无法在规定时间内完成卸货，承运人有权将货物存储在仓库或其他安全处所，由有权处置货物的人承担费用和风险，并将该情况通知托运人或承租人，以及承运人所知晓的收货人。

2. 如果使用整船进行货物运输，停船时间和滞期时间已届满，而在停船时间和滞期时间内托运人或承租人或有权处置货物的人未向承运人发出任何指示，则应由承运人安排卸载和存储货物。承运人存储货物所花费的时间视为滞期时间。

3. 如果从船舶到达卸货港之日起2个月内，无人主张所存储货物的权利，并且托运人或承租人或有权处置货物的人未向承运人支付与货物运输相关的所有费用,承运人有权根据规定的程序将货物出售。无人主张权利的易腐烂货以及存储费用超过其本身价值的货物,可以在规定期限届满前出售,但不能早于提货日期。

4. 出售货物所得扣除应向承运人支付的费用、存储费用和出售货物的费用后,应由承租人转交托运人和承运人。

如果出售货物所得不足以抵偿应向承运人支付的费用以及存储和出售货物的费用,承运人有权要求托运人或承租人支付余额。

第 160 条　收货人提取货物的费用、货物留置权

1. 收货人提取货物时应偿还承运人所花费的与货物有关的费用、卸货港的滞期费,以及在提单或其他货物运输单据中有明确规定的情况下支付运费和装货港发生的滞期费,发生共同海损情况下参与共同海损分摊或提供充分的担保。

2. 承运人有权继续占有货物,直至本条第 1 款规定的费用付清或已提供担保。

如果货物存储在非收货人所有的仓库中,在立即通知仓库所有人的情况下,承运人保留继续占有货物的权利。

3. 货物交付收货人后,承运人即失去向托运人或承租人要求偿付收货人未付清部分余额的权利,除非由于承运人无法控制的原因导致其不能行使留置权。

4. 承运人主张对货物的滞留权应以货物的价值为限,且应符合俄罗斯联邦民事立法所确定的规则。

5. 出售货物所得,扣除根据本条第 1 款的规定应向承运人支付的费用和出售货物所花费的合理费用后的剩余部分,应转交收货人。

如果出售货物所得不足以抵偿根据本条第 1 款的规定应向承运人支付的费用,承运人有权要求托运人或承租人支付未付清的部分。

第 161 条　货物检视或检查

在收货人提取货物之前,如果货物实际灭失或怀疑货物发生了灭失或损坏,收货人和承运人应互相给予方便以对货物进行检视或对货物的状况进行检查。相关费用应由要求检视或检查的一方承担。如果应收货人的要求进行检视或检查的结果表明,货物的灭失或损坏是由承运人应负责的原因导致,则检视或检查的费用应由承运人承担。

第 162 条　货物灭失或损坏的说明

1. 如果在提取货物之前或在提取货物过程中,收货人未向承运人书面说明货物的灭失或损坏,也未详细说明灭失或损坏的一般情况,除非有相反证据证明,否则应视为货物按照符合提单中记载的状况交付。

2. 如果货物的灭失或损坏以通常方式提供货物即可发现,则收货人可以在提货后 3 日内向承运人做出说明。

3. 如果在提货过程中与承运人已联合检视货物或检查货物状况,则收货人无

须做出本条第1款规定的说明。

第7节　运费

第163条　运费的支付

向承运人支付的费用应由托运人或承租人支付。如果托运人或承租人与承运人之间的协议另有规定,并且上述规定已入提单,则支付货物运输费用的义务可以转移至收货人。

第164条　运费数额

1. 运费数额应由双方协议确定。如果双方无此种协议,运费数额应根据装货时装货地使用的费率来计算。

2. 如果货物实际装船数量超过海上货物运输合同中规定的数量,运费数额应相应增加。

3. 如果实际装船货物的运费高于海上货物运输合同中规定货物的运费,则运费应按照实际装船的货物运费来支付。

如果实际装船货物的运费低于海上货物运输合同中规定货物的运费,则运费应按照海上货物运输合同中规定的货物运费来支付。

第165条　运输中灭失货物的运费

1. 运输途中灭失的货物不收取运费,如已预付应退还。如果灭失的货物证明已被救助,则承运人有权按船舶实际运输的距离比例收取运费。

按照船舶实际运送的距离比例计算运费时,应当考虑运输货物的距离与约定航线总长的比例,以及船舶实际运输货物过程中产生的费用、投入的精力、花费的时间、遇到的风险与剩余航程中可能遇到的上述因素的比例。

2. 由于货物本身特性或由于托运人无法控制的情形导致货物的灭失或损坏,应支付全额运费。

第8节　承运人、托运人和承租人的责任

第166条　承运人的责任

1. 如果承运人能够证明已经交付运输的货物的灭失、损坏或迟延交付是由下列原因引起的,承运人不负赔偿责任:

1)不可抗力;

2)海上或其他可航水域的风险和事故;

3)在海上实施救助人命的措施或救助财产的合理措施;

4)火灾,除非承运人过失导致;

5)有关当局的行为或指令(滞留、逮捕、检疫或其他);

6)战争或民众骚乱；

7)托运人或收货人的作为或不作为；

8)潜在缺陷、特性或自然损耗；

9)从表面状况无法发现的容器或包装的缺陷；

10)标志欠缺或不良；

11)罢工或其他引起全部或部分停工或工作受限制的情形；

12)其他非承运人及其受雇人、代理人过错导致的原因。

2. 如果承运人未能在海上货物运输合同规定的卸货港、在双方约定的时间内交货；如无此种约定，则在根据实际情况对于一个勤勉的承运人来说合理的时间内交货，应视为迟延交货。

3. 如果货物未能在本条第 2 款规定的交货时间届满后 30 日内在卸货港交付给有权提取货物的人，有权对承运人就货物灭失主张权利的人可以认为货物已经灭失。

4. 承运人应对货物从接收至交付期间发生的灭失或损坏或迟延交付负责。

第 167 条　航海过失

如果承运人能够证明货物的灭失、损坏或迟延交付由船长、其他船员或引航员驾驶船舶或管理船舶的作为或不作为(航海过失)所致，则对此种灭失、损坏或迟延交付不负责任，沿海货物运输除外。

第 168 条　承运人对货物安全的举证免责

如果货物到达目的港时在货舱内状况良好、托运人签封完好、交付时容器上没有在航行中受损的痕迹，并有货物的托运人或收货人的代理人在场，承运人对货物的灭失或损坏不负责任，除非收货人能够证明已经交付运输货物的灭失或损坏是由承运人的过错所致。

第 169 条　承运人对货物灭失或损坏责任的计算

1. 承运人应按照下列数额对已交付运输货物的灭失或损坏承担责任：

1)货物灭失的，以灭失货物的价值为限；

2)货物损坏的，以货物的贬值为限；

3)如果已经交付运输的货物另行申报了价值，货物灭失的，以申报的价值为限。对另行申报价值的货物进行运输，应收取一定的附加费，其数额由海上货物运输合同确定。

承运人应退还已收取的运费，除非运费包含在灭失或损坏货物的价格中。

2. 赔偿的总额应以卸货的当地当时或根据海上货物运输合同将要卸载时货物的价格为基础计算。

货物的价值应以商品交易所的价格为基础确定，若无此种价格，则以现行市场价格为依据。以上两种价格都不存在,则以同类别、同质量货物的通常价格为基础确定。

在货物灭失或损坏的赔偿数额中,货物运输的成本(运费、关税及其他)应扣除本应由承运人支付但由于货物灭失或损坏而无须支付的费用。

第 170 条　承运人责任限制

1. 如果货物装运前,托运人未说明货物的性质、类型以及价值,也未在提单中做出记载,承运人对已交付运输货物的灭失、损坏应承担的责任限额不应超过每件或每个货运单位 666.67 计算单位,或按灭失或损坏的货物的毛重计算,每千克 2 个计算单位,以二者中数额较高者为准。

2. 承运人对货物迟延交付应承担的责任限额不应超过根据海上货物运输合同应支付的运费数额。

3. 根据本条第 1 款和第 2 款的规定,承运人承担的责任总额不应超过本条第 1 款规定的货物全部灭失承运人应承担的责任限额。

4. 货物用集装箱、托盘或其他装运器具装载的,提单中载明装在此类装运器具中的货物件数或其他货运单位数,应视为本条所指的货物件数或其他货运单位数。未载明的,此种装运器具应视为 1 件或 1 个货运单位。

5. 海上货物运输合同的双方可以协议确定高于本条第 1—3 款规定的责任限额。

第 171 条　对承运人及其受雇人、代理人提起的诉讼

1. 本法典第 166 条和第 170 条规定的承运人责任和其责任限额的规定,应适用于在海上货物运输合同范围内对承运人提起的任何与已交付运输货物的灭失、损坏或迟延交付有关的诉讼,无论该诉讼是根据合同或是侵权提出。

2. 如果与已交付运输的货物有关的灭失、损坏或迟延交付的诉讼是对承运人的受雇人或代理人提起的,经该受雇人或代理人证明,其行为是在受雇范围之内,则有权援引适用于承运人的责任及责任限制的规定。

3. 除本法第 172 条另有规定外,承运人及其受雇人、代理人的赔偿总额不应超过本法典第 170 条规定的责任限额。

第 172 条　责任限制权利的丧失

1. 经证明,货物的灭失、损坏或迟延交付是由于承运人本人的作为或不作为造成的,包括故意或重大过失,承运人不得援引本法典第 170 条限制赔偿责任的规定。

2. 经证明,货物的灭失、损坏或迟延交付是由于承运人的受雇人、代理人的作为或不作为造成的,包括故意或重大过失,承运人的受雇人和代理人不得援引本法第 171 条第 2 款限制赔偿责任的规定。

第 173 条 实际承运人的责任

1. 如果货物运输或部分运输委托给实际承运人,无论是否依据海上货物运输合同中的自由条款行事,承运人仍应根据本节规定对全部货物运输负责。对实际承运人承担的运输,承运人应对实际承运人作为或不作为及其受雇人、代理人在受雇范围内的作为或不作为负责。

实际承运人是指接受承运人的委托,从事货物运输或部分运输的人,或接受委托从事此种运输的任何其他人。

2. 根据承运人与实际承运人的协议,本节中有关承运人责任的规定应适用于实际承运人承担的运输部分。

如有本款第 1 项所规定的协议,对实际承运人的受雇人、代理人提起诉讼的,适用本法典第 171 条第 2 款、第 3 款和第 172 条第 2 款的规定。

3. 承运人承担本章未规定的义务或放弃本章赋予之权利的任何协议,经实际承运人书面明确同意的,对实际承运人发生效力。实际承运人是否同意,不影响此项协议对承运人的效力。

4. 承运人与实际承运人都负有赔偿责任的,应当负连带责任。

5. 就货物的灭失、损坏或迟延交付分别向承运人、实际承运人提出赔偿请求的,赔偿总额不超过本节规定的限额。

6. 本节的规定不影响承运人和实际承运人之间互相追偿。

第 174 条 货物联运

1. 如果承运人签发的联运提单中规定部分货物运输将由承运人以外的人履行,联运提单可以同时规定承运人对货物在该人掌管期间发生的灭失、损坏或迟延交付不负责。货物的灭失、损坏或迟延交付发生在该期间的举证责任由承运人承担。

2. 履行部分货物运输的人,应根据本节有关承运人责任的规定,对其掌管期间内发生的货物灭失、损坏或迟延交付承担责任。

第 175 条 免除承运人责任或降低其责任限额的协议

1. 如果货物运输是依据提单或租船合同而签发的,并依据约束承运人与非承租人的提单持有人之间关系的提单进行,免除承运人责任或降低其根据本节规定应承担责任限额的协议无效。

2. 虽有本条第 1 款的规定,承运人有权签订免除其责任或降低其根据本节规定应承担的责任限额的协议:

1) 从接收货物时起至货物装上船时止,和从卸货至交付货物的一段时间内;

2) 如果尚未签发提单并且约定的货物运输条件已记载于非权利凭证并做如此说明的单据中,如果货物的种类或类型、状况、货物运输的条款及将要履行的货物运输条件证明特别协议的订立合法，则本项的规定应适用于特定货物的运输。

第176条 托运人和承租人的责任

托运人和承租人应对承运人的损失负责，除非他们能够证明损失不是由他们的过错或应对其作为或不作为负责的其他人的过错造成。

第9章 海上旅客运输合同

第177条 海上旅客运输合同的定义

1. 根据海上旅客运输合同，承运人负责将旅客运至目的港，如有行李，则应将行李运至目的港并交付有权接收的人。旅客应支付运输费用，如有行李，则应支付行李运输费用。

2. 承运人是指签订或以其名义签订海上旅客运输合同的人，无论实际运输由承运人抑或履约承运人履行。

履约承运人是指承运人以外的、拥有船舶或基于合法理由使用船舶、实际履行全部或部分旅客运输义务的人。

3. 旅客是指根据海上旅客运输合同运送的自然人，或签署船舶租赁合同要运送的自然人。

第178条 本章规定的适用

除双方另有协议外，本章规定均应适用。如果本章已有明确规定，则违反本章规定的协议无效。

第179条 运输单据

客票是海上旅客运输合同成立的证明，旅客交付行李有收据证明。

第180条 行李及自带行李

在本章中：

行李是指根据海上旅客运输合同由承运人载运的任何物品或车辆，根据海上货物或动物运输合同而载运的物品或车辆除外。

自带行李是指旅客自行携带、保管或放置在客舱中的行李。自带行李包括旅客存放在其车辆之中或之上的行李，本章第182条和第190条第2—5款规定适用的情形除外。

第181条 客票票价及运送行李的费用

1. 客票票价及运送行李的费用应由双方协议确定。

公共运输的客票票价和行李运送费用应根据由俄罗斯联邦法律确立的收费指令来确定。

2. 旅客有权：

在涉外航线期间享受有折扣的收费，并免费携带一名不超过2岁、不占用单独座位的儿童。其他不超过 2 岁以及 2 岁至 12 岁的儿童如占有单独座位,应享受折扣价。

在规定的标准范围内,可免费携带自带行李。

第 182 条　旅客运输期间

旅客运输应包括下列期间:

对于旅客及其自带行李,旅客和(或)其自带行李在船上的期间或上船和下船的期间,如果接送的费用已包含在客票价格中,或用于此种辅助运输的船舶已由承运人交由旅客使用,还包括经水路将旅客及其自带行李运到船上和从船上送到岸上的期间。对于旅客而言,运输期间不包括其在海运港站内、码头上或任何其他港口设施之中或之上的期间。

对于自带行李而言,还包括旅客在海运港站内、码头上或任何其他港口设施之中或之上的期间,如果行李已由承运人或其雇佣人、代理人接管并且尚未交给旅客。

对于自带行李以外的其他行李而言,自承运人或其雇佣人、代理人将行李交还旅客之时止的期间。

第 183 条　旅客解除海上旅客运输合同

1. 旅客有权在开航前以及开航后在船舶挂靠的可以上下旅客的任一港口解除海上旅客运输合同。

2. 如果旅客在交通领域的联邦权力执行机构批准的、海上旅客运输合同中规定的期限届满前解除海上旅客运输合同,或因疾病而无法在开航前到达,或由于疾病或承运人的原因在开航前解除海上旅客运输合同,客票及行李运送费用应返还旅客。

第 184 条　承运人解除海上旅客运输合同

1. 如果发生下列承运人无法控制的情形,承运人有权解除海上旅客运输合同:

1)战争行为或其他对船舶构成扣押危险的行为;

2)开航地或目的地被封锁;

3)由于合同双方无法控制的原因导致有关当局下令滞留船舶;

4)船舶被列入国家征用名单;

5)船舶灭失或被扣押;

6)发现船舶不适航。

如果承运人在船舶开航前解除海上旅客运输合同,客票及行李运送费用应返还旅客,航次开始后解除合同的,按照未运送距离的比例返还。

2. 承运人遇到本条规定的情形而解除海上旅客运输合同,应自付费用并根据旅客的要求将旅客送到开航地或赔偿旅客实际遭受的损失。

第 185 条　海上旅客运输合同的变更

1. 因开航地、目的地或旅客运输线路沿途的自然现象、不利的环境卫生和流行疾病因素，以及其他承运人无法控制的原因使合同变更成为必要，承运人有权延期开航，变更旅客运输线路、上船地点和（或）下船地点。

如有本款规定的情形，承运人应承担费用，并根据旅客的要求将旅客送至开航港或赔偿旅客实际遭受的损失。

2. 本条第 1 款的规定不影响旅客解除海上旅客运输合同的权利。

第 186 条　承运人的责任

1. 如果使旅客遭受损失的事故发生在运输途中并且此种事故是由承运人的过错或其雇佣人、代理人在雇佣范围内的行为所致，承运人应对旅客的人身伤亡以及旅客行李的灭失或损坏承担责任。

旅客行李的灭失或损坏，包括载运行李或本应载运行李的船舶到港后在合理时间内未能向旅客交还行李的损害。

2. 证明导致灭失或损坏的事故发生在旅客及其行李的运送途中，以及灭失或损坏程序的举证责任在索赔人一方。

3. 如果由于船舶失事、碰撞、搁浅、爆炸、火灾或船舶缺陷导致旅客人身伤亡或其自带行李的灭失或损坏，除非另有相反证据，否则推定承运人有过错或其雇佣人、代理人在雇佣范围内的行为存在过错。自带行李以外的行李发生灭失或损坏，无论导致此种行李灭失或损坏的事故性质如何，除非另有相反证据，推定上述人员存在过错。其他情况下证明过错的举证责任由索赔人承担。

第 187 条　履约承运人

1. 如果运输或部分运输委托给履约承运人，承运人仍应根据本章规定对全部旅客运输负责。除此之外，对于履约承运人承担的运输部分应适用本章的规定。

2. 履约承运人承担旅客运输，承运人应对履约承运人或其雇佣人、代理人在雇佣范围内的作为或不作为承担责任。

3. 任何约定履约承运人承担本章未规定的义务或放弃本章赋予权利的协议，经其书面明确同意，对履约承运人发生效力。

4. 承运人和履约承运人都有责任的，应当承担连带责任。

5. 本章规定不影响承运人与履约承运人之间相互追偿的权利。

第 188 条　贵重物品的灭失和损坏

除非金钱、流通证券、黄金、银器、珠宝、装饰品及其他贵重艺术品存放在承运人处保管，否则承运人对上述贵重物品的灭失和损坏不负责。对于存放在承运人处的贵重物品，除非根据本章第 191 条的规定约定了更高的限额，承运人应承担的赔偿责任不超过本章第 190 条第 4 款规定的责任限额。

第 189 条　旅客的故意或重大过失

如经承运人证明,旅客的人身伤亡或其行李的灭失或损坏是由旅客的故意或重大过失引起或导致,承运人可以免除全部或部分赔偿责任。

第 190 条　承运人的责任限额

1. 承运人对每名旅客人身伤亡的损害赔偿责任,在整个运输中不应超过 170000 计算单位。如果损害赔偿以分期付款的形式支付,支付的总额不应超过承运人的上述责任限额。

2. 承运人对旅客自带行李灭失或损坏的赔偿责任,在整个运输中不应超过每位旅客 1800 计算单位。

3. 承运人对车辆包括其中或其上装载的行李灭失或损坏的赔偿责任,在整个运输中不应超过每辆 10000 计算单位。

4. 承运人对本条第 2 款和第 3 款所指以外的行李灭失或损坏的赔偿责任,在整个运输中不应超过每位旅客 2700 计算单位。

5. 承运人和旅客可以签订协议,使承运人承担的责任可以得到部分免赔,对车辆损失的免赔额不超过 300 计算单位,对其他行李灭失和损坏的免赔额每位旅客不超过 135 计算单位。签订此种协议后,上述数额应从车辆或其他行李的灭失或损坏引起的旅客损失数额中扣除。

6. 本条第 1—5 款规定的责任限额不包括损失金额的利息和司法费用。

第 191 条　承运人责任限额的增加

承运人和旅客可以通过书面形式为承运人确定比第 190 条第 1—5 款的规定更高的责任限额。

第 192 条　责任限额的适用

1. 根据本章规定向承运人的雇佣人或代理人或履约承运人提出损害赔偿请求的,经雇佣人或代理人证明是在雇佣范围内,则该雇佣人或代理人有权援引本章关于承运人和履约承运人责任限额的规定。

2. 本章第 190 条第 1—5 款规定的责任限额应适用于任一旅客因人身伤亡或其行李灭失或损坏而提出的所有赔偿请求的总额。

3. 对于履约承运人承担的旅客运输部分,向承运人和履约承运人及在他们雇佣范围内行事的雇佣人或代理人提出的赔偿总额不应超过根据本章规定承运人或履约承运人应承担的最高赔偿额。此种情况下,上述任何人对其所适用的责任限额以外的部分不承担责任。

4. 根据本条第 1 款的规定,承运人的雇佣人、代理人或履约承运人,有权援引本法典第 190 条第 1—5 款规定的责任限额,根据具体情况,从承运人或履约承运人以及从承运人或履约承运人的雇佣人或代理人处得到的赔偿总额不应超过上述限额。

第 193 条　责任限制权利的丧失

1. 如经证明,旅客遭受的损失是由于承运人的故意作为或不作为或重大疏忽造成的,承运人不得援引本法典第 190 条第 1—5 款和第 191 条限制赔偿责任的规定。

2. 如经证明,旅客遭受的损失是由于承运人或履约承运人的雇佣人或代理人故意作为或不作为或重大疏忽造成的,则上述人员不得援引本法典第 190 条第 1—5 款和第 191 条限制赔偿责任的规定。

第 194 条　行李灭失或损坏的通知

1. 发生下列情况,旅客应向承运人或其代理人提交书面通知:

自带行李发生明显损坏,应在旅客离船前或离船时提交,其他行李发生明显损坏,应在行李交还旅客之前或交还时提交;

行李的灭失或损坏不明显,应在旅客离船或行李交还或应当交还之日起 15 日内提交。

2. 旅客未依照本条规定及时提交书面通知,除非提出反证,均视为已经完整无损地收到行李。

3. 行李交还时,旅客已经会同承运人对行李进行联合检查或检验的,无须提交书面通知。

第 195 条　免除承运人责任或降低其责任限额的协议

在导致旅客人身伤亡或行李灭失或损坏的事故发生之前订立的、免除或降低承运人根据本章规定应承担的责任或责任限额的协议,除本法典第 109 条第 5 款另有规定外,以及转移承运人应承担的举证责任的协议无效。

第 196 条　承运人迟延开航或迟延到达的责任

船舶迟延开航或迟延到达,承运人应向旅客支付不超过客票和行李运费 50% 的罚金,除非承运人能证明船舶迟延开航或到达是由承运人无法控制的原因所致。

第 197 条　本章规定的适用范围

1. 只有在承运人和旅客不是俄罗斯联邦的组织或公民时,本章关于承运人对旅客人身伤亡的赔偿责任以及限制赔偿责任的规定,适用于涉外旅行的旅客运输。

2. 承运人和旅客是俄罗斯联邦组织和公民的,承运人对旅客人身伤亡的赔偿责任,应根据俄罗斯联邦民事立法的有关规定确定。

2. 1. 承运人有义务确保支付赔偿金,作为对海上运输乘客期间造成的人身损害的赔偿,根据俄罗斯联邦的民事立法,应对养家者的死亡给予赔偿——配偶、父母和子女有权得到赔偿;如果死亡的乘客没有独立收入来源,但他是公民的依赖,赔偿金额为 200 万卢布。这种补偿在有权获得补偿的公民中分配,与这些公民的人数成比例。

2.2.承运人必须赔偿海洋运输中对旅客造成的身体伤害,数额根据俄罗斯联邦政府批准的规定,根据伤害的性质和程序确定。上述赔偿金额不能超过200万卢布。

2.3.如果根据俄罗斯联邦民事立法确定的海洋运输旅客伤亡赔偿金额超过了伤害补偿金,则不会免除承运人赔偿超出的补偿部分。

3.本章关于承运人对行李灭失或损坏的赔偿责任及限制其赔偿责任的规定不适用于沿海行李运输。

沿海行李运输中,承运人对行李灭失或损坏的赔偿责任应根据俄罗斯联邦民事立法的有关规定确定。

第10章　定期租船合同(期租)

第198条　定期租船合同的定义

定期租船合同(期租)是指船舶出租人向承租人提供由出租人配备船员的船舶,由承租人在约定的期限内,支付约定的费用(运费),进行货物、旅客或其他商船运输的合同。

第199条　本章规定的适用

除非双方另有约定,本章规定均适用。

第200条　期租合同的内容

期租合同中应当写明双方的名称、船名、技术和营运概况(吨位、载货容积、船速及其他)、营运区域、用途、交船和还船的时间和地点、运费费率及期租合同的期限。

第201条　期租合同的形式

期租合同应当书面订立。

第202条　转期租合同

1.除非期租合同中另有约定,承租人在期租合同赋予的权限范围内,可以以本人名义与第三方就全部期间或部分期间签订租船合同(转期租合同)。签订转期租合同不能免除承租人向出租人履行期租合同义务的责任。

2.本章规定应适用于转期租合同。

第203条　船舶适航状况

1.出租人交付船舶时,应使船舶适航,即应采取措施确保船舶适于期租合同中规定的租船用途,以及妥善配备和装备船舶。

2.经出租人证明,船舶不适航是经谨慎处理仍不能发现的缺陷(潜在缺陷)造成,出租人不承担责任。

3. 出租人应在租期内维持船舶的适航状态，支付船舶保险及责任保险费用，以及船舶、船员的日常维持费用。

第 204 条　承租人商业性使用船舶及还船的义务

1. 承租人应根据期租合同规定的用途和条件使用船舶及船员的劳务，承租人应支付燃油费及其他与使用船舶有关的费用。

因使用船舶和船员的劳务而产生的收益，属于承租人的财产，除因救助而取得的收益外，救助收益应按本法典第 210 条的规定在出租人和承租人之间进行分配。

2. 期租合同的期限届满时，承租人向出租人交还的船舶应具有与承租人接收船舶时相同的良好状态，船舶本身的自然磨损除外。

3. 如果迟延还船，承租人应按期租合同中规定的运费率或高出期租合同费率的市场费率支付迟延还船费用。

第 205 条　承租人对货主的责任

如果承租人使用船舶进行货物运输，其有权以本人名义订立货物运输合同，签订租船合同，签发提单、海运单和其他运输单据。此种情况下，承租人应依照本法典第 166—176 条的规定向货主承担责任。

第 206 条　船员的所属关系

1. 船长和其他船员应服从出租人发出的与船舶管理有关的包括船舶航行、日常工作及船员配备的指令。

2. 承租人负责船舶营运工作，船长和船员应当听从承租人的指令。

第 207 条　承租人对救助、失事或船舶损坏造成损失的免责

承租人对救助、失事或船舶损坏造成出租人的损失免责，但是有证据证明此种损失是由于承租人的过失造成的除外。

第 208 条　运费的支付

1. 承租人有义务在定期租船合同约定的期限内支付租金，承租人免于支付由于租船不适航而不适于营运期间的运费和租船所需的费用。

由于承租人的过失造成租船不适于营运时，出租人有权按照合同约定要求租金，无论承租人对出租人所遭受的损失是否赔偿。

2. 如果承租人延期支付租金超过 14 个日历日，出租人有权在没有预先通知的情况下撤回船舶，并有权对因此延期造成的损失获得赔偿。

第 209 条　船舶失事及租金的支付

如果船舶失事，应当从定期租船合同约定之日起至船舶沉没之日，如果该沉没日不能准确确定，则至最后获悉有关船舶的消息之日止，支付租金。

第 210 条　实施海难救助的报酬

在定期租船合同届满之前船舶进行救助所得的救助报酬，在扣除救助成本和

应支付给船员的份额后,应当由出租人和承租人平分。

第11章　光船租赁合同

第211条　光船租赁合同的定义

光船租赁合同是指船舶出租人向承租人提供不配备船员和供应品的船舶,由承租人在约定期间内占有、使用、进行运载货物、旅客或进行其他商船运输,并向出租人支付租金的合同。

第212条　本章规定的适用

除非双方另有约定,本章规定均应适用。

第213条　光船租赁合同的内容

光船租赁合同的内容主要包括出租人和承租人的名称、船名、船级、船籍、容积、吨位、航速等及燃油耗油量、航区、用途、交船与还船的地点、时间、租金的支付、租船期限。

第214条　光船租赁合同的形式

光船租赁合同应当书面订立。

第215条　转租光船租赁合同

1. 除非光船租赁合同中另有约定,承租人有权以本人的名义与第三方签订转租合同,转租的期限可以是整个或部分光船租赁期间。在转租期间,仍由承租人而非转租者对船舶所有人负责。

2. 本章规定适用于转租光船租赁合同。

第216条　船舶适航状况

1. 出租人应在将船舶交给承租人之时,使船舶处于适航状态,包括在船体、船体和设备各方面适于约定的用途。

2. 承租人有义务在光船租赁期间将船舶保持在适航状态,但是消除船舶潜在缺陷是船主的责任。

第217条　船员

承租人负责配备船员。承租人有权配备以前不是该光船租赁船舶上的船员,或根据光船租赁协议配备以前是该船舶上的船员,但要遵守本法典第56条的规定。无论配备船员的方式如何,船长和船员都须在各方面服务于承租人。

第218条　承租人在承租船舶和还船时应负的责任

1. 承租人应按照合同规定营运船舶,并且支付所有与营运相关的费用,包括船员工资、承租人负责支付的保险费和责任保险费,以及其他税费。

2. 承租人在租期届满时应归还船舶。还船时船舶应处于与交船时相同的状态,但船舶本身的自然磨损除外。

第219条 承租人对第三方所负的责任

由于船舶营运所造成的任何第三方的索赔,应由承租人对第三方负责,但因船舶油污和运输有毒有害物质造成的损害索赔除外。

第220条 船舶救助、失事或损坏造成的损失

船舶救助、失事或损坏造成的损失应由承租人承担,除非承租人能证明损失非由其过失造成。

第221条 向船舶所有者支付租金

1. 承租人应提前1个月按约定费率向船舶所有者支付租金。承租人无须支付船舶因不适航而无法营运期间的租金及其他费用,除非此种不适航是由承租人过失所致。

2. 除本法典第222条规定的情形外,如果承租人迟延支付租金超过14个日历日,出租人无须通知便有权从承租人手中撤回船舶,并有权要求赔偿迟延支付造成的损失。

3. 如果船舶失事,租金应从光船租赁合同规定之日起至船舶失事之日支付,如果失事之日无法确定,则应支付至得知船舶最后消息之日。

第222条 不允许撤船

在订有本法典第223条规定的租购条款的光船租赁合同中,如果承租人迟延支付运费超过14个日历日,且此种迟延是由承租人无法控制的事件所致,出租人不得撤船,但有权要求承租人赔偿迟延支付造成的损失。

第223条 船舶租购

订有租购条款的光船租赁合同,如果承租人已根据光船租赁合同履行了合同义务,并根据本法典第221条第1款的规定支付了最后一笔租金,光船租赁合同届满之时,船舶所有权即归于承租人。

第224条 租购船舶缺陷的责任

经承租人证明,所租购船舶存在的任何缺陷包括潜在缺陷,产生于交船之前或造成此种缺陷的原因产生于交船之前,出租人应对此种缺陷承担责任。

第12章 拖航合同

第225条 拖航合同的定义

拖航合同,是指船舶所有人为获得报酬,负责将另一艘船舶或其他漂浮物体拖过一定的距离(海上拖航),或在港口水域内完成操纵作业,包括将船舶或其他漂浮物体拖进港口或拖出港口(港口拖航)。

第226条 本章规定的适用

除非双方另有约定,本章规定均应适用。

第 227 条 拖航合同的形式

1. 海上拖航合同应书面订立。

2. 港口拖航合同可以口头订立。规定拖船的船长承担拖航义务的协议应书面订立。

第 228 条 拖航合同双方的义务

1. 拖航合同的每一方都有义务及时地使船舶或其他漂浮物处于适拖状态。

2. 拖航作为应以根据情况需要的技术,除有必要外,不中断、不迟延地进行,并应符合良好的航行惯例。

3. 由另一船或其他漂浮物的船长管理下的船舶或其他漂浮物也应在安全拖航方面谨慎行事。

第 229 条 海上拖航的责任

1. 海上拖航应在拖船船长的管理下进行。

海上拖航中对被拖船或其他漂浮物造成损害,或对其上人员或财产造成损害的赔偿责任,应由拖船所有人承担,除非其能证明损害非由其过错造成。

2. 海上拖航合同的双方,可以签订书面协议使被拖船或其他漂浮物的船长承担管理海上拖航的责任。此种情况下,拖船或其上人员或财产由海上拖航造成损失的损害赔偿责任,应由被拖船或其他漂浮物的船舶所有人承担,除非其能证明损害非由其过错造成。

第 230 条 港口拖航的责任

1. 港口拖航应在被拖船或其他漂浮物的船长管理下进行。

港口拖航中对拖船或其上人员或财产造成损害的赔偿责任,应由被拖船或其他漂浮物的船舶所有人承担,除非其能证明损害非由其过错造成。

2. 港口拖航合同的双方,可以签订书面协议使拖船船长承担管理港口拖航的责任。此种情况下,由港口拖航造成的被拖船或其他漂浮物,或其上人员或财产的损害赔偿责任,应由拖船所有人承担,除非其能证明损害非由其过错造成。

第 231 条 覆冰水域拖航责任

拖船所有者对被拖船或其他漂浮物或其上人员或财产在覆冰水域拖航时遭受的损失不承担责任,除非经证明损失由其过错所致。

第 13 章 海运代理合同

第 232 条 海运代理合同的定义

海运代理合同是指海运代理人根据船舶所有者的指令,由船舶所有者承担费用,以本人名义或代表船舶所有者,在规定的港口或区域内实施一定的法律和其他行为,并收到一定报酬的合同。

第 233 条　本章规定的适用

除非双方另有约定，本章规定均应适用。

第 234 条　海运代理人一般权利的限制

如果代表船舶所有者进行交易的海运代理人的权利受到船舶所有者限制，海运代理人与善意第三方达成的交易应视为有效并约束船舶所有者，除非该第三方知悉此种限制。

第 235 条　海运代理人为不同利益方服务的行为

海运代理人在船舶所有者同意、其他方授权的情况下，可以为其他方实施一定的法律和其他行为。

第 236 条　海运代理转委托合同

为履行海运代理合同，海运代理人有权与其他人签订海运代理转委托合同，但仍应对海运转代理人的行为向船舶所有人负责。海运转代理人不得代表船舶所有人与第三方进行交易，除非该委托已转让给海运转代理人。

第 237 条　海运代理人的权利和义务

1. 海运代理人负责办理与船舶进港、在港内停留、离港有关的各种手续，协助船长与港口和地方当局签订合同，为在港船舶提供给养和服务，制作货物单据，收到应向船舶所有者支付的、依据海上货物运输合同产生的运费和其他费用，依照船舶所有者或船长的命令支付船舶在港内停留产生的费用，为班轮运输揽货，安排收取运费和货物转运以及在海运代理范围内从事其他行为。

2. 海运代理人应当：

按照海运代理人的行业惯例、善意地行使为船舶所有人利益服务的职能；

在授权范围内行事；

按照海运代理合同确定的次序和时间记录开支，并向船舶所有者汇报。

第 238 条　船舶所有者的义务

船舶所有者应当：

向海运代理人提供充足的资金以按照海运代理合同行事；

补偿海运代理人花费的费用；

对海运代理人在授权范围内，为代表船舶所有者行事的结果负责；

按照海运代理合同规定的数额和程序，向海运代理人支付酬金。

第 239 条　海运代理合同的终止

1. 如果海运代理合同订立有约定期限，该期限届满时合同终止。

2. 如果海运代理合同规定期限不明确，在合同终止之日前不少于 3 个月通知对方，双方均有权终止合同。

第14章　海运经纪合同

第240条　海运经纪合同的定义

海运经纪合同是指经纪人(海运经纪人)以被代表人名义由被代理人承担费用,为船舶买卖合同、租船合同或拖航合同以及海上保险合同的签订提供中间服务的合同。

第241条　本章规定的适用

除非双方另有协议,本章规定均应适用。

第242条　海运经纪人从事海运代理人行为

海运经纪人可以以被代理人的名义,办理与租船进港、在港内停留和出港有关的手续,以及其他根据本法典第237条规定、通常由海运代理人负责的业务。在此种情况下,应适用于本法典第232—239条有关海运代理合同的规定。

第243条　海运经纪人为双方利益服务的行为

本法典第240条规定的合同订立时,如果双方均有授权,海运经纪人可以代表双方签订合同。海运经纪人应将其同时代表另一方的情况通知双方,提供中介服务时,也应为双方利益行事。

第244条　海运经纪人的服务报酬

海运经纪人为本法典第240条规定的合同签订提供中介服务,且合同确因海运经纪人的努力而签订,海运经纪人有权收取报酬。

第245条　海运经纪人的报告义务

按照被代理人的指示行事后,海运经纪人有义务就其从被代理人处收到的款项提交账目。

第15章　海上保险合同

第246条　海上保险合同的定义

海上保险合同是指保险人对被保险人或为其利益订立保险合同的其他人(受益人)遭受保险合同规定的风险或事故(保险事故)造成保险标的损失负责赔偿,而由被保险人支付保险费的合同。

第247条　本章规定的适用

1. 除非双方另有约定,本章规定均应适用。如果本章有直接规定,不符合本章规定的双方协议应视为无效。

2. 本章规定适用于在北方航线水域航行的船舶。

第248条　海上保险合同的形式

海上保险合同应书面订立。

第249条　海上保险的标的

1. 任何与商船航运有关的财产利益都可以成为海上保险的标的，例如船舶，建造中的船舶，货物，运费，客票，租金，货物的期望收益，由船舶、货物和运费所担保的其他请求，工资及其他应支付给船长和其他船员的款项，包括遣返费用、船舶所有人责任和保险人承担的风险（再保险）。

2. 海上保险的标的应在保险合同中列明。

3. 对于在俄罗斯国际船舶处登记的船舶和外国船舶，由商船运输相关的任何财产权益保险，包括在俄罗斯联邦境内，由船舶所有者选择的保险，可以由依法获得许可的俄罗斯保险公司或者外国保险公司提供。

第250条　风险的信息

1. 海上保险合同签订时，被保险人应将其知晓或应当知晓的有关影响保险人测评风险等级的重要情况以及其他保险人要求提供的数据通知保险人。

常识性的信息以及保险人应当知晓的信息，被保险人无须告知。

2. 被保险人未将影响保险人测评风险等级的重要情况通知保险人，或通知的信息有误，保险人有权拒绝履行海上保险合同。此种情况下，保险人不退还保险费，除非被保险人能够证明其未能提供正确信息非由其一人过错所致。

3. 被保险人未能通知保险人的、影响保险人测评风险等级的重要情况不存在时，保险人不得拒绝履行海上保险合同。

4. 订立海上保险合同时，被保险人未能提供保险人要求的信息，保险人不得以此为由拒绝履行海上保险合同。

第251条　保险单和保险条款

保险人应当向被保险人签发证明海上保险合同订立的单据（保险单、保险证书或其他保险单据），并告知保险条款和条件。

第252条　保险费

被保险人应当在海上保险合同规定的时间内向保险人支付保险费。自保险费支付之时起，海上保险合同生效。

第253条　受益人

1. 被保险人可以为本人的利益或为受益人的利益订立海上保险合同，而无论受益人的姓名是否显示在海上保险合同中。

2. 订立未显示受益人姓名的海上保险合同，保险人应当向被保险人签发以持有人为受益人的保险单或其他保险单据。

第254条　被保险人和受益人的义务

海上保险合同为受益人利益而订立时，被保险人应承担合同下的所有义务。如果合同经受益人同意而订立，或虽未经其同意但受益人随后做出了同意的意思表示,受益人应同样承担海上保险合同下的所有义务。

第255条　为受益人的利益而订立的海上保险合同下被保险人的权利

为受益人的利益而保险时,被保险人享有海上保险合同下的所有权利而无须受益人授权。

第256条　支付保险赔偿时出示保险单

支付保险赔偿时,保险人有权要求出示其签发的保险单或其他保险单据。

第257条　被保险货物转让的效力

1. 如果被保险货物转让,海上保险合同仍然有效,被保险人的所有权利和义务转移至货物的受让人。

2. 如果货物转让前保险费尚未支付,支付保险费的义务应由货物的被保险人和受让人共同承担。保险单或其他保险单据中没有保险费尚未支付记载的,不得要求单证持有人支付保险费。

第258条　被保险船舶转让的效力

1. 如果被保险船舶被转让,海上保险合同自船舶转让时起终止。如果被保险船舶在航程中应被保险人的要求而转让,海上保险合同的效力应持续至航程终止,被保险人的所有权和义务应转移至船舶的受让人。

本款第1段规定的后果也适用于被保险船舶根据光船租赁转让给承租人使用和占有的情况。

2. 本条规定同样适用于船舶所有人责任保险海上合同。

第259条　保险金额

1. 海上保险合同订立时,被保险人应宣布其投保利益的金额(保险金额)。

2. 船舶、货物或其他财产投保时,保险金额不得超出海上保险合同订立时财产的实际价值(保险价值)。双方对海上保险合同中规定的保险金额不应发生争议,除非保险人能够证明其由被保险人有意误导。

3. 海上保险合同中规定的保险金额超出了财产的保险价值,保险金额超出保险价值的海上保险合同部分无效。

4. 宣布的保险金额低于财产的保险价值,应按保险金额与保险价值的比例进行赔付。

第260条　重复保险

1. 某一标的经多个保险人承保后,其保险金额超过保险价值(重复保险)的,所有保险人有权仅在保险价值的金额内承担赔偿责任,第一保险人仅按其签署的海上保险合同中标的的保险金额占全部海上保险合同标的的保险金额总额的比例承担赔偿责任。

2. 船舶所有人的责任经多个保险人承保后(重复保险),每一保险人仅在相当于根据其签订的海上保险全责应承担的责任范围内承担赔偿责任。

如果发生保险事故时,船舶所有人的责任金额低于所有保险人的责任总额,每一保险人仅按其责任金额占所有保险人责任总额的比例承担赔偿责任。

第 261 条　损失发生在海上保险合同签署之前或未发生

1. 即使在海上保险合同签署时,可赔付的损失发生的可能性已不存在,或此种损失已经发生,海上保险合同仍然有效。保险人在海上保险合同签署时,知道或应该知道承保风险已不可能发生,或被保险人或受益人知道或应该知道保险人可以赔付的损失已发生,海上保险合同对不知情的一方不具有约束力。

2. 即使海上保险合同对保险人不具有约束力,保险人仍有权收取保险费。

第 262 条　总保险单

被保险人在规定时间内分批收到的或装运的所有货物或特定类型的货物,可以在特别的协议(总保险单)下承保。

第 263 条　货物的信息

1. 对于总保险单承保的第一批货物,被保险人在收到货物后应立即向保险人提供必要的货物信息,特别是承运货物的船舶名称、货物运输线路和保险金额。即使被保险人在货物完整无损地运抵目的港以后方才得知有关货物的信息,也仍负有提供此种信息的义务。

2. 如果被保险人由于疏忽未能提供或未能及时提供分批装运的货物所需的信息,保险人有权拒绝赔偿该批货物的损失。当上述信息已全部、及时地提供给保险人时,他有权获得他可以收到的全部保险费。

3. 保险人有权拒绝总保险单保险,如果被保险人有意地:

不提供分批装运货物的必要信息或不及时提供;

错误标明货物的类型和种类或保险金额。

在此种情况下,保险人有权收取正常履行海上保险合同保险人本应获得的全部保险费。

第 264 条　分批装运货物的保险单或保险证书

1. 应被保险人的要求,保险人应在总保险单的效力范围内分批为装运的货物签发保险单或保险证书。

2. 为分批装运货物签发的保险单或保险证书的内容与总保险单的内容不一致的,以保险单和保险证书的内容为准。

第 265 条　被保险人或受益人的故意或重大过失

由于被保险人或受益人或其代表的故意或重大过失造成的损失,保险人不承担赔偿责任。

第266条　保险人对船舶保险责任的免除

除本法典第265条规定的情况外,保险人对下列原因引起承保船舶的损失不承担赔偿责任:

船舶在适航情况下开航,除非船舶不适航由潜在缺陷造成;

船舶及其配件破旧、磨损;

装载了易爆和易自燃的危险货物,被保险人或受益人或其代表人知悉而保险人不知。

第267条　保险人对货物保险责任的免除

除本法典第265条规定的情况外,如经证明,下列原因引起承保货物或其预期的利润的损失,保险人不承担赔偿责任:

托运人或收货人或其代表人故意或重大过失;

由货物的固有特性(损坏、变质、锈蚀、霉变、漏损、破损、自燃及其他)引起;

由包装不当引起。

第268条　保险人对运费保险责任的免除

运费保险,适用于本法典第266条和第267条的规定。

第269条　核事故造成的损失

除本法典另有规定外,保险人对核爆炸、辐射或放射性污染造成的损失不承担赔偿责任。

第270条　战争行为或其他行为造成的损失

保险人对战争或海盗、民众骚乱、罢工、没收、征用、扣押,或应有关当局的要求而销毁船舶或货物的行为造成的损失,不承担赔偿责任。

第271条　风险变更的效力

1. 被保险人或受益人知悉保险标的或与保险标的有关的情况发生实质性变更(转运、变更运输方式、变更卸货港、背离约定航线或习惯航线、船舶进行冬季防护及其他)时,应立即通知保险人。

2. 除非因救助人命或船舶或货物造成,或为航程的安全进行所必需,出现任何增加风险的变更,保险人都有权重新审读海上保险合同的条款,或要求支付附加的保险费。如果被保险人不同意增加保险费,自此种变更发生时起海上保险合同终止。

3. 被保险人或受益人未履行本条第1款规定义务的,自保险标的或与保险标的有关的情况发生实质变更之时起,免除保险人履行海上保险合同的义务。

除非被保险人或受益人证明未履行指定义务并非由于他的过错发生,否则保险费仍由保险人承担。

第 272 条　预防或减少损失

1. 保险事故发生后，被保险人应根据情况采取合理、可行的措施防止或减少损失。被保险人应立即将保险事故的发生通知保险人，如果存在保险人的指示，则应遵循保险人的指示行事。

2. 因被保险人或受益人的故意或重大过失，未能采取防止或减少损失的措施导致的损失，保险人不承担赔偿责任。

第 273 条　保险人出具共同海损分摊担保

应被保险人或受益人的要求，保险人应在保险金额的限度内为保险条款所承保的共同海损分摊提供担保。

第 274 条　制作海损理算书时保险人利益的保护

制作保险条款承保的共同海损理算书时，被保险人应保护保险人的利益。

第 275 条　被保险人开销的补偿

1. 保险人应补偿被保险人或受益人由于下列原因支出的必要费用：

预防或减少保险人应承担赔偿责任的损失，即使被保险人或受益人采取的防止或减少损失的措施并未成功；

根据本法典第 272 条的规定执行保险人的指示；

确认和评估保险人应赔偿的损失金额；

制作共同海损理算书。

2. 本条第 1 款规定的费用，应按保险金额占保险价值的比例进行补偿。

第 276 条　保险人超出保险金额的责任

1. 保险人应当在保险金额的范围内对损失承担赔偿责任，但本法典第 275 条规定的费用以及共同海损分摊应由保险人负责赔偿，而无论此种损失和保险人应赔付的损失之和是否超出了保险金额。

2. 保险人应对连续发生的多起事故造成的损失承担赔偿责任，即使此种损失的总额超出了保险金额。

第 277 条　船舶失踪

1. 如果发生本法典第 48 条规定的船舶失踪，保险人应按全部保险金额承担赔偿责任。

2. 对于附有约定期限的海上保险合同，如果船舶的最后消息是在海上保险合同有效期届满之前得知，保险人应对船舶失踪承担赔偿责任，除非保险人证明船舶是在上述期限届满后灭失。

第 278 条　委付

1. 对于下列保险财产的损失，被保险人或受益人可以通知保险人放弃对保险财产的权利而获得全部保险金额：

1)船舶失踪;

2)船舶和(或)货物灭失(实际全损);

3)修复或修理船舶在经济上不划算(推定全损);

4)船舶损坏的修理或将货物运往目的港经济上不划算;

5)船舶或货物因承保风险而被扣押持续6个月以上。

在上述情况下,保险人应获得:

足额保险、保险财产的全部权利;

不足额保险、按保险金额与保险价值的比例取得对保险财产的部分权利。

2. 双方协议与本法典规定不一致的,应视为无效。

第279条 委付通知

1. 本法典第277条和第278条规定的情形发生或结束后6个月内,应向保险人发出委付通知。

2. 6个月期限届满后,被保险人或受益人丧失委付的权利,只能基于通常理由要求赔偿损失。

3. 委付通知不得附加条件,被保险人或受益人不得撤回委付通知。

4. 双方协议与本法典规定不一致的,应视为无效。

第280条 保险赔偿的返还

得到保险赔偿后,经证明船舶并未灭失,保险人可以要求被保险人或受益人在获得财产后,将保险赔偿扣除的被保险人或受益人实际损失的部分返还保险人。

第281条 被保险人或受益人向保险人转移损害赔偿的权利(代位求偿)

1. 支付保险赔偿后,保险人在已付赔偿的范围内,代位取得被保险人或受益人向对损失负有责任的人的求偿权。保险人应根据获得保险赔偿的人所适用的程序行使该权利。

2. 如果被保险人或受益人放弃向负有损害赔偿责任的人追偿的权利,或由于被保险人或受益人的过错导致无法行使追偿权,保险人无须全额或部分支付保险赔偿。

第282条 向保险人提交文件和证据

如有本法典第278条和第281条规定的情形,被保险人或受益人应向保险人提交所有的文件和证据,并提供保险人行使代位求偿权所需的所有必要信息。

第283条 第三方赔偿损失的效力

被保险人或受益人的损失已由第三方赔偿的,保险人仅向被保险人或受益人支付依据海上保险合同应支付的金额与第三方已支付的金额之间的差额。

第16章　共同海损

第284条　共同海损的概念及其理算原则

1. 共同海损是指为了共同安全或为了避免共同海上航程中的船舶、运费和船载货物等财产的风险，而有意地、合理地造成特殊牺牲所支付的特殊费用。

2. 本条第1款所述的行为所直接造成的损失，可计入共同海损。

3. 共同海损应以船舶、货物和运费在共同航程终止的当地、当时的价值为基础进行理算，此种价值应根据本法典第304条的规定来确定。

4. 一艘或多艘船舶拖带或推进另一艘或多艘船舶时，如果它们都处于商业活动而非救助活动中，也构成共同海上航程。

本章规定应适用于采取措施使船舶及其货物脱离共同危险的情况。

如果一船与另一船或多船简单分离即可处于安全状态，则其并未处于共同危险中。但是，如果分离本身构成共同海损行为，则应继续共同航行。

第285条　本章规定的适用

1. 除本法典第284条第1款、第305—309条的规定外，本章规定在双方没有不同约定的情况下均应适用。

2. 双方协议中有明确规定适用，在海损评估、共同海损损失理算和分摊方面以及所适用的法律规定不完善的情况下，应适用有关共同海损的《约克-安特卫普规则》及其他国际商船运输的惯例。

3. 尽管导致额外的费用和牺牲产生的事件，可能是由航程中一方过错所致，共同海损分摊的权利不受影响，但是，共同海损的当事方仍有权就发生的损失向责任方请求赔偿。

第286条　船舶挂靠避难港引起的共同海损

1. 因事故或其他特殊情况导致船舶进入避难港或其他避难地点或返回装货港或其他装货地点成为必要，由此产生的费用应计入共同海损。

2. 船舶挂靠避难地或返回装货地所产生的费用应计入共同海损，与装运最初货物或部分最初货物离开该地点有关的费用，同样应计入共同海损。

3. 在本条第1款规定的情况下，由于船舶进入避难港或返回装货港延长航程而产生的船员工资和维持费用、燃料和仓储费用，应计入共同海损。

4. 本条第1—3款的规定相应地适用于将船舶从避难但无法完成修理的地点移出所花费的费用，包括临时修理费和拖航费，以及与航程延长有关的费用。

第287条　货物装载或卸载或转运的费用、燃油费或仓储费

1. 为共同安全或为修复事故或其他特殊情况给船舶造成的损害所产生的货物搬移费用，船上燃油或仓储费用，在装货地点、挂靠港或避难港卸货的费用，如果修

理是保证航程安全所必需的,则此种费用应计入共同海损。

在下列情况下,将货物、燃料或补给品在船上搬移或卸货的费用不视为共同海损:

航行过程中因弄混而造成的货物、燃料或物料而产生的重新积载费用,并不是为了一般安全而进行的重新积载;

并非由于航程中发生的事故或其他特殊情况造成的损害,导致在装货港花费必要的修理费。

2. 本条第 1 款第 1 项所述情形下产生的与货物、燃料或补给品的转运或存储、卸载、转移有关的费用,以及存储费用,包括其保险费,应列入共同海损。

本法典第 289 条的规定适用于因上述货物、燃料或补给品的转运或积载而造成的船舶滞留有关的费用。

第 288 条 船舶的临时修理

船舶为了共同安全或排除共同海损牺牲造成的损害而在装货港、停靠港或避难港进行临时修理的费用,应列入共同海损。为了完成航程而对意外损坏进行临时修理的费用应列入共同海损,但其数额应以如不进行此种修理本可列入共同海损的费用为限。

第 289 条 因共同安全造成的船舶延误所产生的费用

1. 由于意外事故、牺牲或其他紧急情况,船舶在任何港口或地点延误,如果该延误是为共同安全,或为了使船舶因意外事件、牺牲或其他紧急情况造成的损坏得以修理,而且此项修理是安全地完成航程所必需的,则与船员工资或给养有关的费用应列入共同海损。延误期间消耗的燃料、补给器、港口费用,应按共同海损理算书获得赔偿,但对不能列入共同海损的损坏修理费用除外。

2. 本条第 1 款的规定不适用于为了排除与在航程中发生的意外事件或其他紧急情况无关的损坏而导致的船舶延误所产生的费用。此种费用不得列入共同海损,即使这种排除损坏是安全完成航程所必需的。

第 290 条 确定船舶不适宜航行或船舶拒绝继续其航程的效力

如果船舶被确认为不适宜航行或不再继续其最初的航程,在第 287 条第 2 款以及第 289 条第 1 款规定的仓储费、保险费、船员工资与给养、燃料、补给品与港口费用中,只有在确认船舶不宜航行或船舶拒绝继续航程之日前发生的费用,或如果在该日之前尚未完成卸货,则在卸货完成之日前的费用才可列入共同海损。

第 291 条 因救助费用产生的共同海损

1. 航程中各有关方所支付的救助费用,不论救助是否根据合同进行都应列入共同海损,但救助作业应是为了本法典第 284 条第 1 款中所述目的而进行。

本条第 1 款中的费用应包括本法典第 342 条第 1 款第 2 项所述的考虑到救助

人在防止或减轻环境损害中的技能和努力而确定的救助报酬。

船舶所有人向救援者支付的、本法典第 343 条第 4 款规定的特殊补偿不列入共同海损。

第 292 条　因采取救助措施而产生的共同海损

具备本法典第 284 条规定特征的下列损失应列入共同海损：

因抛弃货物而造成的损失，以及为了共同安全做出牺牲而使船舶或货物遭受的损失，尤其是为了抛弃而开舱或打洞导致进水所造成的损失；

为了扑灭船上火灾而使船舶或货物遭受的损失，包括将失火船搁浅或沉没失火货物所产生的损害；

船舶有意搁浅时给船舶或货物造成的损失，无论船舶是否搁浅；

在船舶从搁浅地起浮时因对船舶发动机、其他机器设备或对锅炉造成损害而导致对船舶造成的损失；

通过卸下搁浅船舶上的货物、燃料及补给品来减重、租用驳船与重装（如果发生）的额外费用，以及由此造成的其他损失。

第 293 条　因采取预防或减轻环境损害措施而产生的费用

在下列情况下发生的因采取预防或减轻环境损害而产生的费用应列入共同海损：

作为为了共同安全而采取的措施的一部分，而这种措施假如由同一航程以外的第三方所采取，该第三方有权获得救助报酬；

在本法典第 286 条所述情况下，作为船舶进入或驶离任何港口或地点；

在本法典第 286 条所述情况下，作为船舶在任何港口或地点停留，但如果实际已有污染物泄漏或排放，则为了预防或减轻污染或环境损害而采取的任何额外措施的费用，不得列入共同海损；

与货物的卸载、存储和重装有关，如果这些措施的费用可以列入共同海损。

第 294 条　因货物、燃料或补给品的灭失或损坏而产生的损失

当搬移、卸载、存储、重装和积载货物、燃料或补给品的费用可列入共同海损时，由于各措施的后果而使货物、燃料遭受灭失或损坏而产生的损失可作为共同海损受到补偿。

第 295 条　运费损失

如果货物的灭失或损坏作为共同海损受到补偿，则由于共同海损行为造成的运费损失可列入共同海损。在这种情况下，运费中应扣减其所有人为赚得此项运费本应支付但由于牺牲而无须支付的费用。

第 296 条　代替费用

凡为代替本可作为共同海损的费用而支付的额外费用，可列入共同海损（代

替费用)。代替费用受到补偿时,无须考虑对其他有关方有无节省,但其数额不得超过被代替的共同海损费用。

第 297 条　不得列入共同海损的损失(单独海损)

1. 不具有本法典第 284 条第 1 款所规定的共同海损性质的损失,以及本条第 2 款规定的损失应视为单独海损。此种损失不应在船舶、货物及运费间进行理算,而应由遭受损失者自行承担,或由造成这种损失的责任方承担。

2. 以下损失即使具有本法典第 284 条第 1 款所规定的性质,也不得列入共同海损:

1)对于违反行业规则与惯例而载运货物的抛弃费用;

2)灭火时由于烟熏或热烤所造成的损失;

3)因切除由于之前海上危险遭受或实际损失的残骸或船舶残留部分而遭受的损失;

4)船舶在浮动状态下,因强制或以其他方式使用发动机、其他机器设备或锅炉而造成的损失;

5)因航行时间的增加而造成的船舶或货物的任何损失(滞期费、价格变化损失等)。

第 298 条　对船舶、船上机器及设备造成的损失

1. 对船舶、船上机器及设备造成的损失以及列入共同海损的损失,应根据修理或更换受损财产的实际费用计算,并应根据本法典第 299 条的规定做"以新换旧"的扣减。

2. 如果船舶未经修理,对船舶造成的损失按船舶因此项损失引起的贬值计算,但是不得超过估算的船舶修理费用。

第 299 条　"以新换旧"扣减

1. 在对船龄不超过 15 年的船舶进行修理时,如果用新材料或新部件替换旧件,根据本法典第 298 条可列入共同海损的修理费用应扣减三分之一,本条第 2—4 款规定的情形除外。

2. 根据本法典第 298 条的规定可列入共同海损的临时修理费用不做"以新换旧"的扣减,供应品、补给品、锚和锚链的费用也不做扣减。

3. 干坞费、船台费和移泊费应全部列入共同海损。

4. 如果在共同海损行为发生之日前 12 个月内船底经油漆或涂层,则船底刷洗、油漆或涂层费用的半数应列为共同海损。

5. 为适用"以新换旧"扣减,船龄应自船舶建成之年的 12 月 31 日起计算到共同海损行为发生之日止。对于绝缘材料、救生艇、通信和航海仪器以及设备、机器和锅炉,则应计算它们的实际使用年数。

第 300 条 船舶灭失的损失

如果船舶实际全损或如果修理费用超过修复后的船舶价值(推定全损),则作为共同海损的数额应为该船的估计完好价值减去不属于共同海损的估计修理费用和船舶在受损状态下的价值(如果售出,则为出售净得)余额。

第 301 条 因货物灭失或损坏造成的损失

1. 货物所受损坏或灭失的共同海损补偿额,应根据卸货时的货物价值计算,该价值按照开付给收货人的商业发票确定,或在无此项发票时,按照货物装船时的价值确定。

卸货时的货物价值包括保险费和运费,除非运费并非由货物所有人承担风险。

2. 如果受损货物被出售,列为共同海损补偿的损失,应为按本条第 1 款计算的完好货物净值与出售净得之间的差额。

3. 未通知船舶所有人或其代理人而装载的货物,或在装船时故意虚报的货物所受的灭失或损坏,不得列为共同海损,但如该货物获救,则应参加共同海损分摊。

装船时以低于其实际价值申报的货物,其所受灭失或损坏,应按其申报价值受偿,但此种货物应按实际价值分摊共同海损。

第 302 条 为以共同海损分配方式偿还的费用提供资金

1. 除船员的工资、给养以及不是在航程中补充的燃料、补给品外,按共同海损费用 2%计算的手续费,可列入共同海损。

2. 在通过为船舶设定留置权、出售货物或取得信用保险等方式筹措资金,以支付共同海损费用的过程中所产生的费用,可列入共同海损。

第 303 条 共同海损的利息

对于共同海损费用及其他款项(损失),给予 7%的年利息,计算至共同海损理算书做出后 3 个月之日止。对由各分摊预付或从共同海损保证金内先行拨付的任何款项,也应给予利息。

第 304 条 财产的分摊价值

1. 与共同海损理算中承认的分摊额(财产的分摊价值)成比例的财产(船舶、货物及运费)的总价值,应当根据本条规定按照航程结束时该财产的实际净值计算,上述计算如果没有包括作为牺牲财产的共同海损补偿额,则应加上这一数额。

在确定财产的分摊价值时,应当从财产价值中扣除共同海损行为发生以后对该财产支付的一切额外费用,除非此种费用也可列入共同海损,或符合本法典第 343 条的规定而作为特别补偿的报酬。

2. 货物的分摊价值以卸货时的价值为基础,该价值根据开付给收货人的商业发票确定。如果没有此项发票,则按装船时的价值确定。货物价值包括保险费及运费,除非运费由货物所有人承担风险。

货物价值中应扣除在卸货前或卸货时货物遭受的任何灭失和损坏。

在到达目的地之前出售的货物的分摊价值，按照出售的实际净收益加上共同海损补偿金额计算。

3. 在确定船舶的分摊价值时，不考虑共同海损发生时船舶是在光租或在期租合同下被租用。

4. 在确定财产的分摊价值时，应从船舶所有人承担风险的运费及船费中，扣除在引起共同海损的情况下，如果船、货全损，为赚取运费就不会发生的，并且不可列入共同海损的费用（包括船员工资）。

5. 没有在提单中记载的旅客的行李，包括随行的私人车辆和其他个人物品，在确定财产的分摊价值和共同海损理算分摊时不应予以考虑。

第 305 条　海损理算书与海损理算师

共同海损的存在应加以证实，其分摊的计算（海损理算书）应该由有关当事方指定的、在海商法领域有技能和经验的人员（海损理算师）来完成。

第 306 条　完成海损理算书所需的证据与文件

1. 要求分摊共同海损的一方应负责证明，其所声明的损失或费用确系共同海损。

2. 对于海损理算书可能影响其利益者，应在共同海上航程结束之日起 12 个月内，将其要求分摊的损失或费用书面通知海损理算师。

如果未做出通知，或在上述 12 个月内该当事人未能提供证据支持通知中提出的要求或财产价值的明细，海损理算师有权根据现已掌握的情况做出理算书，除非理算书明显不正确，否则不得提出异议。

3. 在准备海损理算书的过程中，如果出现了需要专门知识才能解决的问题（在航海、造船、修船、船货估价等领域），海损理算师有权自由指定一名专家做出相关的结论，海损理算师将对这种结论连同其他证据一起做出估算。

4. 据以编制海损理算书的一切材料，都应可供公开查看，理算师应按利害关系人的要求，提供这些材料的证明副本。

第 307 条　编制海损理算书的费用

编制海损理算书应该收取一定费用，该费用包括在共同海损理算书中，由各有关方按照各自在共同海损中的比例进行分摊。

第 308 条　对海损理算书的修改及异议

1. 如果海损理算书在登记处登记后发现有计算错误，可以由海损理算师个人主动修正，或应共同海损理算当事人的申请而改正，编制一份海损理算书的附录并将其作为理算书的一个组成部分。

2. 共同海损当事人自收到上述理算书或其附录之日起 6 个月内可在法庭上对

海损理算书提出异议,但必须通过提交一份申请书副本来通知海损理算师。

3. 海损理算师有权利,必要时也有义务参加关于海损理算书异议的庭审,并对案件情况进行证明。

4. 审理海损理算书争议的法庭可认定该理算书有效、对其进行修正或撤销该理算书,并委托海损理算师按照法庭的决定编制一份新的海损理算书。

第 309 条　海损理算书的执行

如果一份海损理算书在本法典第 308 条第 2 款规定的时间内没有被提出异议,或虽提出异议但法庭认为有效,则可以按照俄罗斯联邦立法确定的程序执行,以确保获得适当的偿付。

第 17 章　船舶碰撞损害的赔偿

第 310 条　本章规定的适用范围

1. 如果碰撞发生在海船之间或海船与内水船之间,对上述船舶、船上人员以及对货物或其他财产造成的损害应根据本章规定进行赔偿。

如果一船由于进行或未进行操纵,或由于未遵守航行规则而对另一船舶,或船上人员以及货物或其他财产造成损害,即使船舶之间没有实际发生碰撞,也适用于本章规定。

2. 本章的适用范围及俄罗斯联邦所有、俄罗斯联邦主体所有或经营的、在碰撞时仅用于政府非商业服务的船舶,但军舰、海军辅助船及边防船除外。

第 311 条　免责事项

1. 如果碰撞是由于意外事件或不可抗力造成的,或无法确定碰撞的原因,则损害由遭受该损害者自行承担。

2. 发生碰撞时如果几艘船舶或其中一艘处在锚泊或用其他方法系泊中,不影响本条第 1 款规定的适用。

第 312 条　在碰撞中一艘船舶有过错

如果碰撞的发生是由一艘船舶的过错造成的,则损失由过错方承担。

第 313 条　在碰撞中两艘或多艘船舶均有过错

1. 如果碰撞中两艘或多艘船舶均有过错,则按照过错程序的比例决定各船的损害赔偿责任。如果根据当时情况无法确定各船的过错程度,则由其平均分担损害赔偿责任。

2. 有过错的各船舶所有人对给第三方造成的人身伤亡损失,承担连带责任。已支付金额超过其根据本条第 1 款规定应承担的数额的,有权要求其他船舶所有人分摊。

对于给第三方造成的财产损失,有过错的各船舶所有人根据本条第 1 款的规定承担责任。

第 314 条　船舶碰撞中引航员的过失

如果碰撞是由引航员的过错造成的，即使在强制引航情况下，本法典第 312 条和第 313 条关于赔偿责任的规定同样适用。

第 315 条　船舶无过失推定

如果没有其他证据，碰撞所涉及的任一船舶不得视为有过错。

第 18 章　船舶油污的损害赔偿责任

第 316 条　船舶所有人的责任依据

1. 自某个事件发生之时起，或如果一次事件包括由同一原因引起的一系列事故，则从第一次事故发生之时起，船舶所有人应对事件的后果，即船舶所造成的任何油污承担责任，但本法典第 317 条和第 318 条规定的情况除外。

2. 就本条以及本条以下的规定而言：

1）船舶是指意图用于或实际用于运输散装油类货物的任何船舶。但对于能够运输油类的船舶，仅在其实际运输散装油类货物时，以及在此种运输之后的下一航次期间，才应视作船舶，已证明船上没有此种散装油类运输的残留物者除外。

2）受害方可以是公民、法人、国家或国家的任一组成部分。

3）船舶所有人是指注册为船舶所有人的人。如果船舶为国家所有并由注册为船舶所有人的公司经营，则船舶所有人即指这种公司。

4）油类是指任何持久性碳氢矿物油类、燃料油、重柴油以及润滑油，无论是作为货物还是作为燃料装载于船上。

5）油污损害是指由于船舶溢出或排放油类后，在船舶以外因污染而产生的损害，不论这种溢出或排放发生在何处。但对环境损害的赔偿，除利润损失外，应限于实际采取的或将要采取的合理恢复措施的费用。

预防措施的费用以及由于这种措施而造成的进一步损害。

6）预防措施是指事件发生后为防止或减轻油污损害任何人所采取的任何合理措施。

7）事件是指任何事故或同一原因引起的一系列事故，其结果是污染损害或因这种损害而出现严重的直接威胁。

第 317 条　船舶所有人的免责

船舶所有人如能证明损害系属于以下情况，则不承担油污损害责任：

由于军事行为、敌对行为、内战或武装暴动或特殊的、不可避免的和不可抗拒性质的自然现象所引起的损害；

完全是由于负责灯塔或其他导航设备的政府部门在履行其职责时的疏忽或其

他违法行为所造成的损害。

第318条 受害方的故意或严重疏忽

如果船舶所有人证明,污染损害完全或部分地是由于受害人的故意或严重疏忽所造成,则该船舶所有人即可全部或部分地免除对该受害人所负的责任。

第319条 两艘或多艘船舶所有人的连带责任

1.如果发生的事件涉及两艘或多艘船舶并造成了油污损害,则所有有关的船舶所有人,除依本法典第317条和第318条免责外,应对无法合理区分的损害负连带责任。

2.事件中涉及的船舶所有人有权根据本法典第320条的规定享受各自的责任限制。

3.本条规定不影响任一船舶所有人对其他船舶所有人追偿的权利。

第320条 船舶所有人的责任限制

船舶所有人有权将他对一次事件的责任限定为一个总额,计算方法如下:

对于不超过5000吨的船舶,限额为4510000计算单位;

对于超过5000吨的船舶,每增加1吨,在本条第2款规定数额的基础上增加631计算单位,但在任何情况下,总额不得超过89770000计算单位。

第321条 责任限制权利的丧失

如果证明油污损害是由于船舶所有人故意造成此种损害或重大过失的个人作为或不作为所致,该所有人将丧失本法典第320条赋予的限制其责任的权利。

第322条 责任限制基金

1.为了根据本法典第320条规定享有油污损害责任限制的权利,船舶所有人应在提起油污损害赔偿的法院或仲裁庭设立相当于其责任限制总额的基金。如果尚未提起诉讼,则向可能提起诉讼的法院或仲裁庭设立。该项基金可以通过向法院或仲裁庭交存该金额,或是根据俄罗斯联邦法律可以接受的,并经法院或仲裁庭认为充分的银行担保或其他财务保证方式设立。

2.对船舶所有人为防止或减轻油污损害而合理自动做出的牺牲或产生的费用,该船舶所有人具有与其他请求人相同的分配责任和限制基金的权利。

3.保险人或其他提供财务保证的人有权按照本条设立基金,其条件和效力与船舶所有人设立的基金相同。即使根据本法典第321条船舶所有人无权限制其责任,这项基金也可设立,但不应妨碍遭受损失的人向船舶所有人索赔的权利。

4.本法典第364条关于责任限制基金分配的规定适用于根据本条第1款设立的责任限制基金。

5.当船舶所有人在事件发生之后已按本条规定设立了责任限制基金,并有权限制其责任时,则:

对上述事件造成的油污损害提出索赔的任何人，不得就其索赔对船舶所有人的任何其他财产行使任何权利；

法院或仲裁庭应下令释放由于对该事件造成的油污损害提出索赔而扣留的属于船舶所有人的任何船舶或其他财产，对为避免扣留而提交的保证金等也同样应予归还。

本款规定在油污损害索赔人向管理责任限制基金的法院或仲裁庭提出索赔并且该项基金确能满足其索赔要求的情况下适用。

第 323 条　责任保险或其他财务保证

1. 在俄罗斯联邦登记的、载运 2000 吨以上散装油类货物的船舶所有人，必须进行保险或提供其他财务保证，保证数额按照本法典第 320 条中规定的油污损害责任限额确定，以便按照本章规定承担其对油污损害应负的责任。

2. 按照本条第 1 款规定由保险或其他财务保证所提供的款项，应仅用于满足根据本章规定指出的索赔。

3. 本条第 1 款的规定适用于载运 2000 吨以上散装油类货物、进出俄罗斯港口或靠近或驶离俄罗斯领海的岸边设施的外国船舶。

第 324 条　油污损害民事责任保险或其他财务保证证书

1. 船舶登记主管机构认为符合本法典第 323 条第 1 款规定的，应对每一船舶颁发一项油污损害民事责任保险或其他财务保证证书（以下简称证书），证明该船舶按本章规定进行的保险或取得的其他财务保证有效。

证书应包括以下信息：

船名和船籍港（船籍地）；

船舶所有人名称及主要营业地；

责任财务保证的类别；

保险人或提供财务保证的其他人的名称及其主要营业地，并根据情况，包括所设立的保险或其他的责任财务保证的营业地点；

证书的有效期限不得长于责任保险或其他财务保证的有效期限。

2. 证书应以俄文颁发，并应译成包括英文或法文的译本。

3. 证书应随船保管，并应将副本交送船舶登记主管机关存档。

4. 一项责任保险或其他财务保证，如果不是由于本条第 1 款证书上规定的该保险或保证的有限期届满的原因，而在向船舶登记主管机关送交终止通知书之日起未满 3 个月即予终止，则应属于不符合本条的要求，除非该证书已被主管机关取消，或在此期间内已签发新的证书。

本款第 1 项的规定同样适用于使保险或其他财务保证不再满足本条规定的各项要求而做的任何修改。

5. 本条所规定的证书的签发条件、签发程序以及对证书的检查等事项，适用交通领域的联邦权力执行机构批准的规定。

6. 俄罗斯联邦所有的船舶不要求进行保险或取得其他财务保证，但应备有一份由适当的船舶登记主管部门签发的证书，证明该船为国家所有，并在本法典第320条规定的限度内承担国家责任。上述证书应尽可能地与本条第1款规定的证书相对应。

本款第1段的规定适用于载运2000吨以上散装油类货物、进出俄罗斯港口或靠近或驶离俄罗斯领海的岸边设施的外国船舶。

7. 适用本章规定的船舶，除非具备根据本条第1款或第6款签发的证书，否则不可从事商业活动。

第324.1条　不办理证书的后果

1. 任何装载超过2000吨石油的散装运输船舶不得进出俄罗斯联邦境内的港口，或到达俄罗斯联邦领海的沿海设施或者离开其领海的沿海设施，如果在该船舶上没有本规则第324条第1款或第6款规定的证明。

2. 如果违反本条第1款规定，船舶进入或离开俄罗斯联邦领土上的港口，或抵达俄罗斯联邦领海的沿海设施或离开该沿海设施，或试图进入或离开该港口，试图到达沿海设施或远离它，船舶可能会由于港务局局长下令而被扣，直到船舶所有者提供相关证书。

第325条　油污损害赔偿请求

1. 非依本章规定，不得向船舶所有人提出任何油污损害赔偿的请求。

2. 以遵守本条第3款为条件，不得依本章规定或以其他理由向下列人员提出油污损害赔偿请求：

1）包括船员在内的船舶所有人的雇佣人或代理人；

2）引航员或在船上提供服务且不属于船员的任何其他人员；

3）包括光船承租人在内的任何承租人以及委托人；

4）经过船舶所有人同意按照政府部门的指示而进行救助作业的任何人；

5）采取预防措施的任何人员；

6）本款第3项、第4项、第5项所述人员的雇佣人或代理人。

2.1. 油污损害赔偿请求不能向本条第2款所指人员提出，如果油污损害不是他们的作为或不作为故意或疏忽造成的后果。

3. 本条规定不妨碍船舶所有人向第三方追偿的权利。

4. 油污损害赔偿请求，可直接向保险人或向为船舶所有人承担油污损害责任提供财务保证的其他人提出。在上述情况下，被告人可以援用本法典第320条规定的责任限制，即使船舶所有人根据本法典第321条的规定无权限制其责任。被告人可以进一步提出船舶所有人本人有权援引的抗辩,船舶所有人破产或倒闭者除外。此外,被告人可以提出抗辩,说明油污损害是由于船舶所有人有意的不当行为造成的,但不得提出他有权在船舶所有人向他提出的诉讼中所援引的抗辩。在任何情况下,被告人有权将船舶所有人追加为共同被告,参加诉讼程序。

5. 因污染损害向船舶所有人、保险人或向船舶所有人提供其他财务保证的人索赔,应在损害所在地向俄罗斯联邦法院或仲裁法院提交,如果事故的污染损害发生在俄罗斯联邦境内,包括在俄罗斯联邦领海或其专属经济区内,或已采取预防措施,防止或减少由污染损害在俄罗斯联邦的境内,包括俄罗斯联邦的领海或专属经济区。

第 19 章　海上运输有害有毒物质的损害赔偿责任

第 326 条　本章规定的适用范围

1. 本章规定适用于对海上运输有害有毒物质所致损害的索赔,海上货物运输合同及海上旅客运输合同所引起的索赔除外。

2. 本章规定不适用于:

1)本法典第 316 条第 2 款第 5 项规定的污染损害,无论根据本法典第 18 章的规定对此是否应做出赔偿。

2)由经修正的《1965 年国际海运危险货物规则》或经修正的《1965 年固体散装货物安全操作规则》附录中的第 7 类放射性物质造成的损害。

3)不超过 200 吨并仅运输有包装形式的有害有毒物质的船舶,并且上述船舶从事的是俄罗斯联邦港口(设施)间的航次。

第 327 条　船舶所有人的责任依据

1. 在事件发生之时起或一次事件包括由同一原因引起的一系列事故,则从第一次事故发生之时起,船舶所有人应对船舶海上运输的任何有害有毒物质造成的损害负责,本法典第 328 条和第 329 条规定的情况除外。

2. 就本条和本章以下各条规定而言:

1)遭受损害的应是公民、法人、国家或其任何组成部分。

2)船舶所有人是指登记为船舶所有人的人。如果船舶为国家所有并由登记为船舶所有人的公司经营,船舶所有人是指此公司。

3)有害有毒物质是指在船上作为货物运输的下列材料及物品。

经修正的《经 1978 年议定书修订的 1973 年国际防止船舶造成污染公约》附则 1 的附录 1 中所列散装运输的油类。

经修正的《经 1978 年议定书修订的 1973 年国际防止船舶造成污染公约》附则 2 的 1. 10 条规定的有害液体物质。

经修正的《1983 年国际散装危险化学品运输船舶构造和设备规则》第 17 章中所列的散装运输的危险液体物质以及该规则第 1.1.3 项对其初步运输条件做出规定的危险物质。

经修正的《1965 年国际海运危险货物规则》所包括的有包装形式的有害有毒物质、材料和物品。

经修正的《1983 年国际散装液化气体运输船舶构造和设备规则》第 19 章中所列的液化气体以及按该规则第 1.1.6 段对其初步运输条件做出规定的产品。

闪点不超过 60 ℃(由封闭杯试验测量)的散装运输的液体物质。

经修正的《1965 年固体散装货物安全操作规则》附录 B 所包括的具有化学危害的固体散装材料,但此种物质以包装形式运输时也须遵守《国际海运危险货物规则》的规定。

本款第 3 项第 2、3、4、6、7 和 8 段中所述之前散装运输物质的残留物。

4)损害是指:

在运输有害有毒物质的船上或船舶外,由这些物质造成的人身伤亡;

在运输有害有毒物质的船舶外,由这些物质造成的财产的灭失或损坏;

由有害有毒物质造成的环境污染所致的灭失或损害,但对不包括环境损害所致的利润在内的环境损害赔偿应限于实际采取或将要采取合理恢复措施的费用;

采取预防措施的费用以及此种措施所造成的后续损害;

在本项中,“由有害有毒物质造成”是指由此种物质的危害性或毒性造成的。当无法合理区分有害有毒物质造成的损害与其他因素造成的损害时,所有损害都视为由有害有毒物质造成,即使由其他因素造成的损害并不属于本法典第 326 条第 2 款第 1 项和第 2 项所指的损害类型。

5)预防措施是指任何人在事故发生后为预防和减少损害而采取的任何合理措施。

6)事件是指任何事故或具有相同起因的一系列事故,其结果造成损害或产生严重的直接威胁。

7)海上有害有毒物质运输是指装船时有害有毒物质进入船舶设备的任何部分之时起,直至在卸船时该物质不再存在于船舶设备的任何部分之时。如未使用任何船舶设备,则该期间分别起止于有害有毒物质超过船舷之时。

第 328 条　船舶所有人的免责

如果船舶所有人做出下列证明,则不承担任何由有害有毒物质造成的损害赔偿责任:

损害由军事行为、敌对行为、内战或由特殊的、不可避免的、不可抗拒的自然现象造成。

损害完全由第三方有意造成损害的作为或不作为造成。

损害完全由负责维护灯塔或其他导航设备的政府部门在履行其职责时的疏忽或其他过失行为造成。

托运人或任何其他人没有提供关于所运物质的危害性和毒性的信息,从而完全或部分地造成损害,或使船舶所有人没有按本法典第 334 条取得保险。船舶所有人可依据本项规定全部或部分地免除损害赔偿责任,但以船舶所有人以及其雇佣人或代理人均不知晓也不应该知晓所运物质的危险性和毒性为条件。

第 329 条　受害方的故意或严重疏忽

如果船舶所有人证明污染损害完全或部分地是由于受害人的故意或严重疏忽所造成,则可全部或部分地免除对船舶所有人的责任。

第 330 条　两艘或多艘船舶所有人的连带责任

1. 如果造成损害的事件涉及两艘或多艘装有有害物质的船舶,则所有有关的船舶所有人,除本法典第 328 条和第 329 条规定的免责情况外,每一船舶所有人均应对此种损害负责。对于无法合理区分的所有损害,各船舶所有人应承担连带责任。

2. 事件中涉及的两艘或多艘船舶的所有人有权享有本法典第 331 条规定的适用于第一方的责任限额。

3. 本条规定不影响任一船舶所有人对其他船舶所有人追偿的权利。

第 331 条　船舶所有人的责任限制

船舶所有人有权将其对一次事件的责任限定为一个总额,该金额计算方法如下:

对于不超过 2000 吨的船舶,限额为 10000000 计算单位;

对于超过上述吨位的船舶,在本条第 2 款规定的数额的基础上增加下列金额:

从 2001 吨到 50000 吨,每吨增加 1500 计算单位;

超过 50000 吨的,每吨增加 360 计算单位,但该总额在任何情况下不得超过 1 亿计算单位。

第 332 条　责任限制权利的丧失

如果证明油污损害是由于船舶所有人故意造成或因重大过失的作为或不作为所致,该所有人将丧失本法典第 331 条赋予的限制其责任的权利。

第 333 条　责任限制基金

1. 为了根据本法典第 331 条规定享有责任限制的权利,船舶所有人应在提起损害赔偿的法院或仲裁庭设立相当于其责任限制总额的基金。如果尚未提起诉讼,则在可能提起诉讼的法院或仲裁庭设立。该项基金可以通过向法院或仲裁庭交存该金额,或是根据俄罗斯联邦法律可以接受的,并经法院或仲裁法院认为充足的银行担保或其他财务保证方式设立。

2. 对船舶所有人为防止或减轻污染合理自动做出的牺牲而产生的费用，该船舶所有人具有与其他请求人相同的分配责任限制基金的权利。

3. 保险人或提供财务保证的其他人有权按照本条设立基金，其条件或效力与船舶所有人设立的基金相同。即使根据本法典第 332 条船舶所有人无权限制其责任，这项基金也可设立，但不应妨碍受损失的人向船舶所有人索赔人权利。

4. 本法典第 364 条关于责任限制基金分配的规定适用于根据本条第 1 款设立的责任限制基金。

人身伤亡的索赔优先于其他索赔，除非此种索赔的累计金额超过本法典第 331 条确定的总额。

5. 当船舶所有人在事件发生后已按本条规定设立了责任限制基金并有权限制其责任时，则：

对上述事件造成的损害提出索赔的任何人，不得就其索赔对船舶所有人的任何其他财产行使任何权利。

法院或仲裁庭应下令释放由于对该事件造成的损害提出索赔而扣留的属于船舶所有人的任何船舶或其他财产，对为避免扣留而提出的保证金或其他保证物也同样应予释放。

本条款规定在损害赔偿的索赔人向管理责任限制基金的法院或仲裁庭提出索赔，并且该项基金确能满足其索赔要求的情况下适用。

第 334 条 责任保险或其他财务保证

1. 实际载运有害有毒物质的船舶所有人，必须进行保险或提供其他财务保证，保证数额按本法典第 331 条规定的损害责任限额确定，以便按照本章规定承担其对损害应负的责任。

2. 按照本条第 1 款规定由责任保险或其他财务保证所提供的款项，应仅用于满足根据本章规定提出的索赔。

3. 本条第 1 款规定的规则适用于实际运载危险有害物质进出俄罗斯联邦境内港口或到达及离开俄罗斯领海的沿海设施的外国船舶。

第 335 条 有害有毒物质造成损害的民事责任保险或其他财务保证证书

1. 船舶登记主管机关认为符合本法典第 334 条第 1 款规定的，应对船舶颁发有害有毒物质造成损害的民事责任保险或其他财务保证证书（以下简称证书），证明该船舶按本章规定进行的保险或取得的其他财务保证有效。证书应包括以下内容：

船名、船舶呼号、登记港（登记地）；

船舶所有人名称及主要营业地；

国际海事组织船舶识别号；

责任财务保证的类别和期限；

保险人或提供保证的其他人的名称及其主要营业地，并根据情况，包括所设立的责任保险或其他财务保证的营业地点；

证书的有效期不得长于责任保险或其他财务保证的有效期。

2. 证书应以俄文颁发，并应包括译成英文、法文或西班牙文的译本。

3. 证书应随船保管，并应将副本交送船舶登记主管机关存档。

4. 保险或其他财务保证，如果不是由于本条第 1 款证书上规定的该保险或保证的有限期届满的原因，而是在向船舶登记主管机关送交终止通知书之日起未满 3 个月即予终止，除非该证书已被主管机关取消，或在此期间内已签发新的证书，否则应属于不符合本条的要求。

本款第 1 项的规定同样适用于使保险或其他财务保证不再满足本条规定的各项要求而做的任何修改。

5. 本条所规定证书的签发条件、签发程序以及对证书的检查等事项，适用于俄罗斯联邦交通领导权力执行机构批准的规定。

6. 为国家所有的船舶不要求进行保险或取得其他财务保证，但应备有一份由适当的船舶登记主管部门签发的证书，证明该船舶为国家所有，并在本法典第 331 条规定的限度内承担国家责任。上述证书应尽可能与本条第 1 款规定的证书相对应。

本条第 1 款规定的规则适用于实际运载危险有害物质进出俄罗斯联邦境内港口或到达及离开俄罗斯领海的沿海设施的外国船舶。

7. 适用本法典第 334 条第 1 款规定的船舶，除非具备根据本条第 1 款或第 6 款签发的证书，否则不可从事商业活动。

第 335.1 条　不履行领取证书的后果

1. 实际运输危险和有害物质的任何船舶，如果没有本法典第 335 条第 1 款或第 6 款规定的证书，不得进出俄罗斯联邦境内的港口或抵达及离开俄罗斯联邦领海的沿海设施。

2. 如果违反本条第 1 款规定，船舶进入或离开俄罗斯联邦领海的港口，或抵达及离开俄罗斯联邦领海的沿海设施，或试图进入或离开该港口，到达或远离沿海设施，船舶可能会被港务局局长下命令扣留，直到船舶所有者提供相关证书。

第 336 条　损害赔偿的索赔

1. 非依本章规定，不得向船舶所有人提出任何损害赔偿的要求。

2. 以遵守本条第 3 款为条件，不得依本章规定或其他理由向下列人员提出损害赔偿要求：

1)包括船员在内的船舶所有人的雇佣人或代理人；

2)引航员或在船上提供服务且不属于船员的任何其他人员；

3)包括光船承租人在内的任何承租人以及受托人；

4)经过船舶所有人同意，或按照政府部门的指示而进行救助作业的任何人；

5)采取预防措施的任何人员；

6)本款第3项、第4项和第5项所述人员的雇佣人、代理人，除非该损害是由于他们故意造成或重大过失的个人作为或不作为所致。

3. 本条规定不影响船舶所有人对造成损害的任何第三方（包括有害有毒物质的托运人和收货人）以及对本条第2款中所列人员的追偿权。

4. 损害的索赔可以直接向保险人或向为船舶所有人承担损害责任提供财务保证的其他人提出。在上述情况下，被告人可以援用本法典第331条规定的责任限制，即使船舶所有人根据本法典第332条的规定无权限制其责任。被告人可以进一步提出船舶所有人有权援引的抗辩，船舶所有人破产或倒闭除外。此外，被告人可以提出抗辩，说明损害是由于船舶所有人有意的不当行为造成的，但不得提出他有权在船舶所有人向他提出的诉讼中所援引的抗辩。在任何情况下，被告人有权将船舶所有人追加为共同被告，参加诉讼程序。

第19.1章　对舱载燃料污染造成损害的责任

第336.1条　船舶所有人责任的依据

1. 船舶所有人从事故发生时起，或者如果事件是连续的，则从第一次事故发生后，船舶舱载燃料或船舶污染源造成污染损害的，应当承担责任，但本法典第336.2条和第336.3条除外。

2. 如果事件只涉及一艘船舶，并且根据本条第1款，不止一人对污染造成的损害负责，则这些人员的责任是连带责任。

3. 本条和本章随后几条中：

1)受损害的是公民、法人、国家或其任何组成部分。

2)船舶所有人是登记为船舶所有人的人。如果船舶归国家所有，并由注册为船舶所有人的组织经营，则船舶所有人为该组织。

3)舱载燃料是用于或打算用于船舶操作或移动的任何烃类矿物油（包括润滑油），以及任何含有此类油的残余物。

4)污染损害是指：

由于船舶溢出或排放油类后，在船舶本身以外因污染而产生的损害，不论这种溢出或排放发生在何处。但对环境损害的赔偿，除利润损失外，应限于实际采取的或将要采取的合理恢复措施的费用。

采取预防措施的费用和这种措施带来的后续损失。

5)预防措施是指任何人在事故发生后采取的任何合理措施,以防止或减少污染造成的损害。

6)事故是同一起源的任何事件或一系列事件造成污染损害或造成此类损害的严重和直接威胁。

第 336.2 条　船舶所有人免除责任

如果有证据证明以下原因造成的损失,则船舶所有人不为损失负责:

1)由军事或敌对行动、内战、民众骚乱或不可避免和不可逾越的自然现象引起的;

2)完全由第三方的作为或不作为引起,意图造成污染损害;

3)完全由于疏忽或由于负责维持指示功能的灯塔和其他导航设备的政府机构的其他非法行为造成的。

第 336.3 条　受害方的故意或疏忽

如果船舶所有人证明污染造成的损害全部或部分是由于故意或受害人的疏忽造成的,则船舶所有人可以向该人要求全部或部分赔偿。

第 336.4 条　两艘或多艘船舶的事故

如果本章规则适用于两艘或多艘船舶发生事故而造成的污染损害,所有船舶所有者如果不按照本法典第 336.2 条和第 336.3 条免除责任,则对所有无法合理划分的污染损害承担连带责任。

第 336.5 条　限制责任

本章的规则不涉及船舶所有人和对船舶所有人提供保险或其他船舶责任财务担保者的权利,根据本法典第 21 章的规定限制其责任。

第 336.6 条　保险或其他责任财务保证

1. 在俄罗斯联邦注册的超过 1000 吨的船舶所有者必须为其污染损害赔偿责任投保或提供其他财务担保,其金额等于其责任限额,并按照本法典第 21 章的规定确定。

2. 本条第 1 款规定的规则分别适用于超过 1000 吨、进出俄罗斯联邦港口或抵达、离开俄罗斯联邦领海沿海设施的外国船舶。

第 336.7 条　船用燃料污染损害民事责任的保险证书或其他财务担保

1. 船舶燃料污染损害民事责任保险证书或其他财务担保证书(以下简称证书),证明存在保险或其他责任金融担保,按照本章规定有效,如果满足本规则第 336.6 条第 1 款规定的要求,由国家登记机关向每艘船舶签发。

2. 证书应包括以下内容:

1)船舶名称、呼号和国家登记港(登记地);

2）船舶所有人名称和主要营业地点；

3）国际海事机构赋予的船舶识别码；

4）责任财务保证种类及其有效期；

5）保险公司或提供财务担保的其他人的名称和主要营业地点，以及在相应情况下提供保险的地点或提供的其他财务担保；

6）不超过保险或其他责任财务保证期的证书有效期。

3. 证书用俄语书写，并译为英语、法语或西班牙语。

4. 证书原件应该在船上，复印件应交到国家船舶登记机构保存。

5. 保险或其他责任财务保证不符合本条规定的要求，如果此类保证的有效性从船舶国家登记机关的通知时刻起到 3 个月期满可能因保险期限届满之外的其他原因或根据本条第 2 款在证书中规定的其他财务担保而停止，除非该机关注销证书或在此期间颁发新证书。

6. 本条第 5 款的规定适用于任何变更，致使保险或其他责任财务担保不再符合本条规定的要求。

7. 颁发和检验本条所指证书的条件和程序由交通领域的联邦权力执行机构的规定确定。

8. 俄罗斯联邦拥有的吨位超过 1000 的船舶，如果没有提供保险或提供其他财务担保，则必须持有船舶有关国家登记机关颁发的证明，证明该船舶是国家财产，污染损害赔偿责任在根据本法典第 11 章规定确定的范围内。此证书应尽可能符合本条第 1 款规定。

9. 本条第 8 款的规定适用于吨位超过 1000 的、在俄罗斯联邦境内进出港口或抵达、离开俄罗斯联邦领海沿海设施的外国船舶。

10. 如果适用本条第 8 款和本法典第 336. 6 条第 1 款规定的船舶没有按照本条第 1 款或第 8 款签发的证书，则禁止其运营。

第 336. 8 条　没有证书的后果

1. 全体吨位超过 1000 的船舶，如果船上没有本法典第 336. 7 条第 1 款或第 8 款规定的证书，不能进出俄罗斯联邦境内的港口或抵达及离开俄罗斯联邦领海沿海设施。

2. 如果违反本条第 1 款的规定，船舶进出俄罗斯联邦境内的港口或抵达、离开俄罗斯联邦领海沿海设施，或试图进出俄罗斯联邦境内的港口或抵达、离开俄罗斯联邦领海沿海设施，港务局局长下令扣留船舶，直到提交相应的证书。

第 336. 9 条　污染损害的索赔

1. 可根据本章的规定，仅向船舶所有人提出污染损害的索赔。

2. 如果遵守了本条第 3 款的规定，根据本章规定，不能向下列人员提出污染损

害索赔:

1)得到船舶所有者同意或按当局指示进行救援行动的任何人;

2)采取预防措施的任何人;

3)本款第1项和第2项的雇佣人或代理人。

3. 污染损害索赔不能向本条第2款所指人员提出,如果污染损害不是他们作为或不作为、故意或疏忽的结果。

4. 本章的规定不涉及船舶所有人对任何第三方的追索权。

5. 污染损害赔偿要求可以直接提供给保险人或为船舶所有人担负污染损害赔偿责任的其他提供财务担保的人。在这种情况下,被告可以提出异议,但船舶所有人提及的组织破产或清算除外,包括根据本法典第336.5条规定的责任限制。此外,即使船舶所有人无权根据本规则第336.5条限制其责任,被告也可以根据本法第336.6条第1款将其责任限制在等于保险金额或其他金融担保金的金额。为了辩护,被告还可以援引污染损害是由船舶所有人故意造成的事实,但是,被告不能使用他有权在船舶所有人提起的案件中提及的补救措施。在所有情况下,被告都有权要求船舶所有人作为共同被告参与案件。

6. 向船舶所有人、保险人或为船舶所有人责任提供其他财务担保的人提出的污染损害赔偿要求,应向俄罗斯联邦的法院或仲裁法院提出,如果污染事件造成的损害发生在俄罗斯联邦,包括在俄罗斯联邦领海或其专属经济区内,或已采取预防措施以防止或减少污染造成的损害发生在俄罗斯联邦境内,包括在俄罗斯联邦领海或其专属经济区内。

第336.10条　排除本章规定的范围

本章规定不适用于本法典第316条第2款第5项所定义的污染损害,无论是否按照本法典第18章的规定支付了此类损害补偿。

第20章　船舶和其他财产的救助

第337条　本章规定的适用范围

1. 本章规定适用于救助作业,救助合同另有明示或默示相反规定的除外。

双方当事人无权以合同排除本法典第339条的适用,从而逃避本法典第340条规定的预防或减少环境损害的义务。

2. 就本章而言:

1)救助作业是指为援救在可航水域或其他任何水域处于危险之中的船舶或其他财产而采取的任何行为或活动。

2)财产是指非永久性和非有意依附于岸线的任何财产,包括有风险的运费。

3)环境损害是指由于污染、玷污、火灾、爆炸或其他类似重大事故对人类健康或海洋生物或沿海、内水或其他毗连区中的资源造成的重大的实际损害。

3. 本章规定，除第 345 条第 1 款外，同样适用于：

军舰、海军辅助船以及由俄罗斯联邦或俄罗斯联邦主体所有或经营，在救助作业发生时仅用于政府非商业服务的其他船舶；

国家所有的非商业性货物。

4. 本章不适用于：

已就位的从事海底矿物资源或其他无生命资源的勘探、开发的固定式、浮动式平台；

位于海床的具有史前、考古或历史价值的海上文物。

第 338 条　救助合同

船长有权代表船舶所有人签订救助合同，船长或船舶所有人有权代表船上财产所有人签订此种合同。

第 339 条　合同的无效或变更修改

如有以下情况，合同或合同的任何条款可以被确认为无效或变更：

在胁迫或危险情况下签订的合同，且其条款显失公平的；

根据合同支付的救助款项明显过高或过低于实际提供的救助服务的。

第 340 条　救助人、船舶所有人和船长的义务

1. 救助人对处于危险中的船舶或其他财产的所有人负有以下义务：

认真进行救助作业；

在履行本款第 2 项所规定的义务时，要认真地预防或减轻对环境的损害；

在合理需要的情况下，寻求其他救助人的援助；

当处于危险中的船舶所有人和船长或处于危险中的其他财产的所有人，合理地要求其他人救助时，要接受这种请求，但是，如果发现这种要求不合理，其报酬金额不受影响。

2. 处于危险中的船舶所有人和船长，以及处于危险中的其他财产的所有人对救助人负有以下义务：

在救助作业过程中与救助人通力合作；

在履行本款第 2 项规定的义务时，认真地预防或减轻环境损害；

当船舶或其他财产已被送至安全地点后，如救助人提出合理的移交要求，应接受此种移交。

第 341 条　支付报酬的条件

1. 救助有效果才有权获得报酬。

2. 除本法典第 343 条规定的情形外，如果救助作业无效果，根据本章规定不应支付任何款项。

第 342 条　确定报酬的标准

1. 确定报酬应从鼓励救助作业出发,并考虑下列因素,但与其排列顺序无关:

1)获救的船舶与其他财产的价值;

2)救助人在预防或减轻环境损害方面的技能和努力;

3)救助人获得成功的程度;

4)危险的性质和程度;

5)救助人在救助船舶、其他财产及人命方面的技能和努力;

6)救助人所花的时间、费用及遭受的损失;

7)救助人或其设备的责任风险及其他风险;

8)提供服务的及时性;

9)用于救助作业的船舶及其他设备的可用性及使用情况;

10)救助设备的备用状况、效能和设备的价值。

2. 按照本条第 1 款确定的报酬,由所有船舶或其他财产的利益方按各自的获救价值的比例进行支付。

3. 报酬金额,不包括应付利息及可追溯的法律与仲裁费用,不得超过获救船舶和其他财产的价值。

4. 法院或仲裁庭在确定本法典第 343 条可支付的特别补偿之前,没有义务根据本条款以船舶及其他财产的最大获救价值数额来确定救助报酬。

第 343 条　特别补偿

1. 如果船舶自身或其船上货物对环境构成了损害威胁,救助人对其进行了救助作业,但根据本法典第 342 条所获得的报酬少于按本条可得的特别补偿,救助人有权从该船舶的所有人处获得相当于本条第 3 款规定的所花费用的特别补偿。

2. 在本条第 1 款所述的情况下,如果救助人因其救助作业预防或减轻了环境损害,船舶所有人根据本条第 1 款应向救助人支付的特别补偿可另行增加,其最大增加额可达救助人所发生费用的 30%。然而,如果法院、仲裁庭认为公平、合理,并考虑到本法典第 342 条第 1 款所列的有关因素,可进一步增加此项特别补偿,但在任何情况下,其增加总额不得超过救助人所发生费用的 100%。

3. 就本条第 1 款和第 2 款而言,救助人的费用是指救助人在救助作业中合理支出的现付费用和在救助作业中实际并合理使用的设备和人员的公平费率,同时应考虑本法典第 342 条第 1 款第 8 项、第 9 项、第 10 项规定的标准。

4. 本条规定的全部特别补偿,只有在其高于救助人根据本法典第 342 条可获得的报酬时予以支付。

5. 如果由于救助人疏忽而未能预防或减轻环境损害,可全部或部分地剥夺其根据本条规定应得的特别补偿。

6. 本条规定不影响船舶所有人的追偿权。

第 344 条　救助人之间报酬的分配

本法典第 342 条确定的救助报酬应以该条规定的标准为基础在救助人之间进行分配。

第 345 条　船舶所有人与船员报酬的分配

1. 对于依本章规定因救助作业赚取的救助报酬，在扣除船舶所有人与船员支出的与救助作业有关的费用后，在船舶所有人与船员之间按下列规定进行分配：

净报酬的五分之三归于船舶所有人，净报酬的五分之二在船员之间分配；

根据本款第 2 段规定，归于船员的报酬份额应按照在救助作业进行中的努力程度，以及各自的工资，在船员之间进行分配；

只有在特殊情况下，才允许存在本款第 2 段和第 3 段中的报酬分配规定的例外。

2. 本条第 1 款规定不适用于专业救助船舶进行救助作业所赚取的报酬的分配。

第 346 条　救助人

1. 被获救人无须支付报酬。

2. 在发生需要救助的事故时，参与救助作业的救人者有权在支付给救助船舶、其他财产或预防或减轻环境损害的救助人的报酬中获得合理的份额。

第 347 条　根据现有合同提供的服务

除非所提供的服务被合理地认为已超出正常履行在危险发生之前所签署的合同范围，否则不得依本章规定支付款项。

第 348 条　救助人不当行为的后果

如因救助人的过失或因救助人有欺诈或其他不诚实行为而使救助作业成为必须或更加困难，可剥夺救助人按本章规定所得的全部或部分救助报酬或特别补偿。

第 349 条　制止救助作业

船舶处于危险中，有人不顾船舶所有人、船长，或财产不在船上的财产所有人的明确而合理的制止而硬要提供服务，根据本章规定其不具有获得报酬的权利。

第 350 条　属于同一船舶所有人的船舶

如果被救船舶和救助船舶属于同一船舶所有人，本法典第 342—349 条的规定仍然适用。

第 351 条　对救助人的请求提供担保义务

1. 应救助人的要求，根据本章规定应支付救助报酬或特别补偿的人，应对救助人的请求，包括利息与法律费用或仲裁费用在内，提供满意的担保。

2. 在不影响第 1 款规定的情况下，获救船舶的所有人应当在获救的货物交还前，尽力使货物所有人，对向其提出的请求，包括利息与法律费用或仲裁费用在内，提供满意的担保。

3. 在未根据救助人的要求对获救的船舶或财产提供满意的担保前，未经救助人同意，获救的船舶或其他财产不得从完成救助作业后最初抵达的港口或地点移走。

第 352 条 期间支付

1. 法院、仲裁庭可根据案情，以公正合理的条件（包括提供适当的担保），通过过度解决办法，责令被救助人向救助人先行支付公正合理的金额。

2. 如果依照本条规定进行了期间支付，依据本法典第 351 条对救助人的请求所提供的担保应做相应扣减。

第 353 条 政府部门控制的救助作业

1. 如果救助作业由政府部门所从事或控制，进行此种作业的救助人可享有本章规定的权利和救济。

2. 有义务从事救助作业的政府部门，如果进行救助作业不在其通常义务范围内，有权享有本章规定的权利与补偿。

第 21 章 海事索赔的责任限制

第 354 条 根据本章规定，船舶所有人与救助人可对本法典第 355 条所列索赔限制责任。

1. 就本章而言，救助人是指提供与救助作业直接相关的服务的任何人，包括本法典第 355 条第 1 款第 4 项所述作业。

2. 如果本法典第 355 条所规定的任何索赔，是向船舶所有人或救助人对其作为或不作为负责的任何人提出的，这种人有权享受本章规定的责任限制。

3. 本法典第 355 条规定的索赔的责任保险人，根据本章规定有权与被保险人在同一限度内享受责任限制。

4. 申请责任限制的行为不构成对责任的承认。

第 355 条 受责任限制制约的索赔

1. 除本法典第 356 条和第 357 条的规定外，下列索赔，无论其责任的根据如何，均须受责任限制制约：

1）在船上发生或与船舶营运或救助作为直接相关的人身伤亡或财产的灭失或损害，包括对港口工程、港池、航道和导航设施的损害，以及由此引起相应损失的索赔；

2）有关海上货物、旅客或其行李运输的迟延所引起损失的索赔；

3）有关与船舶营运或救助作业直接相关的侵犯、非合同权利所引起的其他损失的索赔；

4）有关责任人以外的任何人，为预防或减轻责任人按本章规定可限制责任的损失所采取的措施，以及由此措施引起的进一步损失的索赔。

2. 本条第1款所列各项索赔，即使以追偿请求或以合同担保为基础或以其他方式提出，也应受责任限制的制约。本条第1款第4项规定的索赔，在其涉及与责任人所订合同中的报酬问题时，应不受责任限制的制约。

第356条　责任限制适用范围的例外

本章规定不适用于下列索赔：

进行救助作业所得的报酬，包括本法典第343条规定的特别补偿的支付，或共同海损分摊；

本法典第316条第2款第5项规定的船舶油污损害赔偿；

本法典第326条第2款第1项规定的与海上运输有害有毒物质有关的损害赔偿；

核损害赔偿；

有关沉船，包括船上一切物体的起浮、清除或毁坏的索赔；

有关船上货物的起浮、清除及毁坏或使之不能为害的索赔；

所任职务与船舶或救助作业有关的、船舶所有人或救助人的雇佣人，以及他们的继承人、抚养人或赡养人，所提出的雇佣人的生命、健康或财产的损害赔偿，如果船舶所有人或救助人与此种雇佣人之间的劳动合同由俄罗斯联邦法律调节；

对于船上旅客的人身伤亡的赔偿，如果船舶所有人与旅客是俄罗斯联邦的法人或公民；

与船舶的营运或救助作业直接相关的人员的生命、健康或财产的损害赔偿，如果船舶所有人与该人员或救助人与该人员是俄罗斯联邦的法人或公民。

第357条　不得享受责任限制的行为

如经证明，损失是由于责任人本人故意造成此种损失或重大过失的行为或不作为所致，该责任人无权限制其责任。

第358条　反索赔

如果按照本章规定有权享受责任限制的人，就同一事件向索赔人提出索赔，则双方提出的索赔应相互抵消。如有差额，本章规定仅适用于期间的差额。

第359条　总的责任限制

1. 除本法典第360条规定外，由同一事故引起的索赔的责任限制，应按下列方法计算：

1）关于人身伤亡的索赔：

不超过2000吨的船舶，为3020000计算单位。

对于超过2000吨的船舶,在本款第2段的基础上,超出部分还应增加下列数额:

从2001吨到30000吨,每吨为1208计算单位;

从30001吨到70000吨,每吨为906计算单位;

超过70000吨,每吨为604计算单位。

2)关于任何其他索赔:

不超过2000吨的船舶,为1510000计算单位。

对于超过2000吨的船舶,在本款第2段的基础上,超出部分增加下列数额:

从2001吨到30000吨,每吨为604计算单位;

从30001吨到70000吨,每吨为453计算单位;

超过70000吨,每吨为302计算单位。

2. 如果依照本条第1款第1项计算的人身伤亡赔偿额不足以支付全部的索赔,则按本条第1款第2项计算的数额,应以支付人身伤亡索赔未支付的差额,该差额与任何其他索赔按比例受偿。

3. 在船舶外进行施救或只在对之提供救助服务的船上作业的救助人,其责任限制,按吨位为2000吨的船舶计算。

4. 对于吨位不超过300吨的船舶的责任限制,根据本条第1款第2项的要求,以相当于吨位不超过2000吨的船舶的责任限额的六分之一的数额计算。

第360条 旅客索赔的责任限制

1. 对于由同一事故引起的船上旅客人身伤亡的索赔,船舶所有人的责任限额为175000计算单位乘以旅客证书上规定的该船载客定额所得的数额。

2. 就本条而言,船上旅客人身伤亡索赔是指该船所载下列任何人所提出或以其名义提出的索赔:

根据海上旅客运输合同而载运者;

经承运人同意,随同照料海上货物运输合同中所载车辆或动物者。

第361条 索赔总额

1. 根据本法典第359条确定的责任限额,应适用于由任何单独原因所引起的对下列人员所提出的所有索赔的总额:

对船舶所有人或船舶所有人对其作为或不作为负责的任何其他人提出的索赔;

对非在本船上进行救助作业的救助人,或只在本船上提供救助服务的救助人,以及救助人对其作为或不作为负责的任何人提出的索赔;

对不是从另一艘船舶进行施救工作的救助人,或只是在对之进行施救工作的船上作业的救助人,以及他或他们对其作为或不作为负责的任何人提出的索赔。

2. 按本法典第 360 条确定的责任限额,适用于由同一事故引起的,对本法典第 360 条所述船舶所有人,或船舶所有人对其作为或不作为承担责任的任何其他人提出的所有索赔的总额。

第 362 条　未设立责任限制基金的责任限制

1. 即使没有设立本法典第 363 条规定的责任限制基金,船舶所有人与救助人也有权根据本章规定享有责任限制。

2. 如果未设立责任限制基金而援引责任限制,应相应地适用本法典第 364 条的规定。

第 363 条　责任限制基金的设立

1. 可能承担责任的人,可在对其提出索赔诉讼的法院或仲裁庭设立责任限制基金。

2. 责任限制基金应为按本法典第 359 条与第 360 条规定计算出的数额,加上从引发责任的事故发生之日起至此种基金设立之日止的利息。如此设立的基金,仅可用于支付责任限制的索赔。

3. 设立责任限制基金,其方式可以向法院或仲裁庭提交本条第 2 款所述的金额,或提供俄罗斯联邦法律允许,并且法院或仲裁庭接受的银行担保或其他财务担保。

4. 如果几个船舶所有人或救助人对于同一事故引起的索赔有权享有责任限制,其中一人设立的责任限制基金,视为由所有船舶所有人或救助人所设立。

第 364 条　责任限制基金的分配

1. 只有设立责任限制基金的法院或仲裁庭才有权决定有关此种基金分配的一切事宜。

2. 责任限制基金应在索赔人之间,依其各自对该基金确立的索赔额的比例进行分配。

3. 如在基金分配之前,责任人或其保险人就向该基金的索赔进行了赔付,则他在已付金额范围内,应依代位权获得此受偿人根据本章规定可享有的权利。

4. 如果责任人证实,假若赔偿金在基金分配之前已付出,他可能在基金分配之后的某日被强制支付赔偿金额的全部或一部分,而根据本条第 3 款,该人对此项赔偿本可享有代位权,则设立责任限制基金的法院或仲裁庭可以下令暂留足够数额,以使该人能在较晚日期行使对该基金的索赔。

第 365 条　其他行为的禁止

如果已经设立责任限制基金,其索赔应从基金获得赔付的人,无权依据此种索赔对责任限制基金设立人的任何其他财产行使任何权利。责任限制基金设立后,可向基金或其他担保提出的索赔而被扣押的基金设立人所有的船舶或其他财产,应由设立责任限制基金的法院或仲裁庭下令释放。本条规定,在索赔人已向管理该项基金的法院或仲裁庭提起诉讼,且基金可实际用于满足此种索赔的情况下才适用。

第 366 条　本章规定的适用范围

本章规定适用于下列船舶:

1. 俄罗斯联邦或俄罗斯联邦主体所有或经营的、在索赔发生时仅用于政府非商业服务的船舶,军舰、海军辅助船、边防船以及用于交通维护和(或)保障国家边境设施安全的船舶除外;

为钻探而建造或改建并从事钻探作业的船舶。

2. 本章规定不适用于:

气垫船;

海上浮动平台。

第 22 章　船舶优先权、船舶或建造中船舶的抵押权

第 1 节　船舶的优先权

第 367 条　船舶优先权担保的请求

1. 对船舶所有人提出的下列请求可获得船舶优先权的担保:

1)因其在船上任职而应付予船长、其他船员的工资及其他款项,包括遣返费用,以及为船长、其他船员支付的社会保障费;

2)与船舶营运直接相关的,无论在陆上或在水上发生的人身伤亡赔偿;

3)船舶救助报酬;

4)港口、运河及其他水道费用以及引航费用;

5)由船舶营运造成的,除船载货物、集装箱与旅客财产之外的财产的灭失或损坏的赔偿。

2. 本条第 1 款第 2 项和第 5 项规定的请求,如果是由于以下原因造成的,不得受船舶优先权担保;

本法典第 18 章规定的船舶油污损害,或本法典第 19 章规定的与海上运输有害有毒物质有关的损害;

由核燃料或放射性产品与废料的辐射性所造成的,或由辐射性、与核燃料或放射性产品与废料的毒性、爆炸性及其他有害性相结合而造成的损害赔偿。

第 368 条　船舶优先权担保请求的优先顺序

第 367 条第 1 款所列明的船舶优先担保的请求优先于经登记的船舶抵押权所担保的请求。除本法典第 386 条第 3 款规定的请求外,任何请求都不得优先于上

述船舶优先权所担保的请求。

第 369 条 船舶优先权所担保请求的受偿顺序

1. 本法典第 367 条第 1 款规定的船舶优先权担保的请求,以该款中所列的顺序排列。船舶救助报酬请求优先于在产生该船舶优先权的救助作业完成之前就依附于该船具有船舶优先权担保的所有其他请求。

2. 本法典第 367 条第 1 款第 1 项、第 2 项、第 4 项、第 5 项中,船舶优先权担保的请求,在各自的优先顺位中按请求额的比例受偿。

3. 本法典第 367 条第 1 款第 3 项中船舶优先权所担保的船舶救助报酬请求,在其优先顺位内依请求权产生时间的倒序受偿。上述请求权视为于每次救助作业结束之日产生。

第 370 条 船舶优先权的特征

除船舶强制拍卖外,无论船舶所有权或船舶登记或船旗发生任何改变,船舶优先权都跟随于船舶。

第 371 条 船舶优先权的中止

1. 船舶优先权自其担保的本法典第 367 条第 1 款规定的请求产生之日起 1 年后消灭,除非在上述期限届满之前,该船舶扣押,并导致船舶的强制拍卖。

2. 本条第 1 款规定的期间:

1) 对于本法典第 367 条第 1 款第 1 项规定的船舶优先权担保的请求,自从有此种请求的船员下船之日起;

2) 对于本法典第 367 条第 1 款第 2—5 项规定的船舶优先权担保的请求,自受担保的请求产生之日起。

法律不允许扣押船舶期间,上述期间中止。

第 372 条 请求权的转让或代位

1. 船舶优先权担保的请求权转让或代位的,上述船舶优先权同时转让或代位。

2. 享有船舶优先权的人,所提出的公民人身伤亡索赔以及依海上保险合同应支付给船舶所有人的保险赔偿的请求权,不得代位。

第 373 条 对船舶或建造中的船舶的留置权

1. 为担保由造船、修船包括重建所产生的请求权,当该船舶处于造船或修船组织占有之下时,该组织对船舶享有留置权。

2. 本条第 1 款规定的船舶留置权,于船舶或建造中船舶不再由造船或修船组织占有时消灭,但船舶被扣押时除外。

3. 如果船舶或建造中船舶被强制拍卖,造船或修船组织有权根据本法典第 386 条第 4 款的规定,从船舶的拍卖价款中受偿。

第2节 船舶或建造中船舶的抵押权

第374条 船舶或建造中船舶抵押权的设定

1. 为担保在船舶所有人(抵押人)与债权人(抵押权人)之间因合同而产生的金钱债务,可设定船舶或建造中船舶抵押权,并根据本法典第376条和第377条进行登记。

2. 经船舶所有人同意,对船舶或建造中船舶享有经济管理权的人,也可成为抵押人。

第375条 船舶或建造中船舶抵押权的标的

1. 除合同另有约定外,船舶抵押权的抵押的标的包括作为船舶的一部分并由同一所有人所有的船舶附属物,以及按照以对船舶的残骸或损害承担责任为条件签订的船舶海上保险合同应当支付的保费赔偿。船舶抵押权的标的不包括运费。

2. 除合同另有约定外,建造中船舶抵押权的标的包括位于造船组织的营业地,并通过标记或其他方法可以明确区分,用于建造该船的材料及设备,此外还包括在以承担建造中船舶的灭失或损坏责任为条件而签订的建造中船舶海上保险合同下应当支付的保险赔偿。

3. 当两艘或两艘以上船舶或建造中船舶作为抵押权标的时,其中每一艘船舶分别作为抵押物,如果没有就每一船舶各自担保的请求权数额达成协议,所有的船舶共同作为全部请求权的担保。

第376条 船舶或建造中船舶抵押权的登记

1. 船舶抵押权应在办理船舶登记的相同的登记处进行登记。

2. 根据本法典第15条第2款和第3款可暂时悬挂俄罗斯联邦国旗的外国船舶的抵押权以及为外国购买者建造的建造中船舶的抵押权,不得在俄罗斯联邦登记。

3. 建造中船舶抵押权应在进行建造中船舶所有权登记的建造中船舶登记处进行登记。

如果龙骨已安放,或按专家意见确认的同等的建造工作已进行,则应到船舶登记处对建造中船舶所有权予以登记。建造中的船舶所有权一经登记,应颁发相关证书。

4. 对于建造完成后将视为海船的船舶,其建造中的船舶登记处应为海港。

在海港建造中的船舶所有权的登记规定,须经交通领域的联邦权力执行机构批准。

第377条 船舶或建造中船舶抵押权的登记程序

1. 船舶或建造中船舶抵押权登记,在船舶或建造中船舶所有权的登记完成之后,根据抵押人的申请进行。

2. 在船舶或建造中船舶抵押权登记申请表中,应包括以下信息:

识别船舶的资料(船名、登记港或登记地、登记号、船舶类型、船级、吨位)或识别建造中船舶的资料(建造地、船厂号、船舶类型、龙骨长度以及其他基本尺寸、登记号);

抵押人的名称与地址;

抵押权人的名称与地址,或抵押权已有效转让给持有人的指示;

抵押所担保责任的最高额,在对两艘或多艘船舶或建造中船舶设定抵押时,根据协议,每艘船舶分别担保的责任额;

船舶或建造中船舶抵押权的终止日期;

船舶或建造中船舶抵押权的登记申请表应附船舶或建造中船舶抵押合同以及其中所提及的文件。

3. 在对船舶或建造中船舶进行抵押权登记前,应对抵押权登记所要求的文件进行法律审查。

船舶或建造中船舶抵押合同或该合同所附文件不符合船舶或建造中船舶抵押权登记要求的,抵押登记机构有权拒绝登记。

4. 船舶或在建造中船舶抵押权应在收到抵押登记申请表之日进行登记。

本条第 2 款规定的登记申请表中包括的全部信息,将记录于国家船舶登记册、船名录或建造中船舶登记册。

进行船舶或建造中船舶抵押登记的机构,应根据国家船舶登记册、船名录或建造中船舶登记册所记载的项目,向抵押人与抵押权人颁发标准格式船舶或建造中船舶抵押登记证书。

5. 船舶或建造中船舶抵押权登记费用以及提交本条第 6 款所规定信息的程序由俄罗斯联邦政府确定。

6. 进行船舶或建造中船舶抵押权登记的国家船舶登记册、船名录或建造中船舶登记册以及提交给登记主管机构的任何其他文件,应当对公众公开,有利害关系的任何当事方有权获得摘录以及上述文件的副本。

7. 船舶抵押权一经登记,此方面的条目不要求记录于船舶文件。

第 378 条　对船舶或建造中船舶抵押权人利益的保护

在国家船舶登记册、船名录或建造中船舶登记册实际登记为抵押人的人,推定其确实享有抵押权,在国家船舶登记册、船名录或建造中船舶登记册记录的所有项目都推定为有效,除非有相反登记。

第 379 条　由船舶或建造中船舶抵押权担保的债务请求的优先顺序

1. 除本法典第 367 条第 1 款规定的由船舶优先权担保的请求,以及本法典第

386 条第 3 款和第 4 款规定的请求外，任何请求权不得优先于由已登记的船舶抵押权担保的债务请求。

2. 除本法典第 386 条第 4 款规定的请求外，任何请求不得优先于建造中船舶抵押权担保的债务请求。

第 380 条　由船舶或建造中船舶抵押权担保的债务请求的受偿顺序

1. 如果在同一船舶或建造中船舶上设定了两个或多个抵押权，抵押权所担保的债务请求之间的顺序，由登记日期决定。先登记的抵押权优先于后登记的抵押权，同一天登记的抵押权具有同等效力。

2. 本条第 1 款规定的船舶或建造中船舶抵押权所担保的债务请求之间的顺序，可以通过抵押人与抵押权人之间的协议而改变。此种协议须在国家船舶登记册、船名录或建造中船舶登记册登记。

第 381 条　船舶或建造中船舶抵押权的转让

1. 抵押权人有权将船舶或建造中船舶抵押权，连同该抵押权所担保的金钱债务，一同转让给他人，不允许只转让其中一项而保留另一项。

2. 如发生船舶或建造中船舶抵押权的转让，转让日期、抵押权受让人的名称应记录于国家船舶登记册、船名录或建造中船舶登记册。

第 382 条　对设定抵押权船舶或建造中船舶的保护

抵押人有义务采取适当的措施保护并维持已设定抵押的船舶或建造中船舶，如果因未履行该义务而导致船舶或建造中船舶的重大贬值，抵押权人有权在义务履行期届满前强制实现船舶或建造中船舶的抵押权。

第 383 条　船舶或建造中船舶所有权的转让或登记的改变

1. 除本法典第 385 条和第 386 条规定的船舶或建造中船舶的强制拍卖外，在所有其他必须在国家船舶登记册或船名录注销船舶登记，或在建造中船舶登记册注销建造中船舶所有权登记的情况下，只有在所有已登记的船舶或建造中船舶抵押权在此之前已受清偿，或取得所有抵押权人的书面同意，负责登记的主管机构才可以允许在有关的登记册中注销船舶或建造中船舶的所有权。

2. 如果在国家船舶登记册或船名录中注销船舶或建造中船舶，或在建造中船舶登记册中注销建造中船舶的所有权是强制性的而不是自愿出售的结果，负责登记的主管机构应将在相关登记册即将注销船舶或建造中船舶所有权的情况通知抵押权人，以使抵押权人采取适当的行动保护其利益。如果未取得抵押权人的同意，在向抵押权人发出通知后，不少于 3 个月的合理期间之后，船舶或建造中船舶的所有权将从相关登记册中注销。

第 384 条　强制拍卖船舶或建造中船舶的依据

如果抵押人不能偿还其债务，可根据船舶或建造中船舶扣押地法院的决定，拍卖已设定抵押权的船舶或建造中船舶。

第 385 条　对船舶或建造中船舶强制拍卖的通知

1. 在对船舶或建造中船舶强制拍卖之前，法院有义务向以下各方发出通知：

负责船舶登记或负责建造中船舶所有权登记的主管机构；

对船舶或建造中船舶享有已登记的非持有人抵押权的所有抵押权人；

船舶或建造中船舶的登记所有人；

对船舶或建造中船舶享有持有人抵押权的一切抵押权人，以及具有本法典第 367 条第 1 款所列请求的船舶优先权人，但前提是他们已将各自的请求通知法院；

船舶或建造中船舶的登记所有人；

船舶的临时船旗国中负责船舶登记的主管机构。

2. 船舶或建造中船舶强制拍卖的申请人，应向法院提交一份从船舶或建造中船舶的相关登记册获得的、载明已登记的船舶或建造中船舶抵押权人的名称与地址的摘录。

3. 关于船舶或建造中船舶强制拍卖的通知，应在不少于强制拍卖前 30 天的时间内做出，并应包括以下内容：

强制拍卖的时间、地点以及与强制拍卖有关的此种细节，强制拍卖应遵循的程序以及有权获得通知的人为保护其利益需要知悉的其他信息；

如果强制拍卖的时间、地点无法确定，则应通知强制拍卖的大约时间与预期地点，以及与强制拍卖有关的、足以保护有权获得通知的人的利益的类似信息；根据本款发出通知的情况，强制拍卖的实际时间、地点确定后，应另行发出通知，但不得晚于强制拍卖前 7 天。

4. 对本条第 1 款列明的主管机关与人员发出的强制拍卖通知，应采用挂号信寄送，或采用任何电子的或可确认收悉的其他适当的通信方式。另外，这种通知也可在强制拍卖地通知大众媒体公布，或经负责强制拍卖的主管机构决定通过其他印刷出版物公布。

第 386 条　对船舶或建造中船舶强制拍卖的效力

1. 船舶或建造中船舶被强制拍卖，除买受人已知并经抵押权人同意之外，所有已登记的船舶或建造中船舶抵押权、留置权以及不论何种性质的其他权利，都不再附着于船舶。

2. 因对船舶或建造中船舶的扣押以及随后的拍卖而产生的费用应从拍卖价款中首先获得偿付。上述费用包括船舶维持费用、包括工资在内的船员给养以及本法典第 367 条第 1 款中所规定的自扣押之时起发生的其他款项与支出。船舶或建造中船舶拍卖价余额将按本章规定进行分配，以清偿各项请求。所有请求人全部受偿后，如果船舶或建造中船舶拍卖价款仍有剩余，应返还给船舶或建造中船舶的所有人，并可自由转让。

3. 在强制拍卖沉船的情况下，如果沉船的打捞是港口当局为了航行安全或为保护海洋环境免受污染而进行的，打捞沉船的费用应从该沉船拍卖价款中支付，并优先于由船舶优先权担保的任何其他请求。

4. 如果强制拍卖时，船舶或建造中船舶由享有留置权的造船或修船组织占有，则该组织应对买受人放弃对船舶或建造中船舶的占有，但其请求有权从船舶或建造中船舶的拍卖价款中受偿。如存在本法典第367条第1款规定的由船舶优先权担保的请求权，该请求权受偿后，修船组织的请求方可受偿。

5. 在强制拍卖船舶或建造中船舶时，应买受人的要求，主管当局应签发具有终止船舶或建造中船舶一切登记抵押权效力的证书，经抵押权人同意由买受人承担的除外。

一经出示上述证书，船舶或建造中船舶抵押权的登记机关有义务在船舶或建造中船舶的相关登记册中删除船舶或建造中船舶的抵押权登记，由买受人承担的除外。

如果船舶或建造中船舶的购买者是俄罗斯联邦公民或是依俄罗斯联邦法律设立的法人，船舶或建造中船舶的所有权应以该购买者的名义在俄罗斯联邦相关登记册登记。如果船舶或建造中船舶的所有权是在俄罗斯联邦登记册登记，而该船舶的买受人是外国公民或外国法人，负责船舶登记或建造中船舶所有权登记的主管机关有义务向买受人签发船舶从国家船舶登记处、俄罗斯国际船舶登记处、俄罗斯船舶公开登记处、小型船舶登记处注销登记证书，或建造中船舶所有权从建造中船舶登记册注销登记证书，以便于船舶或建造中船舶所有权在外国相关登记册进行登记。

第387条　船舶或建造中船舶抵押权的消灭

1. 船舶或建造中船舶抵押权在以下情况下消灭：

金钱债务已偿清；

终止偿清债务之外的方式（强制拍卖及其他）消灭金钱债务；

船舶或建造中船舶灭失，但船舶或建造中船舶抵押权人可以根据海上保险合同从船舶或建造中船舶灭失的保险赔偿中实现其请求权的除外。

2. 一经提交船舶或建造中船舶抵押权在本条第1款中规定的情形下消灭的证据，负责登记的主管机关应在船舶或建造中船舶的相关登记册中登记船舶或建造中船舶抵押权的消灭。

第23章　船舶扣押

第388条　船舶扣押的管辖权

1. 就本章而言,船舶扣押是指在俄罗斯联邦的管辖权内,依据经法律授权实施船舶扣押以担保本法典第389条规定的海事请求的法院、仲裁庭或海事仲裁庭的裁定,进行的对船舶活动的任何滞留或限制,但为执行法院、仲裁庭生效的判决或裁决而扣押船舶的除外。

2. 船舶仅可因海事请求而被扣押。

3. 即使船舶已准备开航,亦可扣押。

4. 即使根据相关协议中的管辖权条款或仲裁条款,与船舶扣押有关的海事请求应在另一国的法院或仲裁机构审理,也可以为取得担保而扣押船舶。

5. 本章规定不影响海港港务机关根据本法典第81条规定拒绝签发船舶离港许可的权利,港口当局因本法典第81条规定的请求滞留船舶及其货物的权利,或政府当局根据俄罗斯联邦法律的规定扣押船舶及其货物的权利。

第389条　海事请求

由以下原因引起的请求可视为海事请求:

船舶营运造成的损害;

与船舶营运直接相关的、在陆上或水上发生的人身伤亡;

实施救助作业或履行任何救助合同;

由任何人采取措施预防或减轻损害,包括环境损害而产生的费用,如果此种请求产生于俄罗斯联邦参加的国际条约、法律或任何协议,以及由上述措施造成或可能造成的损失;

沉船或其货物的打捞、清除及销毁的费用;

使用船舶的任何合同;

与海上货物运输有关的任何合同或船舶海上旅客运输合同;

货物灭失或损坏,包括船上所载行李;

共同海损;

引航;

拖航;

为船舶营运及保养而提供食品、材料、燃料、物料和设备,包括集装箱;

建造、修理、现代化改建或重新装备船舶;

港口运河及其他水道的费用;

应支付给船长与其他船员的工资及其他款项,包括遣返费以及为船长与其他船员支付的社会保险费;

与船舶有关的费用支出；

船舶所有人或光船承租人应当支付或他人为其支付的保险费，包括互保会费；

船舶所有人或光船承租人应当支付或他人为其支付的佣金、经纪人或代理人的佣金；

与船舶所有权或占有权有关的任何争议；

在两个或更多的船舶所有人之间产生的与船舶的使用以及收入分配有关的任何争议；

已登记的船舶抵押权或同样性质的权利；

因船舶买卖合同产生的任何争议。

第 390 条　可扣押的船舶

1. 在以下情况下，可扣押产生海事请求的船舶：

1）对船舶所有人提出的海事请求受船舶优先权担保，并且是本法典第 367 条第 1 款所列请求之一；

2）海事请求基于按适当程序登记的船舶抵押权或相同性质的权利而产生；

3）海事请求与船舶所有权和占有权有关；

4）海事请求不属于本条第 1 款、第 2 款和第 3 款中规定的情况，但是海事请求产生时的船舶所有人对该请求负有责任，并且在扣船程序开始时仍是船舶所有人，或在海事请求产生时的光船承租人对该请求负有责任，并且在扣船程序开始时仍是船舶的光船承租人或所有人。

2. 可以扣押任何其他船舶，如果在扣船程序开始时，船舶由海事请求责任人所有，并且该责任人在海事请求产生时，是与产生该海事请求有关的船舶的所有人、光船承租人、定期承租人或航次承租人。

本款规定不适用于与船舶所有权或占有权有关的请求。

第 391 条　已扣押船舶的释放

1. 只有在以认可的形式提供充分担保后，根据本法典第 388 条第 1 款所规定的法院、仲裁法院或仲裁庭的裁定，才能释放被扣押船舶。

2. 如果双方当事人无法就担保的形式与数额达成协议，应由本法典第 388 条第 1 款所规定的法院、仲裁法院或仲裁庭决定担保的形式及其数额，但不得超过船舶价值。

3. 任何提供担保以释放被扣押船舶的请求，不应被视为承认责任，或放弃抗辩或法定责任限制的权利。

4. 根据本条第 2 款规定提供担保的人，可以随时向本法典第 388 条第 1 款所规定的法院、仲裁法院或仲裁庭申请减少、变更或取消该担保。

第 392 条　重复和多次扣押

1. 如果为担保海事请求而扣押了船舶,或如果为避免船舶被扣押或为释放被扣押船舶而提供了担保,则不得再次扣押或因同一海事请求扣押该船,除非:

1) 就同一海事请求提供的担保数额不足,但担保的总额不得超过船舶价值;

2) 提供担保的人不能全部或部分履行其义务;

3) 被扣押船舶或提供的担保由于以下原因被释放或返还:

海事请求权人由于合理的原因要求或同意其释放或返还;

海事请求权人不能采取合理措施阻止船舶被释放。

2. 如果为担保海事请求而扣押了船舶,或者如果为避免船舶被扣押或为释放被扣押船舶而提供了担保,则因同一海事请求可能被扣押的任何其他船舶不得再被扣押,除非:

1) 同一海事请求已获得的担保数额不足;

2) 本条第 1 款第 2 项和第 3 项规定的情况。

3. 本条规定不适用于被扣押船舶的非法释放或船舶从扣押中逃逸。

第 393 条　对被扣押船舶的所有人的保护

1. 作为扣押船舶或延长扣押的条件,本法典第 388 条第 1 款所规定的法院、仲裁法院或仲裁庭可责令扣押或延长扣押的申请人,就可能由申请人承担责任的,因船舶被扣押,包括因非法或无事实根据的扣押,或因要求并获得过高担保而可能造成的损害,根据本法典第 388 条第 1 款所列的法院、仲裁法院或仲裁庭规定的数额与条件提供担保。

本款第 1 项规定不适用于根据本法典第 389 条第 16 项规定的请求而要求扣押船舶或延长扣押的申请人。

2. 根据其裁定而实施船舶扣押或为避免扣船而提供担保的本法典第 388 条第 1 款所规定的法院、仲裁法院或仲裁庭有权决定,申请扣船或要求提供担保的人对于其非法或无事实根据的扣押,或因其要求并获得过高担保而造成的损失的责任数额。

3. 如果已按本条第 1 款规定提供了担保,担保的提供者可随时向本法典第 388 条第 1 款所规定的法院、仲裁法院或仲裁庭申请减少、变更或取消担保。

第 24 章　海事声明

第 394 条　海事声明

1. 无论在海上还是在系泊处,如果船舶发生事故并可能导致对船舶所有人的财产索赔,为保全证据,船长应做出海事声明。

2. 海事声明应尽可能充分地提出关于事故情况及原因的信息,包括关于损害以及采取的预防或减少损害的措施的信息。

第 395 条　海事声明书

海事声明书应当：

在俄罗斯联邦的港口，应向公证人做出；

在外国港口，向俄罗斯联邦领事馆官员做出，或根据该国法律规定的程序，向外国的主管官员做出。

第 396 条　海事声明书的时限

对于海事声明：

如果事故发生在港口内，应在事故发生后 24 小时内做出；

如果事故发生在船舶航行过程中，应在船舶或船长于事故发生后到达第一个港口时起 24 小时内做出。

第 397 条　海事声明书的迟延

1. 如果事故发生在航行过程中，为了避免在事故发生后停靠的第一个港口产生大量时间及费用的损失，海事声明书可以在船舶或船长到达其他港口时做出。

2. 如果可以证明无法在本法典第 396 条规定的时间内做出海事声明，其理由应在海事声明书中说明。

第 398 条　关于货损的海事声明

如果有理由预计事故对船载货物造成了损害，海事声明书应在开舱前做出。只有在紧急情况下才可以在做出海事声明前开始卸货。

第 399 条　证据

1. 作为对海事声明书所描述情况的确认，在制作声明书时，或从船长或船舶到达港口时起不超过 7 日内，或如果事故在港口内发生，从事故发生时起不超过 7 日内，船长应将航海日志及其经船长证实的摘录提交给公证人或俄罗斯联邦领事馆官员或外国主管官员以供检查。

2. 如果航海日志丢失，海事声明书中应包括航海日志丢失的情况及其原因。

第 400 条　制作海事声明文件

公证人或俄罗斯联邦领事馆官员，在船长的海事声明书、航海日志资料、对船长和必要时对其他船员的询问的基础上，应该制作海事声明文件，并应署名且加盖公章。

第 401 条　外国领事机构制作海事声明文件

接受外轮船长的海事声明书以及海事声明文件，可以在互惠条件下由外国驻俄罗斯联邦领事机构进行制作。

第25章　索赔和诉讼,诉讼时效

第1节　索赔和诉讼

第402条　对可能作为海上货物运输参与者责任依据的情况证明

1. 可作为承运人、发货人、接收人和乘客责任依据的情况,通过商业文据或一般形式的票据进行证明。在国外港口,这些情况是根据该港口现有的规则进行认证的。

2. 商业文据用于证明:

货物的名称、数量或件数或实物行李与装运单据中指定的数据之间的不一致;

货物或行李损毁;

发现无文件货物或行李或无货物或行李文件;

将被窃货物或行李交还承运人。

根据本法典第5条第2款发布的规则确定文据形式,其准备程序和不需要准备文据证明情况的程序。

第403条　向承运人索赔

1. 在向承运人提起与沿海运输货物有关的诉讼之前,必须向承运人提出索赔。

2. 向运输货物的承运人提出索赔,如果货物没有运输,则向承运人提出索赔,承运人根据海上货物运输合同有义务将货物运出。

以联合运输货物所产生的索赔,将提交给货物运送到最终运输点的承运人。

第404条　索赔和诉讼权的转让

1. 除非在发货人将此类权利转让给收货人或反之亦然的情况下,以及发货人或收货人向货运代理人或保险人转让权利,否则不得向其他组织或公民转让索赔和诉讼的权利。

2. 转让提出索赔和诉讼的权利由提单或其他运输单据上的转移单据证明。

第405条　提出索赔的程序

1. 须用书面形式提出索赔。

除运输单据外,对货物灭失或损坏的索赔必须附有确认索赔权利的文件,以及证明货物数量和成本的文件。

装运单据以原件提供。

2. 承运人有权在收到索赔后两周内不审理而将其退回,如果索赔未附本条第1款规定的文件。如果承运人未在规定时间内向索赔人提出不正当提交的索赔,则视为已接受并审议。

第406条　提出海上货物运输合同索赔的期限

在诉讼时效期内，可以因海上货物运输合同而对承运人提出索赔。

第407条　审议海上货物运输合同引起的索赔的期限

1. 承运人有义务在收到索赔要求之日起30天内审议海上货物运输合同引起的索赔，并通知申请人受理或拒绝。

2. 自向承运人提出海上运输货物合同索赔之日起，诉讼时效应暂停，直至收到对索赔的答复或答复规定的期限届满为止。

第2节　诉讼时效

第408条　海上货物运输合同索赔的诉讼时限

1. 对于海上货物运输合同的要求，适用一年的时效期限。

2. 指定期间根据下列要求计算：

货物灭失赔偿——自货物交付之日起30天后，以混合方式运输时——从接收货物运输之日起4个月；

赔偿货物损坏，延迟交付和退回或收取运费短缺——从货物交付之日起；如果货物没有交付，则从应交付之日起；

对于船舶未交付或延迟交付的损失补偿、船舶滞期费以及货物的提前装卸，从运输开始或应该开始月份的下月开始；

所有其他情况——自作为提出索赔依据的事件发生之日起。

第409条　其他要求的诉讼时效

1. 除了本法典第197条第1款规定的情况，海上保险合同以及船舶碰撞和救援行动外，海外运输乘客合同所产生的要求，适用于2年的诉讼时效。

上述期限的计算：

1）本法典第197条第1款规定的情况除外，外国旅客运输合同所产生的要求：

如果旅客受到身体伤害，从下船之日算起；

如果旅客在运输过程中死亡，从旅客应该下船之日算起；

如果旅客在运输过程中受到健康损害，导致旅客在着陆后死亡——如果旅客离开海岸之日起不超过3年，从他去世之日算起；

如果旅客行李丢失或损坏——自卸下行李之日起或应该卸下行李之日起，取决于哪个日期晚；

2）根据海上保险合同的要求——自诉讼权产生之日起；

3）关于船舶碰撞造成的损害索赔——自船舶碰撞之日起；

4）根据救援行动的要求——自救援行动结束之日起。

2. 拖航合同、海运代理合同、海事调解合同、定期租船合同、光船租赁和共同海损的要求适用1年的时效期限。

指定期限的计算：

1）根据拖航合同、海运代理协议、海运调解合同、定期租船和光船租赁的要求——自诉讼权产生之日起；

2）根据共同海损的要求——从起草海损清算书之日起。

3. 本法典第313条规定的追索要求应适用1年的诉讼时效期限，自有关金额的支付日期起计算。

第410条 船舶油污损害、船用燃料污染损害和海上危险有害物质运输损害索赔的诉讼时效

1. 船舶油污损害和船用燃料污染损害赔偿的索赔可以在造成损害之日起3年内提起诉讼，但在造成损害的事故发生之日6年期满之前提出。

如果事件由一系列事件组成，则6年期限从第一次事件发生之日算起。

2. 与海上运输危险和有害物质有关的损害索赔可以在受害方了解或应当知晓损坏和知晓谁是船舶所有者的情况之日起3年内提出，或者在自造成此类损害事件发生之日起的10年内提出。

如果事件由一系列事件组成，则10年期限从最后一次事件发生之日算起。

第411条 其他期限的适用

对于本法典未规定诉讼时效的要求，俄罗斯联邦民事立法规定的一般时效期限适用，除非俄罗斯联邦的此类国际条约规定了其他期限。

第412条 在存在共同海损的情况下暂停时效期限

如果索赔金额的计算取决于共同海损的计算，则诉讼时效暂停，期间从海损理算师对共同海损做出决议之日起至相关人收到海损清算书之日为止。

第413条 使用他人款项的利息

1. 如果本准则规定的关系产生的索赔得到满足，则按债权人居住地的存款利率金额支付的利息，或者，如果债权人是法人，则在其所在地支付利息。

2. 利息是从提出书面支付相应金额的要求之日起计算，到实际支付当天。

3. 本条确定的规则不适用于共同海损分配中的损害赔偿要求。

第26章 应适用的法

第414条 确定应适用于产生自海商的、外国公民或外国法人参与的或者含有涉外因素关系的法

1. 应适用产生于海商的、外国公民或外国法人参与的或者含有涉外因素的——其中包括民事权利的客体位于俄罗斯联邦领域外——关系的法，依据链式联邦国际条约、本法典、其他法律和在俄罗斯联邦被承认的海商习惯来确定。

2. 为本法典规定合同的当事人,可以在签订合同或在以后依照相互间的协议选择法,此法应适用上述合同中当事人的权利和义务。在缺乏当事人关于应适用法的协议时适用本法典规则:存在这样的协议不能引起消除或减少依据本法典承运人应当承担的责任,即由于造成旅客生命或财产损失、因遗失或损坏与行李,或者因逾期交付货物与行李所应承担的责任。

第415条　船舶所有权和其他物权

1. 船舶所有权和其他物权,以及产生转移和中止这些权利由船旗国法律确定。

2. 对于临时提供悬挂另一个国家旗帜权利的船舶物权,适用换旗前船舶直接在其中注册时的国家的法律。

3. 建造中船舶的权利依照船舶在其中已被建造或正在建造的国家法律确定,如果关于船舶建造合同没有另外的规定。

第416条　船员的法律地位

1. 船员的法律地位以及与船舶经营相关的船员之间的关系由船旗国家法律确定。

2. 船舶所有人和船员的关系由船旗国家法律调节,如果调节船舶所有人与作为外国公民的船员之间关系的合同没有另外的规定。

由劳动合同当事人选择的应适用于船舶所有人和船员之间关系的法,不应导致船员劳动条件恶化,相较于在缺乏当事人关于应适用于法的协议时,该关系由其国家法律规范。

第417条　沉没物的权利

1. 在内水或领海沉没物的权利,以及由于沉没物而产生的关系,由沉没物在其中沉没的国家法律规定。

2. 对于沉没在公海的船舶、船上载有货物和其他财产,应适用船旗国家法律。

第418条　产生于签署海商领域合同的关系

1. 产生于海上货物运输合同、拖船合同、海上船务代理合同、海上居间合同、海上保险合同、定期租船合同和程租合同的关系,由当事人协议规定的国家法律调节,产生于海上旅客运输合同的关系,由旅客船票上指定的国家法律调整。

2. 在缺乏当事人关于应适用法的协议时,产生于合同的当事人的关系,由一方当事人在其中得以设立、有基本活动地或者有居住地的国家法律调节,这样当事人是:

承运人——海上运输合同中;

船舶所有人——海上船务代理合同、定期租船合同、程租船合同中;

拖船合同的业主——拖船合同中;

委托人——海上居间合同中；

保险人——海上保险合同中。

第 419 条 共同海损

1. 在缺乏当事人关系适用的法的协议时，产生于共同海损的关系，根据引发共同海损事故后在其港口结束航程的国家法律调整。

2. 如果共同海损分摊在俄罗斯联邦，共同海损分摊程序根据本法典第 16 章确定的规则调整。

第 420 条 产生于船舶碰撞的关系

1. 产生于内水和领海的船舶碰撞的关系，由碰撞发生在其境内的国家法律调节。

2. 如果船舶碰撞发生在公海，且争议在俄罗斯联邦审理，适用本法典第 17 章确定的规则。

3. 对产生于悬挂同一国军用旗帜的船舶之间碰撞的关系，适用于不受船舶碰撞地限制的船旗国家法律。

第 421 条 产生于来自船舶石油污染所造成的损失的关系

在由于来自船舶石油污染而造成损失的情况下，为本法典第 18 章确定的规则适用于：

在俄罗斯联邦境内，其中包括在领海和俄罗斯联邦专属经济区因来自船舶石油污染所造成的损失；

就防止或减少这种损失无论在何地所采取的预防措施。

第 422 条 产生于由于海上运输危险和有毒物质所造成损失的关系

在由于海上运输危险和有害物质所造成损失的情况下，为本法典第 19 章规定的规则适用于：

在俄罗斯联邦境内，包括在领海所造成的任何损失；

俄罗斯联邦专属经济区因环境污染所造成的损失；

在俄罗斯联邦领域外，包括在领海之外所造成的另外的损失，有别于因环境污染所造成的损失，如果这种损失是由悬挂俄罗斯联邦国旗的船上运送的危险和有害物质所造成；

就防止或减少损失无论在何地所采取的预防措施。

第 422.1. 条 船用燃料污染造成的损害

如果因船用燃料污染而造成损害，则本规则第 19.1 章规定的规则应适用于：

在俄罗斯联邦领土，包括俄罗斯联邦领海及其专属经济区造成的船用燃料污染造成的损害；

无论在哪里，均应采取预防措施以防止或减少此类损害。

第 423 条　产生于对船舶和其他财产的救助关系

1. 产生于对处于航行水域或其他水域危险之中船舶和其他财产的救助关系，如果争议在俄罗斯联邦审理，则适用本法典第 20 章规定的规则。

2. 本条已于 2011 年失效。

3. 对于救助船舶的船主、其船长和其他船员之间酬金分配，适用船旗国家法律，而如果救助不是从船上实施，则适用于管辖救助者与其雇员之间关系的合同所依据的法律。

第 424 条　船舶优先权

对于海上船舶抵押权的产生和由海上船舶抵押权保障的清偿要求的顺序，适用在其法院审理争议的清偿要求的顺序，由留置权登记国家法律调节。

第 425 条　抵押船舶或在建船舶

1. 船舶登记抵押的有效性和抵押担保义务产生索赔的满足顺序，均由船舶登记所在国的法律确定。

2. 在外国登记处登记的船舶的抵押得到承认和执行，条件是：

1）抵押是根据船舶登记所在国法律在登记册上建立和登记的；

2）登记册和任何根据登记船舶所在国的法律向登记机关交存的文件，可供查阅的文件和登记册摘录以及登记当局的文件副本可从登记机关获得；

3）登记册和此类文件中至少包含受益抵押权人的姓名和地址，或指出抵押权固定给持票人、抵押担保的义务金额、日期和根据船舶注册国家法律规定的其他信息，用于确定对其他已登记抵押的满足顺序。

3. 在建船舶登记抵押的有效性和抵押担保义务产生索赔的满足顺序，是由接受船舶建造任务或建造船舶的国家法律确定的。

4. 与建成或正在建造的船舶实施抵押有关的所有事项均受所在国的法律管辖。

第 426 条　船舶所有人的责任限制

船舶所有人的责任限制由船旗国家法律确定。

第 427 条　俄罗斯联邦国际条约

如果俄罗斯联邦国际条约规定了与本法典不同的规则，则适用国际条约的规则。

第 27 章　最后条款

第 428 条　本法典的生效

1. 本法典从 1999 年 5 月 1 日生效。

2. 承认从 1999 年 5 月 1 日俄罗斯联邦最高苏维埃 1993 年 3 月 3 日的第

4604-1号决议《在俄罗斯联邦境内适用苏联加盟共和国法律的一些问题》第8条(适用苏联商法典条款部分)失效。

3. 从1999年5月1日开始,在俄罗斯联邦境内不再适用:

1968年12月13日第3404-Ⅶ号苏联法律《苏联最高苏维埃主席团命令关于批准苏联商法典》;

1974年5月20日苏联最高苏维埃主席团"关于《修订和补充苏联商法典》"的第6001-Ⅷ号命令;

1974年6月26日苏联"关于苏联最高苏维埃主席团《关于修订和补充苏联商法典》"的第6-Ⅸ号法律第7段;

1982年7月27日苏联最高苏维埃主席团"关于修订和补充《苏联商法典》"的第7599-Ⅹ号法律;

1982年11月24日"关于苏联最高苏维埃主席团命令批准对一些苏联法律进行修订和补充命令"的第8323-Ⅹ号法律第10段;

1987年12月2日苏联最高苏维埃主席团第8089-Ⅺ号"关于因苏联《国家企业法》生效而对一些苏联法律进行修订和补充的命令"第2款。

4. 在调节俄罗斯联邦商船运输领域关系的法律和其他标准法律文件出台之前,根据本法典,俄罗斯联邦的法律和其他标准法律文件以及苏联的法律文件在俄罗斯联邦法律规定的范围和程序仍适用,只要与本法典不相抵触。

在实施本法典之前,由俄罗斯联邦总统颁布的标准法律文件,由俄罗斯联邦政府颁布的标准法律文件,以及在俄罗斯联邦境内适用的苏联政府关于根据本法典只能通过联邦法律管理的事项的决议,在相应法律颁布之前依然有效。

第429条 适用于本法典规定规则的程序

1. 本法典规定的规则适用于法典生效后商船出现的关系。

对于本法典生效之前出现的商船关系,本法典规定的规则适用于其生效后产生的权利和义务。

2. 本法典确立的规则和定义各类合同的内容应适用于本法典生效后签订的合同。

第430条 根据本法律修订标准法律文件

建议俄罗斯联邦总统并委托俄罗斯联邦政府根据本法典修订标准法律文件。

莫斯科 克里姆林宫

1999年4月30日

俄罗斯联邦大陆架法

2018 年 11 月 28 日 修订

本联邦法规定俄罗斯联邦大陆架的地位、俄罗斯联邦在其大陆架上的主权和管辖权以及根据俄罗斯宪法、国际法通行原则和规范以及俄罗斯联邦国际条约行使管辖权。本联邦法没有规定的有关俄罗斯联邦大陆架及其在大陆架上的活动由适用于俄罗斯联邦大陆架的其他联邦法律调节。

第 1 章　总则

第 1 条　俄罗斯联邦大陆架的定义和界线

俄罗斯联邦大陆架(以下称大陆架)包括俄罗斯联邦领海(以下称领海)以外的海底和水下区域的底土,是大陆沿岸土地直到大陆外部水下边缘的自然延伸。

大陆水下边缘是俄罗斯联邦大陆面积的延伸,包括大陆架表面和底土、大陆上下坡。

大陆架的定义也适用于所有俄罗斯联邦岛屿。

大陆架的内部边界是领海的外部边界。

考虑到本联邦法第 2 条的内容,大陆架的外部边界距测量领海宽度的基准线 200 海里,如果大陆的水下边缘外部边界延伸不超过 200 海里。

如果大陆水下边缘延伸超过上述基准线 200 海里,大陆架外部界线与根据国际法规定的大陆水下边缘的外部边界重合。

第 2 条　大陆架的边界

俄罗斯联邦与其对岸国家或海岸有重叠的国家之间大陆架的划定根据俄罗斯联邦国际条约或国际法规定进行。

第 3 条　地图和地理坐标清单

大陆架外部边界线或边界替代物、俄罗斯联邦政府批准的指明俄罗斯联邦国际条约或根据国际法规定确定的主要大地起算数据的坐标点和边界线,标示在规定比例尺的地图上或在“航海者公告”上公布。

大陆架外部边界数据库由俄罗斯联邦政府授权的联邦机构建立。

第 4 条 主要概念

本联邦法使用下列主要概念:

大陆架自然资源是指海底和底土的矿物和其他无生命资源(以下称矿物资源),以及属于"固着种类"的活的机体,即在可捕捞期间处于海底或底土下不动,或身体紧贴海底或底土无法移动(以下称水生物资源)。

本段已于 2006 年 11 月 4 日失效。

大陆架海洋科学研究(以下称海洋科学研究)是指为了获取发生在海底和底土的自然过程的全面知识而进行的基础或实用研究和为研究而进行的实验工作。

大陆架海洋资源研究(以下称海洋资源研究)是指为勘探大陆架和开发其矿物资源、水生物资源,根据 1998 年 12 月 17 日通过的俄罗斯联邦《俄罗斯联邦专属经济区法》(以下称俄罗斯联邦《专属经济区法》)进行的实用科学研究工作。

有害物质是指落入海中会对人的身体健康造成危险,损害环境,包括海洋环境和大陆架自然资源,恶化休息条件或影响合理利用海水的其他方面的物质,以及根据俄罗斯联邦国际条约应该监督的物质。

封存是指任何故意从船舶、其他漂浮物、飞行器、人工岛屿、装置、设施上清除废料或其他物质,以及任何故意销毁船舶和其他漂浮物、飞行器、人工岛屿、装置和设施;属于船舶、飞行器、人工岛屿、装置、设施,或在其正常使用过程中清除废料或其他材料不算作封存,船舶、飞行器、人工岛屿、装置、设施运送废料或其他材料去清除或运往这些船舶、飞行器、人工岛屿、装置、设施的情况除外,在这些船舶、飞行器、人工岛屿、装置、设施上加工这些废料或其他材料的情况也除外;放置材料是其他目的而不是简单的清除,如果这与本联邦法和俄罗斯联邦国际条约不矛盾。

人工岛屿是指根据设计文件在俄罗斯联邦大陆架建造的固定设施(人工设施结构),它有填充的、堆积的、加桩的和(或)其他非漂浮支撑底座,在最大潮汐时能露出海平面。

装置、设施是指根据设计文件在俄罗斯联邦大陆架建造的固定的或漂浮的(水下)钻探装置(平台)、海洋漂浮(移动)平台、海洋固定平台和其他设施以及水下设施(包括钻井)。

第 5 条 俄罗斯联邦在大陆架的权力

俄罗斯联邦在大陆架可行使:

1)勘探大陆架和开发其矿物资源和水生物资源的主权。这是特权,如果俄罗斯联邦没有在大陆架勘探,或者没有开发其矿物资源或水生物资源,无俄罗斯联邦的允许,任何人不能这样做。

2)可为任何目的允许和调节在大陆架钻探作业的特权。

3)建造、允许和调节建造、使用人工岛屿、装置和设施的特权。俄罗斯联邦对人工岛屿、装置和设施行使管辖权,包括海关、财务、卫生和移民法律法规以及涉及安全的法律法规的管辖权。

4)以下管辖权:

海洋科学研究。

因大陆架勘探、矿物资源和水生物资源开发、废料和其他材料封存而保护和维护海洋环境。

铺设和使用俄罗斯联邦的水下电缆和管道。

俄罗斯联邦遵循经济、贸易、科学和其他利益,按照本联邦法和国际法规则规定的程序在大陆架行使主权和管辖权。

俄罗斯联邦在大陆架上的法律不涉及覆盖在其上面的海水和水上领空的法律地位。

俄罗斯联邦在大陆架行使主权和管辖权时不妨碍航行和根据国际法通行原则和规范承认的其他国家的权利和自由。

在大陆架上的活动要考虑航行、捕鱼、海洋科学活动、其他合法活动,并要考虑保护和维护海洋环境、矿物资源和水生物资源。

第6条　联邦国家机构对大陆架的管辖权

联邦国家机构对大陆架的管辖权包括:

1)制定和完善俄罗斯联邦关于大陆架及其活动的立法;

2)协调联邦国家权力机构针对大陆架及在大陆架上活动、保护俄罗斯联邦在大陆架上的合法权利和利益、保护大陆架自然资源的活动;

3)已于2015年5月2日失效;

4)制定矿物资源使用办法,包括许可证办理办法;

5)已于2009年12月27日失效;

6)监督合理使用矿物资源和水生物资源及其保护;

7)对工业安全领域进行国家监督;

8)起草联邦矿物资源储量平衡表,用于进行大陆架区域地理研究、地理研究、勘探和开采大陆架矿物资源的大陆架分段登记,以及对相应的工程进行注册;

9)签订产量分成协议;

10)在有矿物资源开发前景和水生物产卵地的大陆架个别地段,进行限制并对海底及底土的使用设置特别条件;

11)调节和进行海洋资源研究和海洋科学研究;

12)宣布大陆架个别区域对外国、俄罗斯自然人和法人、外国自然人和法人、主管国际组织进行海洋科学研究封闭,因为上述区域正进行(或计划进行)大陆架勘探和矿物资源及水生物资源开发，并将封闭区域坐标在“航海者公告”上发布；

13）2008年1月1日生效；

14）制定水生物资源捕捞权授予办法，包括发放水生物资源捕捞许可证；

15）制定捕捞限制；

16）制定经营或其他航行活动时预防水生物资源死亡措施；

17）建立支付系统，确定利用大陆架自然资源收费额度、条件和支付办法；

18）调节人工岛屿、装置和设施的建造和使用活动；

19）调节和制定铺设水下电缆和管道，用于勘探大陆架和开发矿物资源或使用人工岛屿、装置及设施以及迁往俄罗斯联邦境内的条件；

20）确定在大陆架铺设水下电缆和管道的路线和条件；

21）调节在大陆架进行的任何目的的钻探工程；

22）进行对大陆架的国家环境鉴定、国家环境监督和国家监测；

23）维护大陆架状况和矿物及水生物资源国家数据库；

24）制定特别环境状况和环境灾难区法律制度，保证石油和非石油物质污染事故发生后迅速消除其后果；

25）制定用于在大陆架封存的废料和其他材料污染物含量的环境标准，禁止在大陆架封存的有害物质、废料和其他材料清单，调节和监督废料和其他材料的封存；

26）保护珍稀和列入俄罗斯联邦红皮书的濒临灭绝的水生物资源，预防破坏其生存环境（包括育肥、越冬、繁殖、产卵和迁徙），建立国家自然保护区、国家公园、国家自然禁猎区和其他特别保护区，包括在“航海者通告”上公布的邻近俄罗斯海岸休息区的区域；

27）保证实施保护大陆架、矿物和水生物资源的措施，阻止违反本法和俄罗斯联邦国际条约，追究违法行为责任人的责任；

28）解决关于大陆架及其在大陆架活动的争议；

29）缔结并实施与大陆架及其在大陆架活动有关的俄罗斯联邦国际条约；

30）本法和其他联邦法规定的其他权限。

第2章　勘探大陆架、开发其矿物资源

第6.1条　本条已于2015年5月2日失效。

第7条　向使用者提供一些区域的大陆架底土

大陆架底土区域（以下称区域）可提供给符合1992年2月21日通过的《地下资源法》第9条第3款规定要求的人。

向使用者提供这些底土区域的目的是：

进行区域地理研究；

进行地理研究；

进行地理研究、勘探和开发矿物资源；

进行《地下资源法》规定的其他底土使用种类。

这些区域是几何块，其参数在底土使用执照中指明，其中包括海底面积、带边界和底土深度的坐标。

提供使用区域不进行竞拍。

本联邦法、俄罗斯联邦《地下资源法》和俄罗斯联邦《天然气供应法》调节提供使用区域和区域使用的办法。

符合俄罗斯联邦《地下资源法》第 9 条第 3 部分规定要求并在联邦目标纲要框架内对区域进行地理研究的用户可以得到联邦预算的补助，来进行区域地理研究工作。

第 8 条 勘探大陆架和开发其矿物资源的特点

底土使用执照（本章以下称执照）由俄罗斯联邦政府授权的联邦权力执行机构与俄罗斯联邦总统和俄罗斯联邦政府确定的联邦权力执行机构协商后或在接到上述机构通知后发放。

底土使用者的权利和义务产生日是执照俄罗斯联邦政府关于底土规定程序进行国家登记之日。

执照及其不可分割的部分和俄罗斯联邦政府就底土规定的执照内容要求应包含下列信息：

使用区域环境和水文保障条件，保障措施包括环境状况和污染监测的组织，对环境包括水生物造成损失的预防、减少和赔偿；

预防和处置事故的措施；

工程结束后对装置和设施的保护、涂防锈油和（或）移除的条件；

在结冰条件下使用清除石油和石油产品向海洋泄漏以及在结冰条件下开采大陆架矿物资源的工艺和方法；

根据俄罗斯联邦《地下资源法》《城市活动法》规定的设计资料，底土使用者有建造和使用人工岛屿、装置、设施，进行钻探，铺设水下电缆、管道的权利；

第 4 部分已于 2008 年 4 月 29 日失效。

第 5 部分已于 2009 年 12 月 27 日失效。

第 6 部分已于 2004 年 8 月 22 日失效。

如果计划在大陆架特别保护自然区域内进行区域地理研究、地理研究、勘探和开采矿物资源，则禁止发放执照。在大陆架的渔业禁区进行区域地理研究、地理研究、勘探和开采矿物资源，根据俄罗斯联邦法律受限或禁止。

底土使用者不能按民法规定的权利转让办法将区域使用权转给第三方。

获得区域的使用者必须做到：

采取技术、水文、卫生和其他措施，遵守适用原则和国际法规则、俄罗斯联邦规范性法律文件，包括保护大陆架海洋和自然资源方面的法律；

不间断地与俄罗斯联邦岸上机构保持联系，如果有相应的设备，要根据世界气象组织的标准程序在主要国际天气观测时间向最近的俄罗斯联邦水文气象中心发送实时气象、水文和高空观测数据。

第9部分已于2008年4月29日失效。

俄罗斯联邦总统和俄罗斯联邦政府确定的联邦权力执行机构（本章以下称授权的联邦权力执行机构）对使用区域遵守上述条件进行监督。

执照所有人应授权的联邦权力执行机构的要求，须向他们出示必要的文件，对上述机构管辖权内的问题进行解释，为检查执照执行情况提供方便。

授权的联邦权力执行机构应书面通知执照所有人颁发执照的联邦权力执行机构关于检查结果，如有必要可要求其停业，并责令提前结束使用区域的权利。

根据产量分成协议，按俄罗斯联邦法律来确定区域使用关系的特点。

第9条　在大陆架进行钻探工程

在大陆架进行钻探工程的目的不应违背俄罗斯联邦国际条约、本联邦法和其他联邦法律。

进行钻探工程的条件包括：

1）钻探平台和其他用于钻探设备的类型和技术参数；

2）钻井液和水泥浆符合环保要求的信息；

3）预防、减少环境污染，赔偿对环境包括水生物资源损失的一系列措施；

4）进行钻探和在钻探区域保障航行和运输安全的措施。

如果向执照持有人提供一个区域用于区域地理研究、地理研究、大陆架勘探和矿物资源开采，此执照就赋予了持有人根据俄罗斯联邦《地下资源法》规定的设计文件进行钻探的权利。执照上已标明持有人有权进行钻探，则执照持有人和（或）他招来的执行方无须根据本联邦法第16.2条再获取进行钻探的许可证。

发放与区域地理研究、地理研究、开发和开采大陆架矿物资源无关的钻探许可证的程序，由俄罗斯联邦政府确定。

第3章　在大陆架捕捞的特点

第10—13条　本条已于2006年11月4日失效。

第13.1条　本条已于2008年1月1日失效。

第14条　本条已于2009年12月27日失效。

第 14.1 条　在大陆架可以捕捞的种类

在大陆架可以根据 2004 年 12 月 20 日通过的《俄罗斯联邦渔业和水生物资源保护法》(以下称《渔业和水生物资源保护法》)及本联邦法进行工业捕捞、科研和检查性捕捞,可进行教学和养殖目的的捕捞,进行商品生产、再生产和水生物资源驯化捕捞。

在《渔业和水生物资源保护法》规定的特殊情况下允许在大陆架近岸进行捕捞。

在大陆架进行近岸捕捞,由俄罗斯联邦政府授权的联邦权力执行机构按规定的程序向有在大陆架捕捞水生物资源的人分配海滨捕捞配额。

第 14.2 条　在大陆架进行工业捕捞的特点

在大陆架进行工业捕捞由按照规定的程序取得在大陆架捕捞水生物资源权的俄罗斯公民和俄罗斯法人实施。

外国公民和外国法人根据俄罗斯联邦国际条约在大陆架进行工业捕捞。

第 14.3 条　在大陆架进行科研和检查目的捕捞的特点

在大陆架进行科研和检查目的捕捞由科研组织根据水生物资源海洋资源研究年度计划、提供水生物资源利用决定,以及上述组织颁发的捕捞水生物资源许可证和根据《俄罗斯联邦专属经济区法》颁发的进行海洋资源水生物资源研究许可证进行。

外国公民和外国法人在大陆架进行科研和检查目的的捕捞要根据俄罗斯联邦国际条约进行。

第 14.4 条　在大陆架进行捕捞者的权利和义务

在大陆架进行捕捞者有权对水生物资源进行捕捞,在《渔业和水生物资源保护法》规定的情况下有权接收、加工、转运、运输、保存、卸载捕获的水生物资源,用水生物资源生产鱼和其他产品。

本条第 1 部分所指的人必须:

1)遵守渔业规定和俄罗斯联邦法律规定的其他要求,遵守国家权力机构所颁发的有权捕捞水生物资源、有权进行海洋生物研究许可证规定的捕捞和保护水生物资源的要求;

2)不允许破坏水生物资源生存环境;

3)不允许非法驯化水生物资源;

4)遵守检疫制度的要求;

5)保证保卫机构的负责人能畅通无阻地登船;

6)申请人要保证为保卫机构的负责人提供合适的工作条件;

7)无偿、通畅地向俄罗斯联邦总统、俄罗斯联邦政府所确定的联邦权力执行机构提供捕捞水生物资源的期限、种类和区域以及水生物捕获量的报告材料,包括卸载到其他船舶或从其他船舶装载的水生物、鱼类产品和其他水生物制品的数量、质量和种类的信息,提供在外国港口卸载或装载捕捞的水生物资源、鱼类产品和其他由水生物资源加工的其他产品的数量、质量和品种;

8)定期与俄罗斯联邦岸上机构保持联系,有相应设备时在主要天气观测时间根据世界气象组织的标准程序向最近的俄罗斯联邦无线电气象中心报告实时气象和水文观测数据;

9)根据俄罗斯联邦政府授权的联邦权力执行机构规定的形式记录捕捞日志;

10)有专门的识别符号;

11)给捕捞水生物资源定置工具两边贴上标签,写清船舶名称(如是外国船舶,写船主国家名称)、捕捞水生物资源许可证号和捕捞水生物资源工具的顺序号码。

在大陆架捕捞的外国船舶应该:

1)每天用传真或电报向俄罗斯联邦总统和俄罗斯联邦政府确定的联邦权力执行机构提交每次进入允许捕捞区域和驶离上述区域的信息,必须指明出入经过检查点的情况;

2)每天通知保卫机构捕捞或从其他船舶接收水生物资源时船舶的位置;

3)进行捕捞时必须有保卫机关负责人在场,并在他的监督下进行;

4)保证免费将保卫机关负责人送到捕捞地点并送回,为其提供无线电通信工具,负责保卫机关负责人从上船到离开的吃住开销,与船上指挥(领导)人员同等待遇;

5)用传真或电报每天、每十天、每月向俄罗斯联邦政府授权的联邦权力执行机构汇报捕捞结果。

禁止俄罗斯和外国船舶在大陆架以及大陆架以外装卸或转运水生物捕捞授权许可证和水生物研究许可证未规定的水生物捕获物、渔产品和其他水生物加工产品。

装、卸或转运水生物捕获物、渔产品和其他水生物加工产品应有保卫机构负责人在场。

第15条 本条已于2006年11月4日失效。

第4章 在大陆架建造和使用人工岛屿、装置和设施,铺设水下电缆和管道,进行上述工程和钻探工程的特点

第16条 人工岛屿、装置和设施

可在大陆架建造人工岛屿、装置和设施的是:

联邦权力执行机构和俄罗斯联邦主体权力执行机构、俄罗斯联邦自然人和法人(本章以下称俄罗斯申请人);

外国、外国自然人和法人、主管国际组织(本章以下称外国申请人);

有相应执照,根据本联邦法第16.1条规定的设计资料在大陆架进行区域地理研究、地理研究、勘探和开采矿物资源的底土使用者;

俄罗斯法人、外国法人、底土使用者经协议请来建造和使用人工岛屿、装置和设施的人(以下称执行方);

俄罗斯申请人、外国申请人和其他根据联邦《产量分成协议法》作为投资人的其他人。

在大陆架上建造和使用人工岛屿、装置和设施的程序由俄罗斯联邦国际条约和本联邦法规定。

人工岛屿、装置和设施不具有岛屿性质,没有领海、专属经济区和大陆架。

人工岛屿、装置和设施周围设立安全区,从人工岛屿、装置和设施每一个外部边缘延伸不超过500米。人工岛屿、装置和设施周围的安全区从在大陆架上开始建造人工岛屿、装置和设施之时设立,清除之后取消安全区。

俄罗斯联邦总统确定的联邦权力执行机构在这些区域采取适当措施保障航行、人工岛屿、装置和设施的安全。安全措施的信息在"航海者公告"上公布。

根据俄罗斯联邦交通安全方面的法律,作为交通基础设施和(或)交通基础设施的建筑单位的自然人和法人应向负责制定交通方面国家政策和法律调节的联邦权力执行机构报告关于建造人工岛屿、装置和设施,在其周围设立安全区以及全部或部分清除所指人工岛屿、装置和设施深度、地理坐标、大小的人工岛屿、装置和设施的信息,以便在"航海者公告"上发布。人工岛屿、装置和设施周围安全区的边界由负责制定交通方面国家政策、向交通基础设施主体和(或)建筑单位建议确定上述边界的联邦权力执行机构确定。

人工岛屿、装置和设施不能建在公认的对国际航行有重要意义的海路上。

在大陆架上建造和使用人工岛屿、装置和设施的目的可以是:

保障国家国防和国家安全;

区域地理研究;

地理研究、矿物资源勘探和开采;

进行水生物海洋资源研究和进行捕捞;

进行海洋科学研究;

不违反俄罗斯联邦国际条约、本联邦法和其他联邦法的其他目的。

第16.1条 进行区域地理研究、地理研究、矿物资源勘探和开采时在大陆架上建造和使用人工岛屿、装置和设施只要不违反俄罗斯联邦国际条约、本联邦法和其他联邦法，就可以在进行区域地理研究、地理研究、矿物资源勘探和开采时，在大陆架上建造和使用人工岛屿、装置和设施。

在进行区域地理研究、地理研究、对大陆架矿物资源勘探和开采时，底土使用执照持有人和(或)根据本联邦法第16.2条雇佣的执行方可建造和使用人工岛屿、装置和设施，如果底土使用和设计文件的执照规定可以建造。人工岛屿、装置和设施的建造应符合俄罗斯联邦《地下资源法》和《城市建设活动法》规定的设计文件，并考虑本联邦法和根据本联邦法制定的规范性法律文件。

在大陆架上进行区域地理研究、地理研究、矿物资源勘探、开采时建造和使用人工岛屿、装置和设施的条件是先要确定：

1)所建人工岛屿、装置和设施的目的和用途；

2)动工时计划使用的船舶和漂浮器的性能；

3)所设计工程的工艺方法和设备；

4)所建造人工岛屿、装置和设施的地理坐标；

5)预防、减少和补偿对大陆架海洋环境和自然资源造成损失的措施，包括建设封闭的供水系统、漂浮或固定污水处理系统和含石油水和其他有害物质的容纳设备；

6)预防和处置事故措施；

7)保障航行和交通安全的措施。

在下列情况下不能在大陆架上进行区域地理研究、地理研究、矿物资源勘探、开采时建造和使用人工岛屿、装置和设施：

1)给国家国防和国家安全造成威胁；

2)不符合大陆架海洋环境和自然资源的保护与维护；

3)计划在大陆架特别保护区建造；

4)对航行安全和运输安全构成威胁。

如果使用底土区域施工的执照和设计文件授予执照持有人建造和使用人工岛屿、装置和设施的权利，则底土使用者(执照持有人)和根据本联邦法第16.2条雇佣来的执行方无须按照本法第18条获得建造和使用人工岛屿、装置和设施的许可证。底土使用者不允许未获许可证在同一地段同时雇佣两个或更多的执行方施工。

第16.2条 底土使用人雇佣来建造和使用人工岛屿、装置和设施

底土使用者根据本法第16.1条可以依据的合同，根据本条的规定雇佣执行方来建造和使用人工岛屿、装置和设施。在此底土使用者要保证对执行方遵守本条规定的合同进行监督。

在建造和使用人工岛屿、装置和设施的施工中，执行方应满足俄罗斯联邦国际条约、本联邦法、俄罗斯联邦法律的要求，还要满足与执行人签订合同的底土使用者获得的执照上规定的条件。

底土使用者要按照俄罗斯联邦政府规定的程序，将建造和使用人工岛屿、装置和设施执行方的信息提交给俄罗斯联邦政府授权的联邦权力执行机构。

第17条 在大陆架建造和使用人工岛屿、装置和设施申请的内容和提交

申请在大陆架建造和使用人工岛屿、装置和设施的申请（本条以下简称申请）应包含下列内容：

1）建造和使用人工岛屿、装置和设施的申请人和负责人的信息；

2）所建造人工岛屿、装置和设施的目的和用途；

3）在动工建设和使用人工岛屿、装置和设施（本条以下简称工程）时计划使用的船舶和其他漂浮设备的信息；

4）所设计工程的技术方法和设备；

5）所建造人工岛屿、装置和设施的地理坐标；

6）双方参与施工的法人和自然人的信息；

7）开工和完工的时间；

8）人工岛屿、装置和设施开始使用和结束使用的时间；

9）环境后果描述，包括海洋环境、矿物和水生物资源；

10）预防或减少对海洋环境和自然资源造成损失的措施，包括建设封闭的供水系统、漂浮或固定污水处理系统和含石油水和其他有害物质的容纳设备；

11）预防和处置事故措施的信息；

12）涉及施工目的、方法和设备的其他信息。

至少在预计开工前6个月向俄罗斯联邦总统和俄罗斯联邦政府授权的联邦权力执行机构提交申请。

外国申请者通过外交渠道提交申请。

第18条 建造和使用人工岛屿、装置和设施申请的审理和许可证的发放

俄罗斯联邦总统和俄罗斯联邦政府授权的联邦权力执行机构：

在收到申请后的4个月内向申请者寄送建造和使用人工岛屿、装置和设施的许可证，或通知拒绝发放许可证。

通过俄罗斯联邦总统确定的联邦权力执行机构向外国申请者发送申请收悉通知、建造和使用人工岛屿、装置和设施许可证或拒绝发放许可证的通知。

收到申请后应与俄罗斯联邦总统和俄罗斯联邦政府授权的联邦权力执行机构进行协商。

俄罗斯联邦总统和俄罗斯联邦政府确定的联邦权力执行机构向俄罗斯申请人

和外国申请人发放建造和使用人工岛屿、装置和设施许可证。

第5部分已于2009年12月27日失效。

第19条 拒绝发放建造和使用人工岛屿、装置和设施许可证的依据

在下列情况下，可能拒绝发放建造和使用人工岛屿、装置和设施许可证：

1）对国家国防和国家安全构成威胁；

2）建造和使用人工岛屿、装置和设施不符合环保要求，包括大陆架海洋环境和自然资源；

3）计划在特别自然保护区或渔业保护区建造和使用人工岛屿、装置和设施；

4）建造和使用人工岛屿、装置和设施直接影响区域地理研究、地理研究、矿物资源勘探或开采或进行捕捞；

5）申请中的信息与建造和使用人工岛屿、装置和设施的目的和用途不符，或之前申请人施工时有对俄罗斯未尽的义务。

第20条 建造和使用人工岛屿、装置和设施者的权利和义务

有权建造和使用人工岛屿、装置和设施者可根据获得的许可证和执照，在本联邦法规定的区域内进行上述活动。

禁止违反许可证和执照，将人工岛屿、装置和设施转交其他人。

建造和使用人工岛屿、装置和设施的人必须做到：

1）遵守本联邦法和俄罗斯联邦国际条约。

2）保证安全区内及其周围警告有人工岛屿、装置、设施和其他航行情况因素的常用设备处于良好状态。为了保证航行安全，被弃的或不再用的人工岛屿、装置、设施要按建造许可证底土使用执照规定的期限清除，如果上面没有期限设置，则按法院决定或俄罗斯联邦总统规定的联邦权力执行机构规定的期限清除。

3）保护本联邦法第42条所指的联邦权力执行机构负责人在行使权力时可自由出入人工岛屿、装置和设施。

4）定期与俄罗斯联邦岸上机构保持联系，在有相应设备时在主要天气观测时间根据世界气象组织的标准程序向最近的俄罗斯联邦无线电气象中心报告实时气象和水文观测数据。

此外，外国申请人还必须保证在人工岛屿、装置和设施上有俄罗斯代表、发放建造有人工岛屿、装置、设施许可证的联邦权力执行机构代表，包括对其安置和完全保障，待遇与自己的指挥人员相同，还要保证上述代表可以进出人工岛屿、装置、设施上所有的房屋和工程。只有当上述代表在场时，获得许可证的外国申请人才能开始建造和使用工程。

人工岛屿、装置、设施及其所有权应当按俄罗斯联邦政府规定的程序进行登记。

第 21 条 暂停或中止建造和使用人工岛屿、装置、设施以及在上面的活动

因违反俄罗斯联邦国际条约、本联邦法、其他联邦法而建造和使用人工岛屿、装置、设施，在上面活动的，将按法院判决暂停或中止，如果俄罗斯联邦国际条约、联邦法没有其他规定。

第 22 条 在大陆架铺设水下电缆和管道

俄罗斯和外国申请人可以在大陆架铺设水下电缆和管道（以下简称铺设水下电缆和管道）。

根据国际法规则，铺设水下电缆和管道不能影响区域地理研究、地理研究、勘探和开采大陆架矿物资源，不能影响捕捞以及之前铺设的电缆和管道的使用与维修，不能影响采取措施保护和维护大陆架海洋环境和水生物资源。

如果水下电缆和管道用于区域地理研究、地理研究、勘探和开采大陆架矿物资源，水下电缆和管道的铺设条件、铺设线路由俄罗斯联邦政府授权的联邦权力执行机构与俄罗斯联邦总统和俄罗斯联邦政府授权的联邦权力执行机构协商后决定。如果根据俄罗斯联邦《地下资源法》和《城市建设活动法》设计文件，底土使用执照持有人铺设水下电缆和管道，则铺设这些水下电缆和管道无须取得许可证。

如果水下电缆和管道使用目的与勘探大陆架和开发其矿物（包括使用人工岛屿、装置、设施）无关，或通往俄罗斯境内，则俄罗斯联邦政府授权的联邦权力执行机构要审议铺设这些电缆和管道的申请，并与本条第 3 款所指的联邦权力执行机构和俄罗斯联邦主体权力执行机构共同协商铺设的条件和路线，然后向俄罗斯联邦政府提交可以发放铺设电缆和管道许可证和发放条件的结论或不发放许可证的通知。铺设水下电缆和管道许可证的发放程序由俄罗斯联邦政府规定。

关于铺设水下电缆和管道的信息要通知俄罗斯联邦总统确定的联邦权力执行机构，并在“航海者通告”上发布。根据国际法规则，国际保护也适用于这些水下电缆和管道。

第 22.1 条 在大陆架上建造人工岛屿、装置、设施时的土石方开挖

如果在大陆架上建造人工岛屿、装置、设施，铺设水下电缆和管道，根据俄罗斯联邦《地下资源法》和《城市建设活动法》规定的设计文件，可以进行土石方开挖，不需要再另外申领开挖土石方的许可证。

第 22.2 条 在大陆架进行区域地理研究、地理研究、勘探和开采碳氢化合物原料，以及运输和存储石油和石油产品时使用人工岛屿、装置、设施、水下管道进行钻探的特点

在大陆架进行区域地理研究、地理研究、勘探和开采碳氢化合物原料，以及运输和存储石油和石油产品时使用人工岛屿、装置、设施、水下管道，进行钻探必须有按本联邦法规定的程序批准的计划，要根据这个计划（以下简称石油和石油产品

泄漏预防和处置计划)筹划并实施预防和处置石油和石油产品向海洋环境泄漏的措施。

石油和石油产品泄漏预防和处置计划由在大陆架进行区域地理研究、地理研究、勘探和开采碳氢化合物原料,以及运输和存储石油和石油产品时使用人工岛屿、装置、设施、水下管道,进行钻探的企业(以下简称使用单位)批准,对石油和石油产品泄漏预防和处置计划要有国家环境鉴定的正面结论,并按俄罗斯联邦政府规定的程序通知俄罗斯联邦总统和俄罗斯联邦政府确定的联邦权力执行机构。

如果石油和石油产品泄漏预防和处置计划是俄罗斯联邦《地下资源法》和《城市建设活动法》规定的设计文件的一部分,并有国家环境鉴定的正面结论,则不需要上述计划的国家环境鉴定的正面结论。

对石油和石油产品泄漏的预防与处置计划修改的批准由使用单位按照本联邦法规定的程序进行。

对石油和石油产品泄漏的预防和处置计划内容的要求由俄罗斯联邦政府规定,并考虑俄罗斯联邦在紧急情况下保护居民和领土方面的法律要求。

如果石油和石油产品泄漏的量太大,预防和消除石油和石油产品泄漏计划不能保证将其消除,则俄罗斯联邦总统和俄罗斯联邦政府确定的联邦权力执行机构根据使用单位的请求,可按照俄罗斯联邦政府规定的程序召集统一的国家预防和消除紧急情况的补充力量和装备(以下简称补充力量和装备)来清除石油和石油产品的泄漏。召集补充力量和装备来清除石油和石油产品泄漏的费用按照俄罗斯联邦政府规定的程序由使用单位支付。

使用单位在预防石油和石油产品泄漏时必须做到:

1)完成预防石油和石油产品泄漏计划;

2)在自己的活动区域建立海洋环境状况观察系统(包括石油和石油产品泄漏发现系统)、符合俄罗斯联邦政府规定要求的石油和石油产品泄漏通信和警报系统并保障以上系统的正常运行;

3)在区域性地质研究、地质研究、碳氢化合物原料勘探与开发以及石油与石油产品在内海和领海的运输与存储时开始使用人工岛屿、装置和设施、水下管道进行钻探开始前,就有预防石油和石油产品泄漏计划规定的资金保障,包括能全额赔偿给环境造成危害的、根据俄罗斯联邦法律确定的损失,其中包括对水生物资源,公民生命、健康和财产,法人因石油和石油产品泄漏的财产损失。此时使用单位必须通知俄罗斯联邦总统和俄罗斯联邦政府确定的联邦权力执行机构有预防石油和石油产品泄漏计划规定的资金保障,包括全额赔偿给环境造成危害的损失,其中包括对水生物资源,公民生命、健康和财产,法人因石油和石油产品泄漏的财产损失的资金保障。

4)有自己的事故救援机构和(或)抢险救生部队、常备力量和装备用来预防和消除石油和石油产品泄漏,并能(或)在协议的基础上召集上述事故救援机构和(或)上述事故救援部队。对用于预防和消除石油和石油产品泄漏常备力量和装备的要求由俄罗斯联邦总统和俄罗斯联邦政府确定的联邦权力执行机构制定。

使用单位拥有以下任意一项文件是保障预防和消除石油和石油产品泄漏的资金保证:

1)支付保障预防和消除石油和石油产品泄漏计划规定活动货币的银行保证,包括全额赔偿对环境的损害,其中包括对石油和石油产品泄漏造成的水生物资源,公民生命、健康和财产,法人财产损失;

2)保证支付预防和消除石油和石油产品泄漏计划规定活动资金的保险协议,包括全额赔偿对环境的损害,其中包括对石油和石油产品泄漏造成的水生物资源,公民生命、健康和财产,法人财产损失;

3)证明使用单位成立了储备基金的文件,包括用于预防和消除石油和石油产品泄漏计划规定活动的资金,包括全额赔偿对环境的损害,其中包括对石油和石油产品泄漏造成的水生物资源,公民生命、健康和财产,法人财产损失;

用于预防和消除石油和石油产品泄漏计划规定活动的资金计算方法由俄罗斯联邦政府确定的联邦权力执行机构制定和批准,包括全额赔偿对环境的损害,其中包括对石油和石油产品泄漏造成的水生物资源,公民生命、健康和财产,法人财产损失。

在出现石油和石油产品泄漏时,使用单位应:

1)保证按俄罗斯联邦政府规定的程序通知俄罗斯联邦总统和俄罗斯联邦政府确定的联邦权力执行机构、与石油和石油产品泄漏区相邻地区的俄罗斯联邦主体权力执行机构、地方自治机构关于石油和石油产品泄漏的事实;

2)保证根据预防和消除石油和石油产品泄漏计划组织和进行石油和石油产品的隔绝和清除工作;

3)采取措施保护使用单位人员的生命和健康以及直接处于石油和石油产品泄漏区的人员,在必要情况下对他们进行疏散;

4)采取措施保护和维护海洋环境和水生物资源;

5)按照俄罗斯联邦政府规定的程序请求俄罗斯联邦总统和俄罗斯联邦政府确定的联邦权力执行机构派遣补充力量和装备清除石油和石油产品的泄漏;

6)全额赔偿对环境的损害,其中包括对石油和石油产品泄漏造成的水生物资源,公民生命、健康和财产,法人财产损失,以及召集补充力量和装备清除石油和石油产品活动的花费。

俄罗斯联邦总统、俄罗斯联邦政府确定的联邦权力执行机构应:

1)按俄罗斯联邦法律规定的程序检查使用单位对俄罗斯联邦国际条约、本联邦法、其他联邦法律以及根据这些法律通过的其他俄罗斯联邦规范性法律文件规定的预防和消除石油和石油产品泄漏强制要求的执行情况。

2)在发现石油和石油产品泄漏事实,得到使用单位关于泄漏事实的通知以及在清除这些泄漏时,协调其他联邦权力执行机构、俄罗斯联邦主体权力执行机构、地方自治机构和组织的行动。

3)协调和监督使用单位和其他被使用单位召集来清除泄漏的法人和公民清除石油和石油产品泄漏的行动。

4)如果石油和石油产品泄漏量大,按石油和石油产品泄漏预防和处置计划无法将其清除,根据使用单位的申请,按照俄罗斯联邦政府规定的程序吸引补充力量和装备来实施清除石油和石油产品泄漏措施。

如果使用单位进行与使用人工岛屿、装置、设施、水下管道,进行钻探有关的工程,底土执照持有者对损害环境负次要责任,包括石油和石油产品泄漏对水生物资源,公民生命、健康、财产和法人财产造成的损失。

第5章　海洋科学研究

第23条　进行海洋科学研究的原则、进行海洋科学研究申请的内容和提交

海洋科学研究应该具有绝对的和平性,包括不应对俄罗斯联邦国防和安全构成威胁。

海洋科学研究实施的主体是:

联邦权力执行机构和俄罗斯联邦主体权力执行机构、俄罗斯自然人和法人(本章以下简称俄罗斯申请人);

外国和主管国际组织,以及外国和主管国际组织授权的外国公民和外国法人(本章以下简称外国申请人)。

进行海洋科学研究的规则,包括提交海洋科学研究申请的程序(本章以下简称申请),以及对此做决定,均由俄罗斯联邦政府根据俄罗斯联邦国际条约和本联邦法制定。

计划进行海洋科学研究的俄罗斯申请人,进行海洋科学研究年开始前不少于6个月向俄罗斯联邦政府授权的联邦权力执行机构提交申请。

计划进行海洋科学研究的外国申请人须通过外交途径在预计开始海洋研究日期前不少于6个月向俄罗斯联邦政府授权的联邦权力执行机构寄送申请。

申请(外国申请人要用俄语和申请人国家语言书写)应该包括:

海洋科学研究性质和目的的信息;

海洋科学研究计划,包括上述研究方法和手段描述、技术参数、名称、吨位、类

型、船级、水下载人和不载人仪器、飞行器、其他用于进行海洋科学研究的交通工具；

计划进行海洋科学研究的地理坐标、进出指定区域的路线、登陆时间和地点；

预计第一次到达进行海洋科学研究区域的日期和最后一次离开该区域的日期，如果有自动安装科学仪器，则安装和清除科学仪器的日期；

进行海洋科学研究主管组织的名称；

进行海洋科学研究负责人（考察队队长）的信息；

计划进行海洋科学研究可能对环境的影响信息，包括大陆架海洋环境和自然资源；

遵守进行海洋科学研究许可证所指的、保证在研究过程中使用的技术手段（包括技术参数）与申请中所指的技术手段（包括技术参数）相符条件的义务。

俄罗斯申请人在进行海洋科学研究计划规定的各种活动时，要提交经公证的执照复印件，如果上述海洋科学研究有外国公民、外国法人或国际组织参加，则他要在申请中附上这些人参加的形式和程度。

外国申请人在自己的申请中还应提交参加海洋科学研究的俄罗斯公民和俄罗斯法人的所有参加形式和参加程度信息。

申请进行海洋科学研究许可证时，可能会要求俄罗斯和外国申请人关于海洋科学研究的补充信息。这时申请审理的期限从俄罗斯或外国申请人提交补充信息之日算起。

在大陆架安置和使用任何类型的科研装置和设备，除直接用于进行大陆架海洋环境和自然资源研究的，以及保障俄罗斯国防和安全的，都要按照本联邦法规定的程序进行海洋科学研究，此时这些装置和设备应携带指明所属注册国或管辖国际组织名称的识别标志，还要考虑主管国际组织的规范和标准，有必要的、符合国际规则的预防手段，以保证海洋航行和空中飞行安全。

所进行的海洋科学研究区域哪怕只是部分位于俄罗斯内海或领海，都应按照1998年7月31日通过的《俄罗斯联邦内海、领海和毗连区法》规定的程序进行。

第24条　申请审理程序

俄罗斯联邦政府授权的联邦权力执行机构在收到申请后不迟于4个月向俄罗斯或外国申请人寄送进行海洋科学研究的许可证或通知：

1）不同意进行海洋科学研究；

2）申请提交的信息与进行海洋科学研究的性质、目的不符；

3）根据本联邦法第23条，必须提交所计划海洋科学研究的补充信息。

向外国申请人寄送本条第2款规定的进行海洋科学研究的许可证或通知，由专门授权的联邦权力执行机构通过外交渠道进行。

向俄罗斯申请人颁发进行海洋科学研究的许可,或者将其列入海洋科学研究年度计划,或者用专门的程序。审理上述计划的形式、内容和程序,以及向俄罗斯申请人颁发许可证的专门程序由本联邦法第23条所指的规定实施。

俄罗斯联邦政府授权的联邦权力执行机构在与俄罗斯联邦总统、俄罗斯联邦政府授权的联邦权力执行机构协商后颁发进行海洋科学研究的许可证。

如果俄罗斯联邦政府授权的联邦权力执行机构在指定的期限没寄送相应的许可证或通知,则外国申请人可以在申请规定的期限进行海洋科学研究,但从寄送申请或补充信息日起不早于6个月结束。

第25条 拒绝颁发进行海洋科学研究许可证的依据

如果对这些研究的绝对和平性质产生疑问,以及有下列情况,拒绝向俄罗斯和外国申请人发放进行海洋科学研究的许可证:

1)对国家国防和国家安全构成威胁;

2)不符合保护环境的要求,包括对大陆架海洋环境和自然资源的保护与维护;

3)与区域地理研究、地理研究、勘探和开采大陆架矿物,在大陆架进行捕捞有关;

4)包括在大陆架建造和使用人工岛屿、装置、设施、钻探,使用爆炸物、气动装置;

5)阻碍俄罗斯在大陆架行使主权和管辖权;

6)与申请人提交的海洋科学研究的性质和目的不可信或不准确信息有关;

7)俄罗斯和外国申请人在之前进行的海洋科学研究中有对俄罗斯未尽的义务。

根据本条第1款第3项,如果俄罗斯或外国申请人要进行的海洋科学研究位于领海测量宽度基准线200海里以外的大陆架,则不可能拒绝发放许可证,俄罗斯政府宣布正在进行或将要进行大陆架勘探、矿物资源和水生物资源开发的区域除外。这些区域的信息会发布到“航海者通告”上。

第26条 主管国际组织进行海洋科学研究获取许可证的特点

如果俄罗斯作为主管国际组织的成员或根据双边协议与这一组织一起同意了该组织提交的进行海洋科学研究的计划,或表示愿意参加这些研究,而俄罗斯联邦政府授权的联邦权力执行机构在收到这个组织通知进行上述研究的期限后4个月内没有表示反对,则主管国际组织在通知所指期限结束后可以根据本联邦法和俄罗斯联邦国际条约开始进行海洋科学研究。

第27条 进行海洋科学研究的俄罗斯和外国申请人的义务

获得进行海洋科学研究许可证的俄罗斯和外国申请人应该:

遵守俄罗斯联邦国际条约和本联邦法；

一有可能，便向进行海洋科学研究许可证上指定的联邦权力执行机构提交初步研究报告，研究完成后提交最终报告；

一有可能，便向许可证上指明地点的俄罗斯联邦国家数据库提交气象、水文、水文化学、水文生物观察、环境状况、环境污染观察数据复印件以及海洋科学研究许可证上规定的其他观察的复印件；

定期与俄罗斯岸上机构保持联系；

在完成海洋科学研究计划过程中，有任何改变都应立即通知许可证上指明的联邦权力执行机构；

如果研究船舶、飞行器、装置和设施上有必要的仪器，应按世界气象组织的标准程序在主要国际观测时间通过岸上的无线电中心（海岸无线电台）向最近的俄罗斯水文气象中心报告气象、水文和高空气象实时观测数据，如果进行海洋科学研究许可证规定要进行这些观测，还要将发现的海洋环境被石油、有毒物质、垃圾及污水污染的情况进行报告；

不对在俄罗斯内海和领海进行的活动造成干扰；

完成海洋科学研究后，如果进行研究的许可证没有其他规定，须清除装置、设施和设备。

俄罗斯和外国申请人必须保证俄罗斯联邦代表参加海洋科学研究，具体来说是指在研究船舶、飞行器、装置和设施及考察队岸上驻扎地要安排并完成保障他们的食宿，待遇与自己领导（指挥人员）等同，还要保证俄罗斯联邦上述代表能接触科研过程中获得的所有数据和样本，能复印的资料和能分割而不损害其科研价值的样本都要向他们提交。派遣参加海洋科学研究的俄罗斯代表的程序，其权限由本联邦法第 23 条第 3 款规定的进行海洋科学研究规则确定。

第 28 条　海洋科学研究成果的移交和公布

在研究完成后，海洋科学研究结果获得的所有资料，在加工和分析后，包括最终成果和结论，俄罗斯和外国申请人都应移交给俄罗斯联邦国家数据库，其地址已在进行海洋科学研究许可证上注明。俄罗斯和外国申请人应将移交证明寄给进行海洋科学研究许可证上指明的联邦权力执行机构。

进行了海洋科学研究并将所有获得的数据移交给俄罗斯的外国申请人，要保证国际社会能通过国家或国际渠道获得研究结果，涉及本联邦法第 25 条第 1 款第 1 项所列信息除外。这些信息需获得俄罗斯联邦政府的同意才能公布。

第 29 条　海洋科学研究计划的改变

只有在与俄罗斯联邦政府授权的联邦权力执行机构协商后，才能改变海洋科学研究计划。如果俄罗斯联邦政府授权的联邦权力执行机构确定收到了计划改变的通知,至收到通知后的60天内未表示反对,则改变被认为是协商过的。

第30条　海洋科学研究的暂停或中止

所进行的海洋科学研究破坏了俄罗斯联邦国际条约和本联邦法,则可能根据发放许可证的联邦权力执行机构、保护机构或本联邦法第27条第2款所指的特别授权的俄罗斯代表的决定暂停,或根据发放许可证的联邦权力执行机构的决定中止。

在下列情况下海洋科学研究可能会被暂停:

对海洋科学研究计划进行了修改,与按本联邦法第23条提交的申请信息或本联邦法第26条的通知信息不同;

申请人没遵守对俄罗斯联邦的义务。

只有在规定的期限内消除了破坏并向相应的联邦权力执行机构或本联邦法第27条第2款指定的、发现并做出决定中止海洋科学研究的俄罗斯联邦代表提交消除破坏所用措施和预防类似破坏的措施后,才能恢复暂停的海洋科学研究。

在下列情况下立即中止海洋科学研究:

开展上述研究没有许可证(本联邦法第24条和第26条规定的情况除外);

俄罗斯和外国申请人在规定期限内没有消除被暂停研究的破坏就恢复了被暂停的海洋科学研究。

第6章　大陆架海洋环境、自然资源的保护和维护,废料和其他材料的封存

第31条　大陆架的国家环境鉴定

大陆架的国家环境鉴定(以下简称国家环境鉴定):

是环境保护的强制性措施,包括保护大陆架海洋环境和维护自然资源;

由俄罗斯联邦政府授权的联邦权力执行机构根据俄罗斯联邦法律执行;

为在大陆架进行生产和其他活动提供依据的所有证件和(或)文件都要进行国家环境鉴定。在大陆架进行所有生产活动都必须有国家环境鉴定的正面结论。

国家环境鉴定的对象是与大陆架区域地理研究、地理研究、矿物勘探和开采,捕捞,建造和使用人工岛屿、装置、设施,铺设水下电缆、管道,进行钻探、封存废料和其他材料,以及为在大陆架进行生产和其他活动提供依据的联邦计划项目、其他证件和(或)文件。

国家环境鉴定的对象还有本联邦法第22.2条所规定的预防和处置石油和石油产品泄漏计划。如果上述计划是俄罗斯联邦《地下资源法》和《城市建设法》设计文件规定的一部分,已有国家环境鉴定的正面结论,则上述计划不要求获得单独的国家环境鉴定正面结论。

第 32 条　在大陆架的国家环境监督

在大陆架的国家环境监督是指一系列预防、查清和中止破坏俄罗斯联邦国际条约和俄罗斯联邦环境保护方面法律的措施。

在大陆架的国家环境监督由授权的联邦权力执行机构在履行俄罗斯联邦法规规定的程序实施联邦国家环保监督中进行。

第 33 条　大陆架国家环境监测

大陆架国家环境监测(以下简称国家监测)是国家环境监测(以下简称国家环境监测)的一部分,它是一系列对海洋环境定期观察的机制,包括海洋环境和海底沉积物,其中包括对化学和放射性污染的指标,对微生物和水生物参数及其在自然和人为因素影响下发生变化的观察。

国家监测由俄罗斯联邦政府授权的联邦权力执行机构根据俄罗斯联邦法律实施。

第 34 条　在大陆架封存废料和其他材料

只允许根据本联邦法,在保证能对所封存的废料和其他材料限定区域的情况下,在大陆架封存废料和其他材料。

在大陆架进行废料和其他材料的封存要依据俄罗斯联邦政府授权的联邦权力执行机构颁发的许可证,与俄罗斯联邦总统和俄罗斯联邦政府确定的联邦权力执行机构协商后,或有上述机构的通知,以及有与预计进行封存的大陆架相邻的俄罗斯联邦主体的通知。

颁发在大陆架封存废料和其他材料的许可证前,要先进行国家环境鉴定。

第 35 条　获得在大陆架封存废料和其他材料许可证申请的提交和内容

与在大陆架封存废料和其他材料有关的联邦权力执行机构、俄罗斯联邦主体权力执行机构、俄罗斯自然人和法人(本章以下简称俄罗斯申请人)应在计划进行封存年度提前至少 3 个月将在大陆架封存废料和其他材料的许可证申请书(本章以下简称申请书)寄到俄罗斯联邦政府授权的联邦权力执行机构。

外国、外国自然人和法人(本章以下简称外国申请人)在大陆架封存废料和其他材料必须有有关外国与俄罗斯签订的国际条约。外国申请人应在计划进行封存年度提前至少 6 个月将在大陆架封存废料和其他材料的许可证申请书通过外交渠道寄到俄罗斯联邦政府授权的联邦权力执行机构。

俄罗斯联邦政府授权的联邦权力执行机构应在收到申请书后的 10 天内向俄罗斯和外国申请人寄送收到申请正在审议的通知。

申请书应包含:

1)申请人名称和正式地址。

2)负责封存废料和其他材料负责人的信息。

3)废料和其他材料的名称。

4)废料和其他材料的特性和成分:

预计封存废料和其他材料的总数以吨计(其他测量单位)与封存废料和其他材料数量的平均指标(比如一年);

状态(固体、液体、气体或残渣);

性质(物理、化学、生物化学和生物);

毒性;

稳定性(物理、化学和生物);

生物材料和沉淀中的淤积和生物变化;

发生物理、化学和生物变化的趋势,以及在海洋环境中与其他溶解的有机物和无机物发生作用的趋势;

对海产品、水生物资源染色或其他降低商品质量的可能性。

5)封存地和封存方法的特性:

封存地的坐标、深度、与海岸的距离;

与休养区、大陆架勘探、开采矿物和水生资源的关系;

每天、每十天、每月计划封存废料和其他材料的数量;

包装和运输方法;

使用建议的封存法后的初始浓度;

扩散性能(海流、潮汐、风对水平移动和垂直溶合的影响);

水的性质(温度,密度,盐度,层理,污染酸性指标,有机和矿物氮、悬浮物和营养物含量,生产率);

海底性质(地貌、沉降物的地球化学和地质参数、生物产量);

海底封存区域其他封存的影响(重金属数据和有机碳的数据)。

6)总条件:

对休息区可能的影响(有漂浮物、混浊度、难闻的气味、脱色、起泡);

对环境可能的影响,包括对海洋环境、大陆架自然资源和捕捞活动;

对利用海洋的其他活动的可能影响(工业用水质量恶化、对设施的海洋磨蚀、因漂浮物影响航行、因废料和其他材料在海底的积累影响航行或捕捞、保护对科研有重要意义的区域出现的问题)。

7)不能或不适宜在陆地利用和封存废料和其他材料的根据。

8)希望封存废料和其他材料的时间段。

9)预计用于运送废料和其他材料到封存区的交通工具种类(类型)、封存废料和其他材料的方法。

俄罗斯和外国申请人还可能被要求提交关于申请的废料和其他材料的补充信

息。这时申请审理的期限从申请人提交补充信息之日算起。

俄罗斯联邦政府授权的联邦权力执行机构在收到申请后的6个月内向俄罗斯和外国申请人寄送在大陆架封存废料和其他材料的许可证或拒绝封存的通知。向外国申请人寄送在大陆架封存废料和其他材料的许可证或拒绝封存的通知要通过俄罗斯联邦政府确定的联邦权力执行机构。

第36条 拒绝颁发在大陆架封存废料和其他材料的许可证的依据

在下列情况下,可能会被拒绝颁发在大陆架封存废料和其他材料的许可证:

封存已造成或将对国防和国家安全构成威胁;

封存不符合保护环境的要求,包括保护和维护大陆架海洋环境和自然资源;

提交获得封存废料和其他材料许可证的申请违背了本联邦法的要求或含有不可信信息;

俄罗斯或外国申请人没提交或无法提交拥有专业人员的证明或保证,以及拥有必要的资金来进行环境安全的废料和其他材料封存;

俄罗斯或外国申请人之前违反过本联邦法或俄罗斯联邦国际条约;

俄罗斯或外国申请人在之前进行的废料和其他材料封存活动中有对俄罗斯未尽之义务;

可能有因其他适用于大陆架的联邦法律规定的依据而拒绝颁发废料和其他材料封存许可证。

第37条 获得在大陆架封存废料和其他材料许可证的俄罗斯与外国申请人的权利和义务

获得在大陆架封存废料和其他材料许可证的俄罗斯与外国申请人有权根据所获得的许可证,并只能在俄罗斯联邦政府授权的联邦权力执行机构全权负责人在场的情况下进行封存。

俄罗斯和外国申请人必须做到:

遵守在大陆架封存废料和其他材料许可证上的要求;

在整个废料和其他材料封存期间必须保证受俄罗斯联邦政府授权的联邦权力执行机构全权负责人上船、飞行器、人工岛屿、装置和设施,要安排并保障他们的食宿,待遇与自己的领导(指挥人员)等同;

要保证机关负责人能登上船舶、飞行器、人工岛屿、装置和设施,并向上述人员提供文件、场所以及用于封存的废料和其他材料以便检查;

定期与俄罗斯岸上机构保持联系并按世界气象组织的标准程序在主要国际观测时间向最近的俄罗斯水文气象中心报告气象、水文和高空气象实时观测数据。

第38条 在大陆架暂停或中止废料和其他材料封存的依据

在大陆架暂停或中止废料和其他材料封存,如果违反了本联邦法和俄罗斯联邦国际条约,根据法院决定可能会被暂停或中止。

如果无法消除破坏,应当立即中止废料和其他材料的封存。

俄罗斯联邦政府授权的联邦权力执行机构应在最短的时间内通知俄罗斯和外国申请人关于暂停或中止封存废料和其他材料(对外国申请人通过俄罗斯联邦总统确定的联邦权力执行机构),并附上暂停或中止封存的原因。

第 39 条　海上事故

如果在大陆架发生撞船、搁浅,在大陆架勘探或开采矿物或水生资源或运输从大陆架开采的矿物或水生资源等海上事故,或发生在覆盖大陆架的水中的海洋事故,或消除这些事故的行动造成或将要造成严重的后果,俄罗斯联邦政府为保护俄罗斯联邦海岸不受污染或不受污染的威胁,或者保护与之相关的利益(包括捕捞)而根据国际法规范有权采取必要的、与实际损失或威胁损失相称的措施。

第 7 章　使用大陆架经济关系的特点

第 40 条　使用大陆架自然资源的收费

使用大陆架自然资源、在大陆架封存废料和其他材料者根据俄罗斯联邦法律要交纳税收、费用和其他强制性收费。

第 41 条　本条已于 2009 年 12 月 27 日失效。

第 8 章　本联邦法执行的保障

第 42 条　保护机构

为了维护、保护和合理利用俄罗斯的经济和其他合法权益,由俄罗斯联邦总统和俄罗斯联邦政府确定的联邦权力执行机构负责保护大陆架、其矿产资源和水生物资源。

由俄罗斯联邦总统确定的联邦权力执行机构协调各保护机构的力量使用。

保护机构负责人在履行自己的职责时应遵循本联邦法和俄罗斯联邦国际条约,以及其他法律和其他俄罗斯联邦规范性法律文件。

保护机构负责人在履行自己的职责时应有相应的工作证件。保护机构负责人在自己的职权范围内下达的命令,在大陆架活动的俄罗斯自然人和法人、外国自然人和法人以及外国和主管国际组织的代表必须执行。

俄罗斯军舰、飞行器、其他国家船舶和飞行器悬挂授予的旗帜、信号旗和识别符号执行保护大陆架的任务。

第 43 条　保护机构负责人的权利

保护机构负责人在履行自己的职责时有权:

1)拦截和检查正在进行以下活动的俄罗斯和外国船舶和其他漂浮物(以下简

称船舶)、人工岛屿、装置和设施：

大陆架区域地理研究、地理研究、勘探和开采矿物资源；

捕捞；

海洋资源和海洋科学研究；

封存废料和其他材料；

在大陆架上的其他活动。

2)检查船舶、人工岛屿、装置和设施上有权进行本条第1款第1项活动的文件。

3)如果有本联邦法和俄罗斯联邦国际条约规定的情况,则：

本段删除；

扣押违反本联邦法和俄罗斯联邦国际条约者,并没收其捕捞水生物资源工具、设备、仪器、装置和其他物品,以及证件和所有非法所得；

追踪并扣押进行本条第1款第1项所指活动的违法船,将其交到最近的俄罗斯港口(外国船舶交到对外国船舶开放的港口之一)；

根据俄罗斯联邦法律对违法者罚款并将实施违法的材料递交俄罗斯法院。

4)拦截船舶,如果有足够的依据认为这些船舶在大陆架进行非法封存废料和其他材料。可以要求被拦截的船长提供信息,以便确定是否构成违法,而船舶可以检查,并起草检查纪要,如果有足够的证据,随后可以扣押。

5)在拦截或中止本条第1款第1项活动,扣押违法者和船舶,没收捕捞工具、设备、仪器、装置和其他物品以及证件和所有非法所得时要起草违反本联邦法和俄罗斯联邦国际条约的纪要。

6)如果保护机构负责人生命受到直接威胁,可对违反本联邦法和国际条约者使用武器,击退其进攻,终止其反抗。

保护国家安全的联邦权力执行机构的军舰和飞行器可以对违反本联邦法和俄罗斯联邦国际条约的船舶使用武器,以回击对方使用武力,在跟踪追击的极端情况下,如果穷尽所有措施也未能终止犯罪和扣押违法者,可使用武器。使用武器前应明确表示将使用武器并进行警告性射击。使用武器的程序由俄罗斯联邦政府规定。

如果船舶在大陆架违反了本联邦法或俄罗斯联邦国际条约,则保护机构负责人对到达俄罗斯领海或内海的这些船舶享有本联邦法规定的权力。

第44条　对保护机构的协助

俄罗斯联邦总统和俄罗斯联邦政府确定的联邦权力执行机构在完成自己主要任务的同时,要通过使用军舰、船舶、其他漂浮物、岸上岗哨和其他手段以及飞行器履行自己的职责时,观察大陆架的活动,协助保护机构。

俄罗斯的军舰(船舶、其他漂浮物)、飞行器的指挥人员(船长)和负责人工岛屿、装置和设施以及岸上岗哨和其他装备的负责人,要向保护机构通报发现在“航海者通告”上没公布的军舰、船舶和其他漂浮物、装置和设施。这种消息可通过相应的调度服务机构免费传送。

在大陆架活动的俄罗斯自然人和法人要按照保护机构的要求无偿报告自己船舶、其他漂浮物、人工岛屿、装置和设施的位置和行动。

第 45 条　对保护机构工作人员的物质激励

对保护机构工作人员的物质激励可包括:

第 2—3 段已于 2004 年 8 月 22 日失效;

制定保护大陆架及其矿物资源和水生物资源特殊条件的职务津贴和其他津贴;

对发现违反本联邦法和俄罗斯联邦国际条约的情况实施奖励;

物质激励要受联邦法律的保障。

第 46 条　本联邦法的责任

根据俄罗斯联邦法律,违反本联邦法律者应追究其责任。

追究违反本联邦法者的责任,不能免除其根据俄罗斯联邦法规规定的程序赔偿所造成损失的义务。

第 47 条　争议的解决

自然人与自然人之间、法人与法人之间、法人与自然人之间因在大陆架履行自己的权利和义务时所产生的争议根据行政法或在俄罗斯法院解决。

俄罗斯联邦和外国之间关于在大陆架履行自己的权利和义务时所产生的争议,应根据俄罗斯联邦国际条约和国际法规则通过和平手段解决。

国家和投资人之间就使用大陆架产品分配条件问题的争议,根据上述协议的条件解决。

第 48 条　执行本联邦法的国家检查(监督)

对本联邦法规定要求的国家检查(监督)由授权的联邦权力执行机构根据俄罗斯联邦法律在自己的职权范围内执行。

第 49 条　本联邦法生效的时间和程序

本联邦法自公布之日起生效。

为实施本联邦法,俄罗斯联邦政府应通过必要的规范性法律文件。

俄罗斯联邦总统　叶利钦

莫斯科　克里姆林宫

1995 年 11 月 30 日

俄罗斯联邦专属经济区法

2018年6月27日修订

本联邦法确定俄罗斯联邦专属经济区的地位、俄罗斯联邦在其专属经济区的主权和管辖权,并根据俄罗斯联邦宪法、国际法通用原则和规范以及俄罗斯联邦签署的国际条约对专属经济区实施管辖。本法未规定的属于俄罗斯联邦专属经济区及其在专属经济区活动的问题由适用于俄罗斯联邦专属经济区及其在专属经济区内活动的其他联邦法律调节。

第1章 总则

第1条 俄罗斯联邦专属经济区的定义和界线

1. 俄罗斯联邦专属经济区(以下称专属经济区)是指位于俄罗斯联邦领海(以下称领海)之外并与之毗连的海洋地区,它适用于特殊的由本法、俄罗斯联邦国际条约和国际法规范所规定的法律制度。

专属经济区的定义也适用于俄罗斯联邦的所有岛屿,不适合人生存或进行独立经营活动的岩礁除外。

2. 专属经济区的内部边界是领海的外部边界。

3. 专属经济区的外部边界从测算领海宽度的基线量起延至200海里,如果俄罗斯联邦国际条约没有其他规定。

第2条 专属经济区的划定

俄罗斯联邦与外国海岸相对或者重叠的专属经济区的划定,按照俄罗斯联邦国际条约或国际法通用原则和规范划定界限。

第3条 地理坐标图和清单

1. 专属经济区或替代专属经济区的外部边界线、俄罗斯联邦国际条约或在国际法通用原则和规范基础上确定并由俄罗斯联邦政府批准的指明大地测量主要数据和分界线的地理坐标应标在规定比例的地图上并在“航海者通告”上公布。

2. 关于专属经济区外部边界的数据库,由俄罗斯联邦政府特别授权的联邦权力执行机构建立。

第 4 条　主要概念

1. 本法使用下列主要概念：

专属经济区自然资源是指处于海底之上的水中、海底及其海洋地下的水生物资源和无生命资源；

专属经济区水生物资源（有生命资源）（以下称水生物资源）是指处于自然生长状态的鱼类、水中无脊椎动物、水中哺乳动物、藻类和其他水中动植物，海底和海底"固着种类"有生命的机体除外，对其使用由 1995 年 11 月 30 日通过的《俄罗斯联邦大陆架法》调节；

专属经济区无生命资源（以下称无生命资源）是指海底之上的水中矿物资源，包括水中的化学成分及化合物，涨潮、水流和风力的能量，及其他可能的无生命资源种类；

第 5—9 段已于 2009 年 12 月 27 日失效。

本段已于 2006 年 11 月 4 日失效。

在专属经济区进行海洋科学研究（以下称海洋科学研究）是指为了获取发生在海底、海洋地下、隔水层及大气中自然过程的全面知识进行的基础和实用研究，以及为进行这些研究而做的实验工作；

专属经济区海洋资源研究（以下称海洋资源研究）是指为勘探、开发和保护专属经济区的自然资源而进行的实用科学研究；

有害物质是指落到海洋环境中就会对人的健康造成危害、损害环境（包括海洋环境和专属经济区自然资源）、恶化休息条件或影响其他合法使用海洋的活动，以及根据俄罗斯联邦国际条约属于受检查的物质；

排泄有害物质或包含有害物质的废水（以下称排泄有害物质）是指不论任何原因从船舶和其他漂浮物（以下称船舶）、飞行器、人工岛屿、设施和设备进行的任何排泄，包括泄漏、清除、溢出、渗流、汲出、排出和排空。排泄有害物质不包括勘探、开发和与此有关的在俄罗斯联邦大陆架海洋对矿物资源直接加工过程中释放的有害物质，也不包括为治理污染或检查污染而进行合法科研活动而排泄的有害物质；

海洋环境污染是指人直接或间接将物质或能量带入海洋环境，造成或可能造成下列极为有害的后果，如危害水生物资源和海上生命，对人的健康造成危险、影响海上活动，包括捕鱼和其他使用海洋的合法活动、降低所用海水的质量、使休息条件恶化；

封存是指任何故意从船舶、飞行器、人工岛屿、设备和装置上清除废料和其他物质，任何故意销毁船舶、飞行器、人工岛屿、设备和装置；船舶、飞行器、人工岛屿、设备和装置正常使用而排出的废物或其他物质不算封存,船舶、飞行器、人工岛屿、设备和装置用于清除上述物质或向这些船舶、飞行器、人工岛屿、设备和装置运送上述物质所运输的废物和其他物质除外,在船舶、飞行器、人工岛屿、设备和装置上处理这些废物或其他物质的结果除外;不是普通的清除而是为其他目的放置物质,如果不违反本法和俄罗斯联邦国际条约,算作封存。

人工岛屿是指根据设计文件在俄罗斯联邦专属经济区建造的固定设施(人工设施结构),它有填冲的、堆积的、加桩的和(或)其他非漂浮支撑底座,在最大潮汐时能露出海平面。

设施、装置是指根据设计文件在俄罗斯联邦专属经济区建造的活动的或固定的钻探装置(平台)、海洋漂浮(移动)平台、海洋固定平台和其他设施以及水下设施(包括钻井)。

2. 已于2009年12月27日失效。

第5条　俄罗斯联邦在专属经济区的权力

1. 俄罗斯联邦在专属经济区可行使:

1)勘探、开发和保护水生物资源和无生命资源的主权、对这些资源的管理权以及从事经济勘测和专属经济区开发其他活动种类的权力。

2)勘探海底及其海洋地下、开发矿物和其他无生命资源,开发海底和海底"固着种类"水生物资源的主权。根据2004年12月20日通过的俄罗斯联邦《地下资源法》《渔业和水生物资源保护法》及《俄罗斯联邦大陆架法》和其他适用于专属经济区及其活动的联邦法进行地理研究,对海底和海洋地下矿物和其他无生命资源进行寻找、勘探和开发,对"固着种类"水生物资源进行开发。

3)对任何目的在海底和海洋地下进行钻探具有允许和调节的特权。根据《俄罗斯联邦大陆架法》可进行任何目的的钻探。

4)建设以及允许和调节建造、使用、利用人工岛屿、装置和设施的特权。俄罗斯联邦对这些人工岛屿、装置和设施享有管辖权,包括对海关法、财政法、卫生法和移民法律法规,以及涉及安全的法律法规享有管辖权。根据《俄罗斯联邦大陆架法》在专属经济区建造、使用和利用人工岛屿、装置和设施;

5)对下列活动的管辖权:海洋科研活动;保护和保持海洋环境不受各种污染;俄罗斯铺设和使用海底电缆和管道,以及外国根据《俄罗斯联邦大陆架法》在专属经济区铺设海底电缆和管道;

6)俄罗斯联邦国际条约规定的其他权利和义务。

2. 俄罗斯联邦出于经济、贸易、科研和其他利益,按照本法和俄罗斯联邦国际条约确定的程序在专属经济区行使主权和管辖权。

3. 俄罗斯联邦专属经济区行使主权和管辖权时不得阻碍国际法通用原则和规

范承认的国家的航行、飞行和其他权利和自由。

4. 已于2009年12月27日失效。

第6条 其他国家在专属经济区的权利和义务

1. 所有国家在专属经济区都可享有航行、飞行、铺设水下电缆和管道的自由，以及从国际法角度看与船舶、飞行器、水下电缆和管道使用自由有关的其他合法使用海洋的权利。

2. 上述自由行使权利的条件是遵守本法和俄罗斯联邦国际条约，以及保护环境，包括专属经济区海洋环境和自然资源。

第7条 联邦权力执行机构在专属经济区的管辖权

联邦权力执行机构在专属经济区的管辖权有：

1）制定和完善俄罗斯联邦专属经济区及其在专属经济区活动的法律；

2）协调在专属经济区及其在专属经济区活动的国家权力机构的活动，协调专属经济区俄罗斯联邦权利和合法权益的保护，协调海洋环境、水生物资源和无生命资源的保护和保持；

3）批准与专属经济区自然资源勘探、开发和保持有关的联邦纲要；

4）2007年12月6日通过的法律规定本款于2008年1月1日失效；

5）确定发布俄罗斯和外国船舶在专属经济区捕捞水生物资源的公告程序，以及利用这些资源生产产品的公告程序；

6）确定捕捞水生物资源权利的程序，包括颁发水生物资源许可证；

7）确定捕捞限制；

8）开发和使用专属经济区捕捞观察和检查系统，包括使用卫星通信工具和无线电导航系统；

9）与邻近海岸联邦主体的权力执行机构共同采取措施预防经营活动或船舶航行时造成水生物死亡；

10）一旦出现威胁水生物资源生命的自然灾害或其他原因的灾害，要进行援助，其中包括海洋哺乳运动；

11）考虑邻近海岸的联邦主体权力机构的建议，确定无生命资源的使用程序，包括特许制度；

12）登记对无生命资源的研究、勘探和开发工作，对无生命资源储备平衡建立账目；

13）在水生物资源捕捞和保护领域进行国家检查（监督），吸引紧邻海岸的联邦主体权力执行机构保护海洋环境、水生物资源和无生命资源；

14）对海洋资源和海洋科研活动进行调节；

15）设立检查站（点），并确定俄罗斯和外国船舶捕捞和进出专属经济区的程

序,目的是进行检查;

16)宣布专属经济区个别区域为对俄罗斯、俄罗斯法人、外国和主管国际组织、外国公民和外国法人不颁发海洋科学研究许可证的区域,因为在上述区域正进行(或计划进行)无生命资源的勘探、开发作业和捕捞,应在"航海者通告"上通报该区域的地理坐标;

17)建立支付系统,确定因使用水生物资源和无生命资源的支付金额、条件和程序;

18)调节为勘探和开发专属经济区自然资源、进行海洋科学研究和其他目的而建造、使用、利用人工岛屿、装置和设施的活动;

19)确定和调节用于无生命资源勘探和开发或使用人工岛屿、装置和设施而铺设水下电缆和管道的条件,包括撤到俄罗斯境内的装置;

20)确定在专属经济区铺设水下电缆和管道的线路和条件,要考虑已铺设的水下电缆和管道,还要考虑勘探和开发专属经济区自然资源的活动;

21)在俄罗斯专属经济区进行国家环境鉴定、国家环境监督,吸引紧邻海岸的联邦主体权力执行机关参与专属经济区国家监测;

22)对专属经济区状况和专属经济区水生物资源和无生命资源状况的数据进行国家统计;

23)在极端环境状况和环境灾难区域建立法律制度,保障快速消除导致石油或除石油外物质污染事故的后果;

24)确定排放有害物质以及用于在专属经济区封存废料和其他物质中包含污染物的环保标准,确定有害物质、废物和其他物质的清单,在专属经济区禁止排放和封存的物质清单,调节有害物质的排放、废物和其他材料的封存,以及监督上述排放和封存;

25)保护珍稀和列入俄罗斯联邦红皮书的濒临灭绝的水生物资源,预防破坏其生存环境(包括育肥、越冬、繁殖、产卵和迁徙),建立国家自然保护区、国家公园、国家自然禁猎区和其他特别保护区,包括在"航海者通告"上公布的邻近俄罗斯海岸休息区的区域;

26)与俄罗斯联邦主体国家权力执行机构共同实施保护专属经济区的措施,保护和维持海洋环境、水生物资源和无生命资源,实施阻止违反本法和俄罗斯联邦国际条约和追究违法行为责任人责任的措施;

27)解决关于专属经济区及其在专属经济区活动的争议;

28)缔结并实施与专属经济区及其在专属经济区活动有关的俄罗斯联邦国际条约;

29)本法和其他联邦法规定的其他权限。

第2章 在专属经济区进行捕捞

第8—11条 本条已于2006年11月4日失效。

第11.1条 本条已于2008年1月1日失效。

第12条 本条已于2009年12月27日失效。

第12.1条 在专属经济区实施捕捞的种类

1. 在专属经济区可以根据《渔业和水生物资源保护法》及本联邦法进行工业捕捞、科研和检查性捕捞,可进行教学和养殖目的的捕捞,进行商品生产、再生产和水生物资源驯化捕捞。

2. 在俄罗斯联邦《渔业和水生物资源保护法》规定的特殊情况下允许在专属经济区近岸进行捕捞。

3. 在专属经济区进行近岸捕捞,由俄罗斯联邦政府授权的联邦权力执行机构按规定的程序向有在专属经济区捕捞水生物资源的人分配海滨捕捞配额。

第12.2条 在专属经济区进行工业捕捞的特点

1. 在专属经济区进行工业捕捞由按照规定的程序取得在专属经济区捕捞水生物资源权的俄罗斯公民和俄罗斯法人实施。

2. 外国公民和外国法人根据俄罗斯联邦国际条约在专属经济区进行工业捕捞。

第12.3条 在专属经济区进行科研和检查目的捕捞的特点

1. 在专属经济区进行科研和检查目的捕捞由科研组织根据水生物资源海洋资源研究年度计划、提供水生物资源利用决定以及上述组织颁发的捕捞水生物资源许可证和海洋资源水生物资源研究许可证进行。

2. 外国公民和外国法人在专属经济区进行科研和检查目的的捕捞要根据俄罗斯联邦国际条约进行。

第12.4条 在专属经济区进行捕捞者的权利和义务

1. 在专属经济区进行捕捞者有权对水生物资源进行捕捞,在俄罗斯联邦《渔业和水生物资源保护法》规定的情况下有权接收、加工、转运、运输、保存、卸载捕获的水生物资源,用水生物资源生产鱼和其他产品。

2. 本条第1款所指的人必须:

1)遵守渔业规定和俄罗斯联邦法律规定的其他要求,遵守国家权力机构所颁发的有权捕捞水生物资源和有权进行海洋生物研究许可证规定的捕捞和保护水生物资源的要求;

2)不允许破坏水生物资源生存环境;

3)不允许非法驯化水生物资源;

4)遵守检疫制度的要求;

5)保证保卫机构的负责人能畅通无阻地登船;

6)申请人要保证为保卫机构的负责人提供合适的工作条件;

7)无偿、通畅地向俄罗斯联邦总统、俄罗斯联邦政府所确定的联邦权力执行机构提供捕捞水生物资源的期限、种类和区域以及水生物捕获量的报告材料,包括卸载到其他船舶或从其他船舶装载的水生物资源、渔产品和其他水生物制品的数量、质量和种类的信息,提供在外国港口卸载或装载捕捞的水生物资源、鱼类产品和其他由水生物资源加工的其他产品的数量、质量和品种;

8)定期与俄罗斯联邦岸上机构保持联系,在有相应设备时及主要天气观测时间根据世界气象组织的标准程序向最近的俄罗斯联邦无线电气象中心报告实时气象和水文观测数据,报告肉眼可见的石油污染海洋环境紧急信息;

9)根据俄罗斯联邦政府授权的联邦权力执行机构规定的形式记录捕捞日志;

10)有专门的识别符号;

11)给捕捞水生物资源定置工具两边贴上标签,写清船舶名称(如是外国船舶,写船主国家名称)、捕捞水生物资源许可证号和捕捞水生物资源工具的顺序号码。

3. 在专属经济区捕捞的外国船舶应该:

1)每天用传真或电报向俄罗斯联邦总统和俄罗斯联邦政府确定的联邦权力执行机构提交每次进入允许捕捞区域和驶离上述区域的信息,必须指明出入经过检查点的情况;

2)每天通知保卫机构捕捞或从其他船舶接收水生物资源时船舶的位置;

3)进行捕捞时必须有保卫机关负责人在场,并在他的监督下进行;

4)保证免费将保卫机关负责人送到捕捞地点并送回,为其提供无线电通信工具,负责保卫机关负责人从上船到离开的吃住开销,与船上指挥(领导)人员同等待遇;

5)用传真或电报每天、每十天、每月向俄罗斯联邦政府授权的联邦权力执行机构汇报捕捞结果。

4. 禁止俄罗斯和外国船舶在专属经济区以及专属经济区以外装、卸或转运水生物捕捞授权许可证和水生物研究许可证未规定的水生物捕获物、渔产品和其他水生物加工产品。

5. 装、卸或转运水生物捕获物、渔产品和其他水生物加工产品应有保卫机构负责人在场。

第 13 条 本条已于 2009 年 12 月 27 日失效。

第 14 条 合法利用和保护跨界鱼类和跨境鱼类种群

1. 如果同一个跨界鱼类种群出现在俄罗斯联邦专属经济区,也出现在其他沿岸国家的专属经济区,则俄罗斯联邦与上述国家直接合作或通过主管的国际组织来保护和扩大这一种群。

2. 如果同一跨境鱼类种群出现在俄罗斯联邦专属经济区,也出现在专属经济区以外及相邻区域,则俄罗斯联邦应该直接或通过主管的国际组织与在俄罗斯联邦专属经济区捕捞这类鱼的国家进行合作,目的是保护上述区域的鱼类,包括就该问题与相应国家签署国际条约。

第 15 条 合理使用和保护溯河鱼类、洄游鱼类、长途迁徙鱼类和海洋哺乳动物

1. 俄罗斯联邦对本国河流、湖泊和其他水体中溯河鱼类有利害关系,对上述鱼类生存的所有分布区都承担首要责任,并通过调节从俄罗斯联邦专属经济区外部边界朝向海岸方向的海水捕捞来保护鱼类。

2. 俄罗斯联邦与相关国家合作,签署国际条约来保护专属经济区外的溯河鱼类,并保证履行国际条约规定的规则。

3. 俄罗斯联邦对管理洄游鱼类储备量有责任,并保证迁徙鱼类能自由出入专属经济区。根据本联邦法,捕捞洄游鱼类只能从专属经济区外部边界向海岸方向进行。

4. 俄罗斯联邦与洄游鱼类迁徙经过专属经济区的国家合作,签订国际条约,合理管理洄游鱼类储备量,包括捕捞,并保证履行国际条约规定的规则。

5. 俄罗斯联邦与相关国家合作,签订国际条约,保证合理利用和保护所有生存分布区的长途迁徙鱼类。

6. 俄罗斯联邦为保护和研究专属经济区的海洋哺乳动物并对其管理,与相关国家直接合作,与相关的国际组织进行合作。俄罗斯联邦政府为保护和恢复海洋哺乳动物种群,在必要情况下可能建立更加严格的限制或对专属经济区海洋哺乳动物捕捞进行调节,直至根据俄罗斯联邦国际条约禁止捕捞个别海洋哺乳动物种类。

7. 如果俄罗斯联邦或外国申请者未遵守本条第 2 款所指的俄罗斯联邦国际条约,如果溯河鱼类的储备量在生存的所有分布区都面临严重危险,则俄罗斯联邦根据与相关国家签署的协议有权宣布暂停在所有分布区捕捞溯河鱼类。关于暂停捕捞的信息会发给相关国家和主管国际组织。

第 3 章 无生命资源的勘探和开发、海洋无生命资源的海洋资源研究

第 16 条 无生命资源的勘探和开发、海洋无生命资源的海洋资源研究的特点

1. 无生命资源的勘探和开发、海洋无生命资源的海洋资源研究，根据俄罗斯联邦政府授权的联邦权力执行机构颁发的相应执照和许可证进行。

2. 上述执照颁发的条件和程序，执照的内容、期限，执照使用者的权利和义务、安全作业的要求，执照效力中止的依据、反垄断要求和产品分配条件都由《俄罗斯联邦大陆架法》《地下资源法》《产品分配条约法》和俄罗斯联邦国际条约调节。

3. 外国公民和外国法人、外国和主管国际组织享有的条件不能优于俄罗斯联邦公民和俄罗斯法人享有的条件。

第 17 条 利用潮汐、洋流和风力生产能源

1. 俄罗斯联邦公民、俄罗斯法人、外国公民和外国法人、其他国家和主管国际组织依据俄罗斯联邦政府授权的联邦权力执行机构颁发的利用潮汐、洋流和风力生产能量执照，征得相应的俄罗斯联邦总统、俄罗斯联邦政府确定的联邦权力执行机构的同意，并且只有在国家环境鉴定机构做出肯定结论时才可以生产能源。

2. 颁发上述执照的条件和生产这种能源的方法由俄罗斯联邦政府授权的联邦权力机构决定，还需根据本联邦法、适用于专属经济区及其在专属经济区活动的其他联邦法律和俄罗斯联邦国际条约，征得俄罗斯联邦总统、俄罗斯联邦政府确定的联邦权力执行机构的同意。

第 4 章 对水生物资源的海洋生物研究和海洋科学研究

第 18 条 对水生物资源进行海洋资源研究的计划

1. 进行水生物资源海洋资源研究的年度计划（以下称水生物资源研究）由俄罗斯联邦政府授权的联邦权力执行机构批准，并征得俄罗斯联邦总统、俄罗斯联邦政府确定的联邦权力执行机构的同意，还要考虑紧邻海岸的俄罗斯联邦主体权力执行机构的建议。

2. 已于 2003 年 4 月 22 日删除。

3. 进行水生物资源海洋资源研究的年度计划要指出外国公民和外国法人以及主管的外国组织参加研究的情况，包括根据俄罗斯联邦国际条约或在国际研究计划框架内的研究。

第 19 条 进行水生物资源研究的原则，进行水生物资源研究申请的提出和内容

1. 对水生物资源研究应当具有和平性质，包括不能对国防和国家安全构成威胁。

对水生物资源研究可以由下列人员和机构进行：

联邦权力执行机构和俄罗斯联邦主体权力执行机构、俄罗斯联邦公民和俄罗斯法人（本章以下称俄罗斯申请人）；

外国公民和外国法人、外国和主管国际组织(本章以下称外国申请人)。

2. 进行水生物研究申请(本章以下称申请)的提交和审议程序、对申请的评价和做出决定由俄罗斯联邦政府根据俄罗斯联邦国际条约和本联邦法确定。

3. 俄罗斯申请人应在水生物资源研究年开始前不少于6个月向俄罗斯联邦政府授权的联邦权力执行机构提交申请,以便将计划研究的大纲编入年度计划。

4. 外国申请人应在水生物资源研究开始日期前不少于6个月,通过外交途径将相应的申请寄送到俄罗斯联邦政府授权的联邦权力执行机构。

5. 申请(外国申请人要用俄语和申请人母语书写)应当包含下列内容:

计划研究水生物资源的大纲;

水生物资源研究的性质和目的信息;

进行研究水生物资源时所使用的方法和手段,包括船舶名称、吨位、类型、级别、水下载人和无人航行器、飞行器、研究技术手段的技术参数、无线电技术设备、水生物捕捞工具的信息,以及对科研设备的描述;

作为生物研究客体的水生物种类名称;

计划进行水生物研究区域的地理坐标、向指定区域航行和离开指定区域的路线;

预计第一次到达计划进行水生物资源研究区域的日期和最后离开指定区域的日期,在适当情况下安置和拆除科研设备的日期;

进行水生物资源研究领导机构的名称;

负责进行水生物资源研究者的信息(考察队领导);

计划进行的研究对环境可能产生影响的信息,包括对专属经济区海洋环境和自然资源的影响;

在进行许可证允许的水生物资源研究中遵守规定条件的义务,并确保这项研究所使用的硬件(包括技术规格)与申请中指定的技术手段(包括技术规格)相符。

6. 俄罗斯申请人要提交外国公民和外国法人参加水生物资源研究的所有形式和参加程度的信息。

7. 外国申请者要提交俄罗斯公民和俄罗斯法人参加外国申请进行的水生物资源研究的所有形式和参加程度的信息。

8. 可能会要求申请人对需要许可证进行水生物资源研究提交补充信息。在这种情况下对申请的审理从申请人提交补充信息之日开始算。

第20条　申请的审理程序

1. 俄罗斯联邦政府授权的联邦权力执行机构:

本段已于2003年4月22日删除。

从收到申请之日起,不超过4个月向申请人寄送进行水生物资源研究的许可证或通知书：

通知拒绝进行所计划的研究；

通知申请中提交的信息与进行水生物资源研究的性质、目的和方法不符，以及不符合本联邦法第19条第5款的要求；

通知对计划的研究必须提交补充信息。

2. 向外国申请人寄送准许进行水生物资源研究或拒绝通知是通过权力执行机构的外事部门寄送。

3. 通常，向外国申请人发放允许进行水生物资源研究的许可，将相应的研究编入进行水生物资源研究年度计划。

4. 进行水生物资源研究的许可证由俄罗斯联邦政府授权的联邦权力执行机构颁发，并征得俄罗斯联邦总统和俄罗斯联邦政府确定的联邦权力执行机构的同意。

5. 本段已于2003年4月22日删除。

第21条　拒绝进行水生物资源研究的依据

1. 如果对水生物资源研究的和平性质可疑，或有下列情况，则俄罗斯和外国申请人可能被拒绝：

1）不符合环境保护要求，包括海洋环境和自然资源；

2）向海洋环境注入有害物质；

3）包含有建造、使用或利用人工岛屿、装置和设施；

4）对俄罗斯联邦在专属经济区内行使主权和管辖权的活动造成不当的干扰。

2. 如果研究的性质和目的信息不准确，俄罗斯或外国申请人的申请可能被拒。

3. 如果申请人在之前进行的水生物资源研究中未履行对俄罗斯的义务，则俄罗斯或外国公民进行研究的申请可能被拒。

第22条　本条已于2003年4月22日删除。

第23条　进行水生物资源研究的俄罗斯和外国申请者的义务

1. 获得允许进行水生物资源研究的俄罗斯和外国申请者必须：

履行俄罗斯联邦国际条约和本联邦法；

一有可能，立即向联邦权利执行机构提交进行水生物资源研究许可证上写明的初步研究报告，研究结束后立即提交研究报告；

一有可能，立即向俄罗斯联邦国家资源库提交气象、水文、水文化学、水生生物观察，环境状态观察，污染观察以及水生物资源研究大纲规定的其他观察的数据复印件，数据库的地址在研究许可证上已注明；

定期与俄罗斯联邦岸上机构保持联系；

在完成研究计划过程中，如有任何变化，应立即通知研究许可证上指明的联邦权力执行机构；

如果研究船、飞行器、装置和设施上有必要的设备,则根据世界气象组织的标准程序通过海岸无线电中心(海岸无线电站)在主要国际天气观测时间向最近的俄罗斯联邦水文气象中心发送实时气象、水文和高空观测数据,如果这些观测是进行研究许可证上规定的,还要通知所发现的石油、有毒物质、垃圾和废水污染海洋环境的情况;

不对俄罗斯联邦在专属经济区内行使主权和管辖权活动造成不当的干扰;

水生物资源研究结束后,立即拆除装置、设施和设备,进行研究许可证上有另外规定的情况除外。

2. 此外,如果有外国公民或外国法人参加水生物资源研究,则俄罗斯公民和外国公民须保证有联邦渔业权力执行机构派的俄罗斯专门授权的代表参加这些研究。上述代表的参加,具体指在研究船、飞行器、装置、设备上的吃住全部由研究方提供,待遇与自己的指挥(领导)人员相同,还要保证上述俄罗斯代表能够接触研究过程中得到的所有数据和样本,如果数据能复印、样本的分割不会对科研有损失,则需要向他们提供数据和样本。

3. 在研究水生物资源过程中获得的资料,如果数据可复印,样本分割不会对科研价值有损失,则在对其进行处理和分析后,包括最终结果和完成研究后得出的结论,俄罗斯和外国申请者要向俄罗斯国家研究组织提交,在研究许可证上已注明了提交地址。俄罗斯和外国申请者要将移交回执寄给研究许可证上写明的联邦权力执行机构。

第 24 条　水生物资源研究结果的移交和公布

外国水生物资源研究者必须在得到俄罗斯联邦政府的允许后,才能公布上述研究结果或将其转交他人,如果俄罗斯国际法没有其他规定,外国申请人不能通过外交途径获得这种允许。

第 25 条　水生物资源研究计划的改变

1. 俄罗斯联邦政府授权的联邦权力执行机构在征得俄罗斯联邦总统或俄罗斯联邦政府授权的联邦权利执行机构的同意后,可改变申请人建议的水生物资源研究计划。

2. 本段已于 2003 年 4 月 22 日删除。

3. 如果相关的俄罗斯联邦政府授权的联邦权力执行机构在肯定收到建议改变通知之日起 60 天内没发布有异议的通知,则表示同意改变。

第 26 条　水生物资源研究的暂停与中止

1. 如果所进行的水生物资源研究破坏了本联邦法和俄罗斯联邦国际条约,则可能根据俄罗斯联邦总统、俄罗斯联邦政府授权的联邦权力执行机构的决议中止,也可被本联邦法第 23 条第 2 款规定的俄罗斯联邦特别授权代表中止。

2. 本段已于2003年4月22日删除。

3. 中止的水生物资源研究只能在规定的期限内中止了破坏并向本联邦法第23条第2款指明的联邦权力执行机构和做出暂停水生物研究或海洋科学研究的俄罗斯联邦特别授权代表提交消除破坏采取的措施和预防类似破坏措施的材料后才能恢复。

4. 有下列情况，应立即中止水生物资源研究：

未经相关的联邦权力执行机构允许；

在进行的水生物资源研究中存在与根据本联邦法第19条提交的申请信息不符的情况；

俄罗斯和外国申请人在之前进行的水生物资源研究中未履行对俄罗斯联邦的义务。

第26.1条　海洋科学研究

1. 俄罗斯申请者、外国和主管国际组织以及被授权的外国公民和外国法人、外国或主管国际组织都可根据相应的许可进行海洋科学研究。

2. 海洋科学研究只能具有和平性质，包括不能对国防和国家安全构成威胁。

3. 进行海洋科学研究许可证颁发的条件和程序，以及进行上述研究的程序由1995年11月30日通过的《俄罗斯联邦大陆架法》和俄罗斯联邦国际条约规定。

4. 所进行科学研究的区域哪怕只有部分位于俄罗斯联邦内海或俄罗斯联邦领海，研究都要按照1998年7月31日通过的《俄罗斯联邦内海、领海和毗连区法》规定的程序进行。

5. 在专属经济区安置和使用任何类型的科研设备和仪器都应按照本联邦法规定的海洋科学研究的程序进行，直接用于研究水生物资源或无生命资源，以及保障俄罗斯联邦国防和安全的除外。在这种情况下，设备和仪器都要有识别标识，并指明注册国或其所属的国际组织，还要有适当的、国际通用的预防方法保证海洋和空中航行安全，考虑主管国际组织规定的规范和标准。

第5章　保护和维护海洋环境

第27条　在专属经济区的国家环境鉴定

1. 在专属经济区的国家环境鉴定（以下称国家环境鉴定）：

它是保护环境的必要措施，包括保护海洋环境、维护专属经济区的自然资源；

由俄罗斯联邦政府授权的联邦权力机构根据俄罗斯联邦法律组织和实施。

2. 所有经营和其他活动的支撑文件都要进行国家环保鉴定。在专属经济区的所有类型的经营和其他活动的开展都必须有国家环境鉴定的正面结论。

3. 国家环境鉴定对象是联邦计划项目，与专属经济区自然资源的勘探和开发有关的,与人工岛屿、装置、设施,铺设海底电缆、管道有关的,与钻探工程、在专属经济区封存废料和其他物质有关的文件。

第 28 条　在俄罗斯联邦专属经济区进行国家环境监督

1. 在俄罗斯联邦专属经济区进行国家环境监督是预防、揭露和阻止破坏环保领域的俄罗斯联邦国际条约要求、破坏俄罗斯联邦法律要求的一系列措施。

2. 在俄罗斯联邦专属经济区进行国家环境监督指由授权的联邦权力执行机构按照俄罗斯联邦法律规定的程序实施联邦国家环境监督。

第 29 条　专属经济区国家监测

1. 专属经济区国家监测(以下称国家监测)是国家环境监测的一部分,是定期观测、评估、预报海洋环境和水底沉积状况制度,包括观测化学、放射污染指标,微生物和水生物参数以及受自然和人为因素影响下发生的改变。

2. 国家监测由俄罗斯联邦政府授权的联邦权力执行机构按照俄罗斯联邦法律规定的程序实施。

第 30 条　排放有害物质

1. 本联邦法规定,在俄罗斯联邦领海和内海活动的船舶、飞行器、人工岛屿、装置和设施污染排放的预防、减少和维持的要求适用于专属经济区,同时要考虑国际规范和标准以及俄罗斯联邦国际条约。

2. 船舶、飞行器、人工岛屿、装置和设施向专属经济区排放有害物质的禁止清单,船舶、其他漂浮物、飞行器、人工岛屿、装置和设施在正常使用过程中允许排放有害物质的浓度极限以及排放有害物质的条件,由俄罗斯联邦政府规定,并要考虑俄罗斯联邦国际条约,同时在“航海者通告”上公布。

第 31 条　海洋事故

如果发生船舶相撞、船舶搁浅,在专属经济区勘探和开发自然资源时发生海洋事故或在专属经济区发生其他事故,或清理事故后导致或会导致严重危害,俄罗斯联邦政府有权根据国际法规则采取必要的、与实际情况或损失相适宜的措施,目的是保护俄罗斯联邦海岸及与此有关的权益(包括捕捞)不受污染或污染威胁。

第 32 条　保护和维护浮冰区

对于专属经济区内气候条件非常恶劣、一年大部分时间有浮冰的区域,航行的危险大大提高,海洋环境的污染可能会对环境平衡带来重大危害或不可逆转,为了预防和减少对环境的污染并控制污染程度,俄罗斯可能会通过联邦法律和其他法律文件并保证落实。在联邦法律和其他法律文件中会根据现有的、最可信的研究数据注意专属经济区的船舶航行、保护和维护海洋环境和自然资源。这些区域的边界将在“航海者通告”上公布。

第 33 条　保护和维护特别区域

专属经济区个别区域因公认的海洋和环境条件和运输特点,需要对其制定预防船舶石油泄漏和有害物质及垃圾排放的特别强制方法,在遵守必要的国际规章和俄罗斯联邦国际条约的基础上,也可通过联邦法律和其他规范性法律文件来预防、减少和控制海洋环境污染。这些区域的边界将在"航海者通告"上公布。

第 6 章　利用专属经济区水生物资源和无生命资源时经济关系的特点

第 34 条　利用水生物资源和无生命资源的费用

利用水生物资源和无生命资源的俄罗斯公民,包括个体企业主、俄罗斯法人、外国公民和外国法人,须依俄罗斯联邦法律纳税和交纳各种强制费用。

第 7 章　执行本联邦法规定的保障

第 35 条　保护机构

1. 俄罗斯联邦总统、俄罗斯联邦政府确定的联邦权力执行机构负责保护专属经济区、专属经济区自然资源,保护环境,包括海洋环境、经济利益和俄罗斯其他合法权益。

2. 负责本管辖区安全的联邦权力执行机构对保护机构力量的使用进行协调。

3. 保护机构负责人在执行公务时要遵守本法和俄罗斯联邦国际条约,以及俄罗斯联邦其他法律和规范性法律文件。

4. 保护机构负责人在专属经济区执行公务时要携带相应的证件。在专属经济区活动的俄罗斯公民、俄罗斯法人、外国公民、外国法人以及外国和主管国际组织的代表必须执行保护机构负责人下达的、在自己职权范围内的命令。

5. 俄罗斯的军舰、飞行器、其他国家船舶和飞行器在保护专属经济区时悬挂授予他们的旗帜、信号旗和识别标志。

第 36 条　保护机构负责人的权力

1. 保护机构负责人在执行公务时有下列权力:

1)拦截和检查进行下列活动的俄罗斯和外国船舶,检查人工岛屿、装置和设施:

在专属经济区捕捞;

在专属经济区向其他船舶转载水生物资源;

勘探和开发无生命资源;

海洋资源研究和海洋科学研究;

在专属经济区进行其他活动。

2）在人工岛屿、装置和设施上检查有权进行本条第1款规定活动的文件，并检查水生物资源捕捞工具、仪器、设备和其他用于进行活动的物品。

3）在本联邦法和俄罗斯联邦国际条约规定的情况下可以：

暂停违反本联邦法和俄罗斯联邦国际条约的本条第一款规定的活动；

扣留违反本联邦法和俄罗斯联邦国际条约者并没收他们的水生物捕捞工具、仪器、设备和其他物品，以及文件和所有非法捕获物作为临时措施，直到法院最终判决，目的是阻止违法和保留违法证据，保证法院判决的执行。

扣留正在完成本条第1款指定活动的违反本联邦法和俄罗斯联邦国际条约的船舶，并将其押送到距离最近的俄罗斯港口（外国船则押送到对外国船开放的一个俄罗斯港口）；

追踪并扣留正在完成本条第1款指定活动的违反本联邦法和俄罗斯联邦国际条约的船舶，并将其押送到距离最近的俄罗斯港口（外国船则押送到对外国船开放的一个俄罗斯港口）；

根据俄罗斯联邦法律对违法者进行处罚并向俄罗斯法院对违法者提起诉讼，向法院转交扣留的违法船和没收的水生物捕捞工具、仪器、用具、设备和其他物品，以及文件和非法所得；

4）如果有依据认为船舶向专属经济区排放有害物质，则拦截这些船舶。如果有足够的证据，可以要求被拦截的船长提供证明是否违法的信息，船舶会被检查，并起草检查纪要，以便进行随后的扣留。

5）起草违反本联邦法和俄罗斯联邦国际条约纪要、暂停或中止本条第1款规定的活动纪要，扣留违法者和违法船纪要，直到法院最终判决的临时没收捕捞水生物工具、仪器、用具、设备和其他物品，以及文件和非法所得的纪要。追踪、拦截、检查和扣留船舶，检查人工岛屿、装置和设施的程序，起草纪要的程序和违法船在俄罗斯港口停放的程序根据俄罗斯联邦法律及国际法准则确定。

6）如果保护机构负责人的生命受到直接威胁，则可以使用武器对付违反本联邦法和俄罗斯联邦国际条约的违法者，以反击其攻击和中止其抵抗。使用武器前应先明确表示准备使用武器的警告，并向上方发出警告性射击。

2. 保护安全的联邦权力执行机构的军舰、飞行器都可使用武器对付违反本联邦法和俄罗斯联邦国际条约的船舶，以回击其使用武力；在追踪违法船舶的特殊情况下，如果穷尽当时所有中止违法和扣留违法者必要的措施，则可以使用武器。使用武器前应先明确发出准备使用武器的警告，并向上方发出警告性射击。使用武器的程序由俄罗斯联邦政府规定。

3. 保护机构负责人如果有足够的理由认为处于俄罗斯领海和内海的船舶在专属经济区违反了本联邦法或俄罗斯联邦国际条约，则负责人享有本联邦法规定的权力。

第 37 条　保护机构的协作

1. 俄罗斯联邦总统、俄罗斯联邦政府确定的联邦权力执行机构在执行自己主要任务的同时,应顺便利用军舰、船舶、海岸执勤点和其他手段,以及飞行器观察专属经济区的活动,协助保护机构履行其职能。

2. 俄罗斯的船长、军舰和飞行器指挥人员及人工岛屿、装置和设施以及海岸执勤点活动负责人要向保护机构通报所发现但“航海者通告”中未通知的军舰、船舶、装置和设施。这种信息通过相应的调度部门无偿转发。

3. 在专属经济区作业的俄罗斯公民和俄罗斯法人应无偿向保护机构提供他们所要求的自己的船舶、人工岛屿、装置和设施的位置和活动信息。

第 38 条　对保护机构工作人员的物质激励

1. 对保护机构工作人员的物质激励根据俄罗斯联邦法律进行;

2. 对保护机构工作人员的物质激励可包括:

规定税收优惠;

制定保护专属经济区及其水生物资源和无生命资源特殊条件的职务津贴和其他津贴;

对发现违反本联邦法和俄罗斯联邦国际条约的情况实施奖励;

联邦法律和其他俄罗斯规范性法律文件制定的其他优惠。

第 39 条　违反本联邦法的责任特点

1. 扣押的外国船舶及其船员在向俄罗斯交付了合理的押金或其他保证后,应立即获得释放。

2. 如果外国公民因违反本联邦法第二章的规定和俄罗斯联邦国际条约有关专属经济区水生物资源而被追究责任,如果俄罗斯与该人国籍所在国签有国际条约,则不适用剥夺自由的处罚或任何形式的体罚。

第 40 条　违反本联邦法的责任

1. 根据俄罗斯联邦法律,违反本联邦法律者应追究其责任。

2. 追究违反本联邦法律者的责任,不能免除其根据俄罗斯联邦法律规定的程序赔偿所造成损失的义务。

第 41 条　争议的解决

1. 公民、法人之间关于在专属经济区履行自己的权利和义务时所产生的争议由俄罗斯联邦法院根据司法程序解决。

2. 俄罗斯联邦和外国之间关于在专属经济区履行自己的权利和义务时所产生的争议应根据俄罗斯联邦国际条约和国际法规则利用和平手段解决。

第 42 条　执行本联邦法的国家检查(监督)

对本联邦法规定要求的国家检查(监督)由授权联邦权力执行机构根据俄罗斯联邦法律在自己的职权范围内执行。

第 43 条　本联邦法生效的程序

本联邦法自正式公布之日起生效。

第 44 条　根据本联邦法出台规范性法律文件

建议俄罗斯联邦总统并委托俄罗斯联邦政府根据本联邦法出台自己的规范法律文件。

俄罗斯联邦总统　叶利钦

莫斯科　克里姆林宫

1998 年 12 月 17 日

俄罗斯联邦内海、领海和毗连区法

2018年12月27日修订

本联邦法规定俄罗斯联邦内海、领海和毗连区的地位和法律制度，包括俄罗斯联邦在其内海、领海和毗连区的权利及根据俄罗斯联邦宪法、通用国际法原则和规范、俄罗斯联邦国际条约和联邦法律对其行使权利的程序。

第1章　总则

第1条　俄罗斯联邦内海的定义和边界

1. 俄罗斯联邦内海（以下称内海）是指从测算俄罗斯领海宽度的领海基线向内一侧的全部海域。

内海是俄罗斯联邦领土的一部分。

2. 下列海域属于内海：

以穿过水利工程和其他固定港口建筑最远端的线作为海洋一侧分界的俄罗斯联邦港口；

海岸完全属于俄罗斯联邦的海湾、港湾、三角湾，在最大退潮地点两岸的直线上从海洋方向形成一个或数个通道，其宽度不超过24海里；

宽度超过24海里以上的海湾、港湾、三角湾、海洋和海峡，历史上一直属于俄罗斯联邦，其明细清单由俄罗斯联邦政府确定并在"航海者通告"上公布。

第2条　俄罗斯联邦领海的定义与边界

1. 俄罗斯联邦领海（以下称领海）是指从本联邦法第4条指定的基线测量宽度为12海里与陆地或内海相连的带状海水域。

领海的其他宽度也可根据本联邦法第3条确定。

2. 领海的定义也适用于俄罗斯联邦所有岛屿。

3. 领海的外部边界是俄罗斯联邦国界。

领海的内部边界是测量领海宽度的基线。

4. 俄罗斯联邦的主权延伸至领海、领海上空以及领海海底及其地下，承认外国船舶和平通过领海的权利。

第 3 条　领海的划定

俄罗斯与其对岸国家或海岸有重叠的国家之间领海的划定根据国际法公认原则和规定以及俄罗斯联邦国际条约进行。

第 4 条　测量领海宽度的基线

1. 测量领海宽度的基线是指：

俄罗斯官方出版的海洋图所指的海岸最大退潮线；

如果海岸线曲折多港湾或沿海岸并且邻近海岸有岛链，此时连接向海一侧岛屿、礁、岩石最远端的直线基线；

横越入海河口、河岸上在最大落潮时在海上突出最远的两点间的直线距离；

连接港湾自然入口最大退潮点或海岸属于俄罗斯的岛屿间、岛屿与大陆间最大退潮点，不超过 24 海里的直线；

长度超过 24 海里，连接港湾自然入口最大退潮点或海岸属于俄罗斯的岛屿间、岛屿与大陆间最大退潮点的直线基线体系。

2. 确定测量俄罗斯联邦领海宽度基线位置的地理坐标清单由俄罗斯联邦政府批准并在“航海者通告”上公布。

3. 测量俄罗斯联邦领海宽度的领海边界和基线以 1∶200000 至 1∶300000 的比例绘制海洋图，如果没有这样的图，则比例为 1∶100000 或 1∶500000。在个别情况下，如果因本地区制图特点、地理环境特点、原始材料准确程度或其他原因，允许不按这个比例绘制。

第 4.1 条　在俄罗斯内海、领海的人工岛屿、装置和设施

1. 本联邦法所指的人工岛屿是指根据设计图纸在俄罗斯内海、领海建筑的有固定支撑的设施（人工设施结构），它有填冲的、堆积的、打桩的和（或）非漂浮的支撑基座，在最大涨潮时能露出水面。

2. 本联邦法所指的装置、设施是指根据设计图纸在俄罗斯内海、领海建造的固定和漂浮（水下）的钻探装置（平台）、海洋漂浮（移动）平台、海洋固定平台和其他设施以及水下设施（包括钻井）。

第 2 章　俄罗斯海港、内海和领海法律制度特点

第 5 条　俄罗斯联邦海港的法律制度

1. 俄罗斯联邦海港的法律制度是俄罗斯联邦境内所有港口的统一制度。

海港法律制度要考虑适用于海港的本联邦法、其他联邦法、俄罗斯联邦其他规范性法律文件所确定的气候、水文和天气特点。

2. 根据俄罗斯联邦政府决议，海港是对外国船舶开放的港口。

对外国船舶开放的海港清单在“航海者通告”上公布。

3. 调节出入海港并负责海港航行安全的负责人是海港的港监领导。

4. 本段已于 2007 年 11 月 8 日失效。

5. 海港的功能和权限由适用于海港的本联邦法、俄罗斯联邦其他联邦法和其他规范性法律文件确定。

6. 海港的联邦权力执行机构负责人和俄罗斯联邦主体权力执行机构负责人在行动涉及海港港监领导权限时须与海港港监领导协调行动。

7. 所有俄罗斯和外国船舶必须遵守海港法律制度。

第 6 条　外国船舶进入海港

1. 所有的外国船舶,除一些非商业目的的军舰和其他国家船舶,不论其用途和所有制形式(以下称外国船舶),都可以进入对外国船舶开放的海港。

2. 限制俄罗斯船舶进入其海港的外国船舶,俄罗斯政府会确定对该外国类似船舶相应的限制。

3. 上述船舶在海港停留时,俄罗斯联邦刑事、民事和行政管辖权适用于外国船舶、船上乘客和船员。

4. 外国船舶在进入海港、在上述海港停泊及出港时必须遵守:

俄罗斯联邦涉及保障船舶安全,调度船舶航行,提供援助和救生,使用通信工具,保护船舶工具、设备和设施,水下电缆和管道,进行海洋科学研究,研究、使用和保护水上设施、海洋地下、水生物资源和其他领海自然资源,保护环境和保障环境安全以及保护历史文化古迹的法律;

俄罗斯联邦法律和其他俄罗斯联邦规范性法律文件规定的边防、海关、税务(财务)、卫生、移民、兽医、植检、航行和其他规定;

对海洋制定的规则;

在俄罗斯境内的外国公民和无国籍人士入海港、在海港停泊、出海港规则;

俄罗斯联邦法律制定的其他规则、俄罗斯联邦国际条约规定的国际规则和标准。

5. 外国船舶出海港必须有海港港监领导与联邦权力执行机构负责安全的负责人及海关部门负责人协调后发出的许可。

第 7 条　海军基地与军舰停泊点

1. 负责俄罗斯联邦所有船舶和军舰、外国船舶、外国军舰和其他国家非商业目的出入俄罗斯海军基地和军舰停泊点的负责人以及负责航行安全的负责人是海军高级首长,海港港监领导须与其协调自己所有的行动,海军基地或军舰停泊点的联邦权力执行机构负责人和俄罗斯联邦主体权力机构负责人也要与其协调自己的行动。

如果军舰的海军基地或军舰停泊点同时停泊着各联邦权力执行机构的军舰，包括负责防务的联邦权力执行机构的军舰，则军舰的海军基地或军舰停泊点的负责人为负责防务的联邦权力执行机构海军高级首长。

2. 如果军舰的海军基地或军舰停泊点与海港有重叠水域，所有俄罗斯船舶、外国船舶、外国军舰和其他非商业目的的国家船舶的出入海港规则由海军高级首长与海港港监领导、联邦安全局边防局负责人和海关负责人协调确定。

3. 军舰在海军基地或军舰停泊点航行和停泊规则由俄罗斯联邦政府批准的、负责防务的联邦权力执行机构制定，并在“航海者通告”上公布。

4. 军舰的海军基地和军舰停泊点清单由俄罗斯联邦政府批准。

第 8 条　外国军舰和其他非商业目的的国家船舶入海港

1. 外国军舰和其他非商业目的的国家船舶入海港（以下称外国军舰和其他国家船舶）根据从外交渠道申请的初步许可，可以在不迟于预计入港日期 30 天前进入海港，如果俄罗斯联邦国际条约没有其他约定。

2. 外国军舰和其他国家船舶入海港的程序以及在海港停泊的规则按俄罗斯联邦政府规定的规则进行，并公布在“航海者通告”上。

3. 对俄罗斯军舰和其他国家船舶进入自己海港设定特别限制的国家的军舰和其他国家船舶，俄罗斯联邦政府可对这些国家的军舰和其他国家船舶设定进入海港的报复性限制。

第 9 条　外国船舶、外国军舰和其他国家船舶被迫进入领海、内海和海港

1. 外国船舶、外国军舰和其他国家船舶被迫进入领海、内海和海港是指由于下列紧急情况下的入港：

威胁外国船舶、外国军舰或其他国家船舶安全的事故、自然灾害或强风暴；

威胁外国船舶、外国军舰或其他国家船舶安全的浮冰或冰冻条件；

受损的外国船舶、外国军舰或其他国家船舶的拖曳；

运送被救人员；

对船员或乘客进行紧急医疗救助或由于其他紧急情况。

2. 根据国际法规则，所有外国船舶、外国军舰或其他国家船舶都不受歧视地享受进入领海、内海和海港的权利。

3. 外国船舶船长、外国军舰或其他国家船舶指挥官如果被迫进入领海、内海或海口，必须立即通知最近海港的港监领导，之后根据他的指示或按照来援助、调查被迫入港情况的俄罗斯军舰指挥官、船舶船长或飞行器指挥员的指令行事。

4. 在被迫入港的通知中应包括下列信息：

外国船舶、外国军舰或其他国家船舶的名称；

国旗；

外国船舶、外国军舰或其他国家船舶的船长姓名；

发动机装置的类型(核动力或普通)；

被迫入港的原因；

船上有核或其他危险的或有毒物质或材料；

需要的帮助及其性质；

预计被迫进入的时期及其他信息。

5. 对外国船舶、外国军舰或其他国家船舶(没违反外国军舰或其他国家船舶豁免权)被迫入港原因和技术状况的评估由负责安全的联邦权力执行机构负责人独立做出,或根据本联邦法第5条和第7条规定的负责人邀请海港、海军基地或军舰停泊点专家做出。

6. 引起被迫入港的状况一旦停止,外国船舶、外国军舰和其他国家船舶在获得本联邦法第5条和第7条指定的负责人与负责安全的联邦权力执行机构负责人和海关负责人协商后做出的出港许可后,应离开海港、内海和领海。

7. 在行使被迫入港的权利时,可以拒绝发生事故的外国核动力船舶、外国军舰和其他国家船舶,或运载核或者其他给俄罗斯、俄罗斯居民、自然资源和环境造成损失的危险或有毒物质或材料的外国船舶入港,如果其造成的损失大大超过对发生事故的外国船舶、外国军舰或其他国家船舶的损失。

8. 拒绝行使被迫入港权力的决定由负责安全的联邦权力执行机构负责人独自做出,或与海港、海军基地或军舰停泊点负责人协调做出。

第10条　通过领海的概念

1. 通过领海是指因以下目的穿过领海:

穿越领海,但不进入内海或不在内海外的锚地或港口设施处停靠;

进入内海或出内海或停靠锚地或港口设施。

2. 应当不停顿快速穿越领海。可以停船和抛锚,但这只能是因为不可抗力或灾难,或对处于危险境地或受灾的人、船舶或飞行器给予援助时的普通航行。

第11条　和平通过领海

1. 如果不破坏俄罗斯和平、良好秩序和安全,则是和平通过领海。

2. 外国船舶、外国军舰或其他国家船舶通过领海算作破坏俄罗斯和平、良好秩序和安全,如果船舶在领海进行下列任何活动:

用武力威胁或使用武力反对俄罗斯联邦主权、领土完整或独立,或以其他方式破坏联合国宪章体现的国际法原则;

带任何种类武器的机动或演习;

任何损害俄罗斯国防或安全的收集情报活动;

任何目的是损害俄罗斯国防或安全的宣传活动;

任何飞行器的升空、降落或接上船；

任何军事设备的升空、降落或接上船；

任何货物或货币的装卸，任何不遵守俄罗斯联邦法律和其他俄罗斯联邦规范性法律文件规定的边防、海关、税务、卫生、移民、兽医、植检、航行等法规的人登船或下船；

任何违反俄罗斯联邦法律和国际法规范要求而故意严重污染环境的行为；

捕捞和维护水生物资源领域的任何活动；

进行研究或水道测量活动；

任何干扰俄罗斯联邦通信系统或任何设施或装置正常运行的活动；

与穿越领海无直接关系的任何活动，如果俄罗斯联邦国际条约没有另外的规定。

第 12 条　外国船舶、外国军舰和其他国家船舶和平穿越领海权

1. 根据本联邦法、国际法通行原则和俄罗斯联邦国际条约，外国船舶、外国军舰和其他国家船舶有权和平穿越领海。

2. 为了保障俄罗斯联邦国家安全，为了进行任何使用武器的演习，负责国防的联邦权力机构或负责安全的联邦权力执行机构可能临时中止外国船舶、外国军舰和其他国家船舶在领海一定区域的和平穿越权。只有在“航行者通告”上提前公布后，这种中止才会生效。

第 13 条　与外国船舶、外国军舰和其他国家船舶和平穿越领海有关的规则

1. 外国船舶、外国军舰和其他国家船舶在行使和平穿越领海权时，应遵守俄罗斯联邦法律和与和平穿越领海有关的规则，这是指：

航行安全和船舶调度，包括使用海洋走廊和分道航行制；

保护导航设备和装备，以及其他设施；

保护水下电缆和管道；

保护水生物资源；

本段已于 2009 年 12 月 27 日失效；

保护环境；

海洋科学研究和水道测绘；

预防破坏边防、海关、税务、卫生、移民、兽医、植检、航行和其他联邦法律和其他俄罗斯规范性法律文件规定的原则。

这些法律和其他规范性法律文件与外国船舶的设计、结构、海员配置或设备无关，如果它们不使用通用的国际规则和标准。

2. 同一国家的外国军舰和其他国家船舶不能三艘以上同时为了穿越领海而进入俄罗斯海港，俄罗斯联邦国际条约另有规定的除外，或者俄罗斯政府为庆祝活动

有专门决定的除外。

3. 外国潜艇和其他水下交通工具穿越领海时应悬挂国旗在水上航行。

4. 外国核动力船舶、军舰和其他国家船舶,以及运输核材料或其他本身具有危险或有毒物质或材料穿越领海时,船上必须有需要的文件,并遵守俄罗斯联邦国际条约为这些船舶制定的安全措施,按指定的海洋走廊和领海分航道制度航行。

5. 海洋走廊和领海分航道制度是由俄罗斯联邦政府批准的、负责国防的联邦权力执行机构制定,并在“航行者通告”上公布。

6. 外国船舶、军舰和其他国家船舶如果只是穿越领海,不被收取任何费用。

穿越领海的外国船舶、军舰和其他国家船舶只有在接受具体服务时才会被收取费用。这些费用的收取不受歧视。

第 14 条　在北方航道航行

在俄罗斯历史形成的国家交通道路北方航道航行时,要遵守国际法通行原则和规定、俄罗斯联邦国际条约、本联邦法、其他联邦法律和根据上述法律颁布的规范性法律文件。

第 14.1 条　外国游艇和体育帆船在内海和领海航行和停留

外国游艇和体育帆船在俄罗斯联邦国界口岸经过边防、海关和其他检查后,可以在口岸外的内海和领海航行和停留,禁止航行和临时对航行有危险的区域除外。而且这些船舶在进入俄罗斯联邦边界口岸时必须按俄罗斯联邦法律规定的程序向联邦安全局边防机构通知计划航行区域和(或)停留地点。

第 14.2 条　挂外国国旗的船舶在内海和领海航行

1. 挂外国国旗的旅游船按航行表到达一个或几个港口和(或)停靠点,没有其他旅客上下船或装卸弹药之外的货物(以下称外国旅游船),在经过俄罗斯国界口岸的边防和海关等检查后,可以在俄罗斯对外国船开放的港口间的内海和领海航行,禁止航行和临时危险航行区域除外。

2. 外国旅游船拥有联邦权力执行机构颁发的与使用外国旅游船有关的经营许可,根据俄罗斯联邦国际条约和法律,按照俄罗斯联邦政府规定的程序在旅游方面行使国家服务,在经过俄罗斯国界口岸的边防和海关等检查后,可以在港口间和(或)停靠点间航行,禁止航行和临时危险航行区域除外。

3. 获得进行与使用外国旅游船活动有关的许可的程序包括提供并审议申请,做出决定,拒绝颁发许可的理由,改变使用旅游船活动条件和中止所颁发许可效力。

4. 外国旅游船拥有本条第 2 款所指的许可进入俄罗斯联邦与俄罗斯联邦主体领土相连的北极地区和(或)远东联邦区的内海和领海,只能是俄罗斯联邦政府批准的清单中的港口和(或)停靠点,并指出这些港口和(或)停靠点之间的路线。

第15条 禁止航行区域和临时危险航行区域

1. 为了保障船舶安全，保护俄罗斯联邦国家利益，保护内海和领海环境，可以规定禁止航行区域和临时危险航行区域，在其中完全禁止或临时限制航行、抛锚、捕获海洋哺乳动物、用曳引类渔具进行捕捞水生物资源、进行水下或深海作业、土壤采样、水下爆破、放出锚链航行、飞行器飞越、悬停和降落（水上降落）等活动。

2. 在禁止航行区，禁止所有船舶、军舰、其他国家船舶和所有其他漂浮物航行。规定禁止航行区域和航行区开放的决定，以及这些区域的规则由俄罗斯联邦政府授权的联邦权力执行机构根据相关联邦权力执行机构的报告做出。上述决定提前在“航海者通告”上公布后生效。

3. 临时危险航行区域有一定的期限。

规定临时危险航行区域的决定及这些区域管理规则的决定由负责国防的联邦权力执行机构做出。上述决定提前在“航海者通告”上公布后生效。

4. 禁止航行区域边界在负责国防的联邦安全执法机构出版的导航图上标出。涉及这些区域的改变要提前在“航行者通告”上公布并用无线电宣布。

5. 所有的俄罗斯船舶和军舰、外国船舶、外国军舰和其他国家船舶以及所有其他漂浮物必须履行为禁止航行区和临时危险航行区制定的规定。借口不了解禁止航行区和临时危险航行区规定和边界不能作为进入这些区域的根据，不能免除责任。

第16条 在内海和领海进行搜寻救生和船舶打捞作业，建造和使用人工岛屿、装置、设施，进行钻探作业，铺设水下电缆、管道

1. 在内海和领海进行搜寻救生和船舶打捞作业要由俄罗斯救生船和装备进行。

2. 为了搜寻和抢救人员，抢救和拖曳事故船舶，打捞沉没的船舶和货物，根据俄罗斯联邦法律和俄罗斯联邦国际条约，允许外国救生船舶和设备到内海和领海并参加搜寻救生和船舶打捞作业。

3. 本条的规则不适用于根据本联邦法第10条第2款对穿越领海的人员、船舶或飞行器实施援助。

4. 在内海和领海建造和使用人工岛屿、装置、设施，进行钻探作业，铺设水下电缆、管道要遵守水上法律的要求，并按俄罗斯联邦政府规定的程序实施。

5. 在进行区域性地质研究、地质研究、勘探和开采矿物时在内海和领海建造和使用人工岛屿、装置、设施，进行钻探作业、铺设水下电缆、管道的目的不能违背俄罗斯联邦国际条约、本联邦法和其他联邦法。

5.1. 在内海和领海建造本条第5款以外的人工陆地时，要按照联邦法规定的程序。不允许在对国际航行有重要意义的公认航道上建造人工陆地。

5.2.在内海和领海建造本条第4.5款和第5.1款规定的设施时,可以使用在内海和领海进行海底作业挖出的泥土,但要遵守水上法律、环境保护法律和城市建设活动法律规定的要求,命令要按俄罗斯联邦政府规定的程序执行,前提是这些土壤包含的本联邦法第37条第2款清单中所列污染物的浓度不超过本条第4.5款和第5.1款规定设施建造区建造设施前土壤的化学指标。

6.在内海和领海进行区域性地质研究、地质研究、勘探和开采矿物资源时,地下资源特许证可授权矿主根据俄罗斯联邦矿产法、城市建设活动法要求的设计文件建造和使用人工岛屿、装置、设施,进行钻探作业,铺设水下电缆、管道。

7.如果地下资源特许证可使矿主有权在内海和领海建造和使用人工岛屿、装置、设施,进行钻探作业,铺设水下电缆、管道,则进行这类活动不再需要获得进行这类活动的许可证。

第16.1条 在进行区域性地质研究、地质研究、勘探和开采碳氢化合物原料时,在内海和领海运输和存放石油和石油产品时人工岛屿、装置和设施的使用特点

1.在进行区域性地质研究、地质研究、勘探和开采碳氢化合物原料时,在内海和领海运输和存放石油和石油产品时,人工岛屿、装置和设施的使用都必须要按本联邦法规定的程序批准的计划,并根据计划设计和实施预防和消除石油和石油产品向海洋泄漏(以下称预防和消除石油和石油产品泄漏)的措施。

2.预防和消除石油和石油产品泄漏计划由使用人工岛屿、装置、设施、水下管道,在内海和领海(以下称使用单位)区域地质研究、地质研究、勘探和开发碳氢化合物原料进行钻探的单位批准,并且要有预防和消除石油和石油产品泄漏计划国家环境鉴定的正面结论,及之后俄罗斯联邦总统、俄罗斯联邦政府确定的联邦权力执行机构按照俄罗斯联邦政府规定的程序发出的通知。

如果预防和消除石油和石油产品泄漏计划是俄罗斯联邦《地下资源法》《城市建设活动法》规定的设计文件的一部分,并有国家环境鉴定的正面结论,则不要求有单独的以上计划的国家环境鉴定正面结论。

3.批准对预防和消除石油和石油产品泄漏计划的修改由使用单位按照本联邦法规定的、对批准预防和消除石油和石油产品泄漏计划的程序进行。

4.对预防和消除石油和石油产品泄漏计划的内容要求由俄罗斯联邦政府确定,考虑俄罗斯联邦在紧急情况下保护居民和领土方面的法律要求。

5.如果石油和石油产品泄漏的量太大,预防和消除石油和石油产品泄漏计划不能保证将其消除,则俄罗斯联邦总统和俄罗斯联邦政府确定的联邦权力执行机构根据使用单位的请求,可按照俄罗斯联邦政府规定的程序召集统一的国家预防和消除紧急情况的补充力量和装备(以下称补充力量和装备)来清除石油和石油产品的泄漏。

召集补充力量和装备来清除石油和石油产品的泄漏的费用按照俄罗斯联邦政府规定的程序由使用单位支付。

6. 使用单位在预防石油和石油产品泄漏时必须做到：

1)完成预防石油和石油产品泄漏计划。

2)在自己的活动区域建立海洋环境状况观察系统(包括石油和石油产品泄漏发现系统)、符合俄罗斯联邦政府规定要求的石油和石油产品泄漏通信和警报系统并保障以上系统的正常运行。

3)在区域性地质研究、地质研究、碳氢化合物原料勘探与开发以及石油与石油产品在内海和领海的运输与存储时开始使用人工岛屿、装置和设施、水下管道进行钻探开始前，就有预防石油和石油产品泄漏计划规定的资金保障，包括能全额赔偿给环境造成危害的、根据俄罗斯联邦法律确定的损失，其中包括对水生物资源，公民生命、健康和财产，法人因石油和石油产品泄漏的财产损失。此时使用单位必须通知俄罗斯联邦总统和俄罗斯联邦政府确定的联邦权力执行机构有预防石油和石油产品泄漏计划规定的资金保障，包括全额赔偿给环境造成危害的损失，其中包括对水生物资源，公民生命、健康和财产，法人因石油和石油产品泄漏的财产损失的资金保障。

4)在自己的事故救援机构和(或)抢险救生部队、常备力量和装备用来预防和消除石油和石油产品泄漏，并能在协议的基础上召集上述事故救援机构和(或)上述事故救援部队。对用于预防和消除石油和石油产品泄漏常备力量和装备的要求由俄罗斯联邦总统和俄罗斯联邦政府确定的联邦权力执行机构制定。

7. 使用单位拥有以下任意一项文件是保障预防和消除石油和石油产品泄漏的资金保证：

1)支付保障预防和消除石油和石油产品泄漏计划规定活动货币的银行保证，包括全额赔偿对环境的损害，其中包括对石油和石油产品泄漏造成的水生物资源，公民生命、健康和财产，法人财产损失；

2)保证支付预防和消除石油和石油产品泄漏计划规定活动资金的保险协议，包括全额赔偿对环境的损害，其中包括对石油和石油产品泄漏造成的水生物资源，公民生命、健康和财产，法人财产损失；

3)证明使用单位成立了储备基金的文件，包括用于预防和消除石油和石油产品泄漏计划规定活动的资金，包括全额赔偿对环境的损害，其中包括对石油和石油产品泄漏造成的水生物资源，公民生命、健康和财产，法人财产损失。

8. 用于预防和消除石油和石油产品泄漏计划规定活动的资金计算方法由俄罗斯联邦政府确定的联邦权力执行机构制定和批准，包括全额赔偿对环境的损害，其中包括对石油和石油产品泄漏造成的水生物资源，公民生命、健康和财产，法人财产损失。

9. 在出现石油和石油产品泄漏时,使用单位应:

1)保证按俄罗斯联邦政府规定的程序通知俄罗斯联邦总统和俄罗斯联邦政府确定的联邦权力执行机构、与石油和石油产品泄漏区相邻地区的俄罗斯联邦主体权力执行机构、地方自治机构关于石油和石油产品泄漏的事实;

2)保证根据预防和消除石油和石油产品泄漏计划组织和进行石油和石油产品的隔绝和清除工作;

3)采取措施保护使用单位人员的生命和健康以及直接处于石油和石油产品泄漏区的人员,在必要情况下对他们进行疏散;

4)采取措施保护和维护海洋环境和水生物资源;

5)按照俄罗斯联邦政府规定的程序请求俄罗斯联邦总统和俄罗斯联邦政府确定的联邦权力执行机构派遣补充力量和装备清除石油和石油产品的泄漏;

6)全额赔偿对环境的损害,其中包括对石油和石油产品泄漏造成的水生物资源,公民生命、健康和财产,法人财产损失,以及召集补充力量和装备清除石油和石油产品活动的费用。

10. 俄罗斯联邦总统、俄罗斯联邦政府确定的联邦权力执行机构应:

1)按俄罗斯联邦法律规定的程序检查使用单位对俄罗斯联邦国际条约、本联邦法、其他联邦法律以及根据这些法律通过的其他俄罗斯联邦规范性法律文件规定的预防和消除石油和石油产品泄漏强制要求的执行情况;

2)在发现石油和石油产品泄漏事实,得到使用单位关于泄漏事实的通知以及在清除这些泄漏时,协调其他联邦权力执行机构、俄罗斯联邦主体权力执行机构、地方自治机构和组织的行动;

3)协调和监督使用单位和其他被使用单位召集来清除泄漏的法人和公民清除石油和石油产品泄漏的行动。

11. 为了协助使用单位和俄罗斯联邦总统和俄罗斯联邦政府确定的联邦权力执行机构清除石油和石油产品泄漏,可以根据俄罗斯联邦法律召集编制外的和社会事故抢险部门、没加入上述部队的救生人员以及不是救生人员的志愿者公民。

12. 如果经营单位参加与使用人工岛屿、装置和设施、水下管道,进行与钻探有关的作业,使用海洋地下矿产执照的业主对环境的损害,其中包括对石油和石油产品泄漏造成的水生物资源,公民生命、健康和财产,法人财产损失负有次要责任。

第17条　俄罗斯联邦对外国船舶的刑事管辖权

1. 俄罗斯联邦对外国船舶的刑事管辖权不涉及穿越领海的外国船舶,要逮捕某人或当外国船舶在穿越时犯罪实施调查的条件是:

犯罪的后果涉及俄罗斯联邦境内;

犯罪的性质是破坏了俄罗斯的安宁和领海的良好秩序；

国旗国的外国船长、外交代表或领事负责人向联邦权力执行机构负责人或俄罗斯联邦主体权力机构负责人请求给予援助；

对于阻止非法贩卖毒品或精神类药物，对于阻止其他俄罗斯联邦国际条约规定的国际性刑事犯罪是必要的措施。

2. 本条第 1 款规则不涉及根据俄罗斯联邦法律规定的俄罗斯有权采取任何措施在离开俄罗斯内海正穿越领海的外国船舶上实施逮捕和调查。

3. 在本条第 1 款和第 2 款所指的情况下，俄罗斯联邦应外国船长的请求，可在采取任何措施前，通知国旗国外交代表或领事负责人，并协助上述代表和负责人与外国船员建立联系。如果情况特别紧急，可以一边采取上述措施，一边进行通知。

4. 涉及保护和维护海洋环境和破坏而为俄罗斯联邦专属经济区和大陆架制定的法律和规则的情况除外，俄罗斯联邦不会在穿越领海的外国船舶上采取任何措施逮捕或调查外国船舶进入领海之前犯罪的人，如果这艘船来自外国港口，仅穿越领海而不进入内海水域。

第 18 条　俄罗斯联邦对外国船舶的民事管辖权

1. 联邦权力执行机构负责人不会拦截正穿越领海的外国船舶，也不会因为俄罗斯对外国船舶上的人行使民事管辖权而让其改变航线。

2. 联邦权力执行机构负责人对本条第 1 款所指外国船舶使用处罚或扣押措施，只能是因任何民事案件债务或外国船舶在穿越领海承担的责任。

3. 本条第 1 款和第 2 款规则不涉及联邦权力执行机构负责人根据俄罗斯联邦法律对位于领海锚地或离开内海正穿越领海的外国船舶因民事案件使用处罚和扣押措施的权利。

第 19 条　联邦权力执行机构对破坏俄罗斯领海、内海和港口法律的外国军舰的行动

1. 如果外国军舰不遵守俄罗斯联邦涉及穿越领海或内海、港口停留的法律，无视要求它遵守俄罗斯联邦法律的要求，负责安全、国防、内务和环境保护的联邦权力执行机构负责人可以要求外国军舰立即离开领海、内海和港口。

2. 在和平时期，本条第 1 款所指的联邦权力机构负责人与外国军舰指挥的争议，在当地无法解决的，通过外交途径解决。

3. 当外国军舰使用武器对抗俄罗斯联邦、俄罗斯军舰、船舶、飞行器或俄罗斯公民时，根据《俄罗斯联邦国界法》和联合国章程对攻击采取回击措施。

第 20 条　使用自然资源，保护内海和领海环境，在内海和领海进行的其他活动

1. 使用自然资源、保护内海和领海环境，以及保护环境安全，在特别自然保护

区的活动，保护历史文物都根据俄罗斯联邦法律进行。

2. 外国公民和无国籍人士、外国法人及无法人地位的外国法人组织和国际组织可以按照本联邦法、其他联邦法和经批准的俄罗斯联邦国际条约规定和程序使用内海和领海自然资源，也可以在内海和领海进行其他活动，包括从飞行器上。

2.1. 符合俄罗斯联邦《地下资源法》规定要求的人可以进行区域地质研究、地质研究、矿物勘探和开采、建设和使用与开发内海和领海地下区域矿物有关的地下设施。

2.2. 矿产使用执照及副本以及俄罗斯联邦《地下资源法》对执照内容的要求应包含在结冰条件下、在结冰条件进行内海和领海作业时清除海洋环境石油和石油产品泄漏所使用技术和方法的信息。

3. 领土毗连内海和领海的俄罗斯联邦主体国家联邦机构在使用内海和领海自然资源、保护环境和保障环境安全、在特别保护自然区活动以及保护历史文物和自然古迹问题的权限由联邦法律规定。

4. 在内海和领海进行科学研究根据本联邦法第四章的规则进行。

5. 在进行边防检查的俄罗斯联邦专属经济区和(或)大陆架进行捕捞的俄罗斯船舶，有按规定颁发的穿越俄罗斯联邦国界在内海和领海装卸水生物资源、鱼类和其他水生物资源制品的许可证，他们可以在有负责安全的联邦权力执行机构负责人在场时在装卸区装卸水生物资源、鱼类和其他水生物资源制品，装卸区和国界清单由俄罗斯联邦政府确定。

第 21 条　使用内海和领海自然资源的经济关系主要原则

1. 使用内海和领海自然资源的经济关系主要原则有：

有偿使用；

对破坏经营活动条件追究责任；

损害内海和领海及其自然资源、环境、历史文物须赔偿损失；

与恢复和保护内海和领海自然资源、环境，保护历史文物有关的措施有资金保障。

2. 已于 2009 年 12 月 27 日失效。

3. 使用内海、领海自然资源的程序由俄罗斯联邦法律规定，考虑捕捞为生存基础的居民利益，包括俄罗斯北方、西伯利亚和远东原住少数民族。

第 3 章　俄罗斯联邦毗连区

第 22 条　俄罗斯联邦毗连区的定义、边界和划定

1. 俄罗斯联邦毗连区(以下称毗连区)是指位于领海外与领海毗连的海洋带，其外部边界距领海宽度测量基线 24 海里。

2. 俄罗斯与对岸国家或海岸相重叠国家间的毗连区的划定根据国际法通行原则和规范及俄罗斯联邦国际条约实施。

第 23 条　俄罗斯联邦在毗连区的权利

1. 在毗连区俄罗斯联邦对以下活动进行必要的监督：

预防破坏适用于俄罗斯境内包括领海的俄罗斯联邦法律和其他俄罗斯联邦规范性法律文件制定的海关、税务、移民或卫生规则；

对在俄罗斯联邦境内包括领海实施的、违反上述法律和规则的行为进行处罚。

2. 根据俄罗斯联邦法律和国际法规定，俄罗斯联邦在毗连区采取预防本条第1款指出的破坏行为、拘捕罪犯，包括追踪、拦截、检查和拘捕所有肇事外国船舶（包括军舰和其他用于非商业目的的国家船舶）。

3. 本条第1款和第2款的规定不涉及联邦法律规定的、与俄罗斯联邦专属经济区和大陆架有关的权利。

第 4 章　海洋科学研究、内海海洋资源研究

第 24 条　海洋科学研究的定义与实施原则

本联邦法中，在内海和领海进行的海洋科学研究（以下称海洋科学研究）是指基础研究和实用研究，以及为获得发生在海底、地下、水层和大气中自然界变化的各种知识而进行的实验。

第二部分于 2009 年 12 月 27 日失效。

海洋科学研究应该具有绝对的和平性，包括不对俄罗斯联邦的国防和安全构成威胁。

为进行海洋科学研究，在内海和领海安装并使用科研装置和任何类型的仪器都应按照本联邦法规定的海洋科学研究的程序进行。这些装置和仪器应携带指明所属注册国或管辖国际组织名称的识别标志，还要考虑主管国际组织的规范和标准，有必要的、符合国际规则的预防手段，以保证海洋航行和空中飞行的安全。

第 25 条　提交在内海和领海进行海洋科学研究的申请及其内容

1. 俄罗斯法人和自然人（本章以下称俄罗斯申请人）可以在内海和领海进行海洋科学研究。

2. 计划进行海洋科学研究的俄罗斯申请人，进行海洋科学研究开始前不少于6个月向俄罗斯联邦政府授权的联邦权力执行机构提交申请。

3. 外国公民、外国法人、成员不包括俄罗斯的主管国际组织可以在内海和领海进行海洋科学研究，包括按照本联邦法、其他联邦法和俄罗斯联邦国际组织规定和程序在飞行器上和探测气球上进行。

4. 计划在内海和领海进行海洋科学研究的外国公民、与俄罗斯签署相应国际

条约的参加国授权的外国法人、俄罗斯不是成员或者俄罗斯与其签署了国际条约的主管国际组织(本条以下称外国申请人),要想获得进行上述研究的许可证,须通过外交途径在预计开始海洋研究日期前不少于6个月向俄罗斯联邦政府授权的联邦权力执行机构寄送申请。

5. 进行海洋科学研究的规则,包括提交海洋科学研究申请的程序(本章以下称申请),以及对此做决定,均由俄罗斯联邦政府根据俄罗斯联邦国际条约和本联邦法制定。

6. 申请(外国申请者要用俄语和申请人国家语言书写)应该包括:

海洋科学研究性质和目的的信息;

海洋科学研究计划,包括上述研究方法和手段描述、技术参数、名称、吨位、类型、船级、水下载人和不载人仪器、飞行器、其他用于进行海洋科学研究的交通工具;

计划进行海洋科学研究的地理坐标、进出指定区域的路线、登陆时间和地点;

预计第一次到达进行海洋科学研究区域的日期和最后一次离开该区域的日期,如果有自动安装科学仪器,则安装和清除科学仪器的日期;

如果是驻扎在岸上的考察队进行海洋科学研究,考察队到达和离开的日期;

进行海洋科学研究主管组织的名称;

进行海洋科学研究负责人(考察队队长)的信息;

进行海洋科学研究计划规定的活动种类执照的公证复印件;

计划进行的海洋科学研究可能对海洋环境、自然资源、沿岸工业交通设施运行、海洋航行和航空器飞行的影响信息;

遵守进行海洋科学研究许可证所指的、保证在研究过程中使用的技术手段(包括技术参数)与申请中所指的技术手段(包括技术参数)相符条件的义务。

如果申请人没有提交本款第9段所指的进行海洋科学研究计划规定的活动种类执照的公证复印件,则俄罗斯联邦政府授权的联邦权力执行机构可向相应许可证发放机构索取上述文件(包含在文件内的信息)。

7. 外国申请人在自己的申请中还应提交参加海洋科学研究的俄罗斯公民和俄罗斯法人的所有参加形式和参加程度信息,并指出海洋科学研究计划在哪个俄罗斯国际条约的框架内进行。

8. 俄罗斯申请者设计的海洋科学研究中,如果有外国公民、外国法人或外国组织参加,则要在申请中附上这些人参加的形式和程度。

9. 申请许可证时,可能会要求海洋科学研究的补充信息,这时申请审理的期限从申请人提交补充信息之日算起。

10. 如果海洋科学研究区域有一部分位于内海或领海,则海洋科学研究的所有区域都应该符合本联邦法,包括位于领海以外的部分。

第 26 条　申请审理程序

1. 俄罗斯联邦政府授权的联邦权力执行机构:

本段已删除;

在收到申请后不迟于 4 个月向申请人寄送进行海洋科学研究的许可证或通知:

1)不同意进行海洋科学研究;

2)申请提交的信息与进行海洋科学研究的性质、目的不符;

3)根据本联邦法第 25 条,必须提交所涉及海洋科学研究的补充信息。

2. 向外国申请人寄送进行海洋科学研究的许可证或通知,由专门授权的联邦权力执行机构通过外交渠道。

3. 向俄罗斯申请人颁发进行海洋科学研究的许可,或者将其列入海洋科学研究年度计划,或者按专门的程序。审理上述计划的形式、内容和程序,以及向俄罗斯申请人颁发许可证的专门程序由本联邦法第 25 条第 5 款所指的规定实施。

4. 俄罗斯联邦政府授权的联邦权力执行机构在与俄罗斯联邦总统、俄罗斯联邦政府授权的联邦权力执行机构协商后颁发进行海洋科学研究的许可证,如果部分海洋科学研究在俄罗斯联邦海岸进行或利用了岸上基础设施,则应与相邻海岸或使用了岸上设施的俄罗斯联邦主体权力机构协商后颁发。

第 27 条　拒绝颁发进行海洋科学研究许可证的依据

1. 在下列情况下,俄罗斯或外国申请人可能会被拒绝颁发许可证:

如果所进行的海洋科学研究对俄罗斯联邦国防和安全构成或可能构成威胁;

如果所进行的海洋科学研究是针对内海和领海自然资源的使用;

如果所进行的海洋科学研究不符合保护环境的要求,包括有生命的和无生命的生物;

如果所进行的海洋科学研究包括在内海和领海海底钻探,使用爆炸物、气动装置并向海洋环境释放污染物;

如果所进行的海洋科学研究包括建造、使用人工岛屿、装置和设施;

如果所进行的海洋科学研究干扰在俄罗斯内海和领海进行的活动。

2. 如果俄罗斯和外国申请人在之前进行的海洋科学研究中有对俄罗斯未尽的义务,如果俄罗斯和外国申请人提交的申请信息不准确,则可能被拒绝颁发许可证。

第 28 条　进行海洋科学研究的俄罗斯和外国申请人的义务

1. 获得进行海洋科学研究许可的俄罗斯和外国申请人必须:

履行俄罗斯联邦国际条约、本联邦法和其他联邦法;

一有可能,便向进行海洋科学研究许可证上指定的联邦权力执行机构提交初步研究报告,研究完成后不迟于完成日期的3个月提交最终报告。外国研究者通过外交渠道寄送上述材料(用俄语和申请人所在国语言)。

一有可能,便向许可证上指明地点的俄罗斯联邦国家数据库提交气象、水文、水文化学、水文生物观察数据复印件,环境状况、环境污染以及海洋科学研究许可证上规定的其他观察的复印件。

定期与俄罗斯岸上机构保持联系。

在完成海洋科学研究计划过程中,有任何改变都应立即通知许可证上指明的联邦权力执行机构。

如果研究船、飞行器、装置和设施上有必要的仪器,应按世界气象组织的标准程序在主要国际观测时间通过岸上的无线电中心(海岸无线电台)向最近的俄罗斯水文气象中心报告气象、水文和高空气象实时观测数据,如果进行海洋科学研究许可证规定要进行这些观测,还要将发现的海洋环境被石油、有毒物质、垃圾及污水污染的情况进行报告。

不对在俄罗斯内海和领海进行的活动造成干扰。

完成海洋科学研究后,如果进行研究的许可证没有别的规定,须清除装置、设施和设备。

2. 俄罗斯和外国申请人必须保证俄罗斯联邦代表参加海洋科学研究,具体来说是指在研究船、飞行器、装置和设施及考察队岸上驻扎地要安排并完成保障他们的食宿,待遇与自己领导(指挥人员)等同,还要保证俄罗斯联邦上述代表能接触到科研过程中获得的所有数据和样本,能复印的资料和能分割而不损害其科研价值的样本都要向他们提交;

派遣俄罗斯代表参加海洋科学研究的程序、权限由本联邦法第25条第5款规定的、进行海洋科学研究规则确定。

第29条　海洋科学研究成果的转交和公布

1. 在研究完成后,海洋科学研究结果获得的所有资料,在加工和分析后,包括最终成果和结论都应转交给俄罗斯联邦国家数据库,其地址已在进行海洋科学研究许可证上注明。

2. 在完成科研后,海洋科学研究获得的并且之前没移交给本法第28条第2款所指的俄罗斯联邦代表的、因分割会影响其科研价值的所有样本,则在加工和分析后,包括最终成果和结论应移交俄罗斯联邦国家科研组织,其地址已在进行海洋科学研究许可证上注明。

3. 外国申请人提交本条第1款和第2款所指材料时,要用俄语和申请人所在国语言。

4. 俄罗斯和外国申请人在进行完海洋科学研究并履行了本条规定的对俄罗斯联邦的义务后，可以经俄罗斯联邦政府授权的联邦权力执行机构的同意，根据俄罗斯联邦法律让第三方获得研究成果。外国申请人要通过外交渠道申请这种同意。

第 30 条　海洋科学研究计划的改变

俄罗斯和外国申请人只有在特殊情况下，并且与俄罗斯联邦政府授权的联邦权力执行机构协商后，获得该机构与联邦权力执行机构及本联邦法第 26 条第 4 款指定的俄罗斯联邦主体权力执行机构协商后允许改变的书面许可，才能改变海洋科学研究计划。

第 31 条　海洋科学研究的中止

1. 所进行的海洋科学研究破坏了俄罗斯联邦国际条约、本联邦法和其他联邦法律，则可以暂停或中止。

2. 暂停海洋科学研究的决议由俄罗斯联邦政府授权的联邦权力执行机构、本联邦法第 26 条第 4 款指定的联邦权力执行机构、本联邦法第 28 条第 2 款指定的俄罗斯联邦代表做出。如果部分海洋科学研究在俄罗斯联邦海岸进行或利用了岸上基础设施，暂停的决议应与相邻海岸或使用了岸上设施的俄罗斯联邦主体权力机构协商后做出。

2. 1. 只有在规定的期限内消除了破坏并向俄罗斯联邦政府授权的联邦权力执行机构和本联邦法第 26 条第 4 款指定的联邦权力执行机构、本联邦法第 28 条第 2 款指定的、发现并做出决定中止海洋科学研究的俄罗斯联邦代表提交消除破坏所用措施和预防类似破坏的措施后，才能恢复暂停的海洋科学研究，如果部分海洋科学研究在俄罗斯联邦海岸进行或利用了岸上基础设施，则向相邻海岸或使用了岸上设施的俄罗斯联邦主体权力机构提交。

2. 2. 中止海洋科学研究的决议由俄罗斯联邦政府授权的联邦权力执行机构与本联邦法第 26 条第 4 款指定的联邦权力执行机构协商后做出，如果海洋科学研究有一部分在俄罗斯海岸进行，并使用了岸上基础设施，需要与相邻海岸或使用了岸上设施的俄罗斯联邦主体权力机构协商。

3. 在下列情况下立即中止海洋科学研究：

没有俄罗斯联邦政府授权的联邦权力执行机构的许可证；

海洋科学研究计划进行了修改，与按本联邦法第 25 条提交的申请不同；

俄罗斯和外国申请者未遵守对俄罗斯联邦的义务。

第 31. 1 条　海洋资源研究

在本联邦法中内海和领海海洋资源研究（以下称海洋资源研究）是指为利用和保护内海和领海自然资源而进行的实用科学研究工作，海底地下除外。

第 31.2 条　进行海洋资源水生物资源研究的特点

1. 为进行海洋资源水生物资源研究，俄罗斯联邦政府授权的联邦权力执行机构在与俄罗斯联邦总统和俄罗斯联邦政府确定的联邦权力执行机构协商后，考虑相邻俄罗斯联邦主体权力执行机构的建议，起草进行海洋资源水生物资源研究年度计划。

2. 1998 年 12 月 17 日通过的调节进行海洋资源水生物资源研究的《俄罗斯联邦专属经济区法》也适用于在内海和领海进行海洋资源水生物资源研究，如果与本法不冲突。

3. 在内海和领海为科研和检查而捕捞，由科研组织单位根据海洋资源水生物资源研究年度计划、水生物资源利用决定以及上述单位颁发的捕捞水生物资源许可证进行水生物资源海洋资源研究。

第 5 章　保护和维护内海和领海的海洋环境及其自然资源

第 32 条　保护和维护内海和领海的海洋环境及其自然资源

保护和维护内海和领海的海洋环境及其自然资源根据俄罗斯联邦法律和俄罗斯联邦国际条约由联邦权力执行机构在自己职权范围内实施，以及由俄罗斯联邦主体相应的权力执行机构进行。

第 32.1 条　保护和维护内海和领海的海洋环境及其自然资源的主要原则

保护和维护内海和领海的海洋环境及其自然资源的主要原则有：

保证内海和领海的海洋环境的生物多样性；

在内海和领海施工时保证环境安全；

预防内海和领海的海洋环境污染；

禁止或限制可能对被特别保护的内海和领海自然区域造成损害的经营或其他活动，以及在内海和领海渔业自然区域的经营和其他活动。

第 33 条　内海和领海海洋环境质量的规定标准

1. 制定内海和领海海洋环境质量的规定标准是为了保护自然环境和维护自然资源。

2. 通过制定和遵守对水上设施影响的允许标准、水上设施水质量专门指标、环保标准以及俄罗斯联邦政府规定的环境要求，使内海和领海海洋环境符合环保要求。

第 34 条　内海和领海的国家环境鉴定

1. 内海和领海的国家环境鉴定（以下称国家环境鉴定）：

是保护海洋环境和维持内海和领海自然资源的强制措施；

按俄罗斯联邦环境鉴定法律规定的程序组织和实施。

2. 所有类型的证件和(或)根据其在内海和领海进行计划的经营和其他活动的文件都接受国家环保鉴定。

所有在内海和领海的经营与其他活动都必须有国家环保鉴定的正面结论,鉴定的费用由内海和领海自然资源使用者支付。

3. 国家环境鉴定的对象是联邦纲要方案,与区域地质研究、地质研究、内海和领海矿物勘探和开发有关的,与捕捞、建造和使用人工岛屿、装置、设施,铺设海底电缆、管道,进行钻探作业,封存在内海和领海进行深海作业所取土壤有关的其他文件,以及有据此在内海和领海从事计划的经营和其他活动的文件。

4. 国家环保鉴定的对象还有联邦法第 16.1 条规定的预防和消除石油和石油产品泄漏计划。如果上述计划是俄罗斯联邦《地下资源法》《城市建设活动法》规定的设计文件的一部分,有国家环保鉴定的正面结论,则不需要上述计划的国家环保鉴定的单独正面结论。

第 35 条　内海和领海的国家环境监督

1. 内海和领海的国家环境监督是一系列预防、查清和中止破坏俄罗斯联邦国际条约要求和俄罗斯联邦环境保护方面的法律,包括内海和领海海洋环境和自然资源的措施。

2. 内海和领海的国家环境监督由授权的联邦权力执行机构在履行俄罗斯联邦法规规定的程序实施联邦国家环境监督中实施。

第 36 条　内海和领海的国家环境监测

1. 内海和领海的国家环境监测(以下称国家监测)是国家环境监测的一部分,它是一系列对海洋环境和海底沉积物的物理、化学、水生物和微生物指标的定期观察,也是在自然和人为因素影响下对上述指标变化的评估和预测。

2. 内海和领海的国家环境监测由俄罗斯联邦政府授权的联邦权力执行机构实施,俄罗斯联邦主体权力执行机构根据俄罗斯联邦法律参加。

第 37 条　废料和其他材料的封存和污染物在内海和领海的排放

1. 本联邦法中:

废料和其他材料的封存(以下称封存)是指任何从船舶、飞行器、人工岛屿、装置和设施故意清除废料或其他物质,以及任何故意销毁船舶、其他漂浮物、飞行器、人工岛屿、装置和设施。封存在内海和领海深海作业取土的土壤不算作废料封存。清除船舶、飞行器、人工岛屿、装置和设施自带的或是其正常使用结果的废料,并且不超过环保指标、俄罗斯联邦法律规定的其他指标和要求不算作封存。船舶、飞行器、人工岛屿、装置和设施运送的废料和其他物质,目的是清除或运往此类船舶、飞行器、人工岛屿、装置和设施的除外,在船舶、飞行器、人工岛屿、装置和设施处理这些废料或其他材料的结果也除外。

放置这些材料的目的不是一般的清除,如果这不违背本联邦法和俄罗斯联邦国际条约的目的。

本段于2015年7月13日失效。

排放污染物或包含这些物质的废水(以下称排放污染物)是指不论任何原因从船舶、其他漂浮物(以下称船舶)、飞行器、人工岛屿、装置和设施上的任何排放,包括任何的泄漏、清除、漫流、渗流、汲出、排出和排空。排泄污染物不包括使用海洋地下与在内海和领海加工矿产资源排出的污染物,以及为治理污染或监控污染而进行的合法海洋科学研究所排放的污染物。

2. 封存废料和其他物质,封存挖泥沙作业挖出的土壤除外,以及在内海和领海排放污染物都是禁止的。

在内海和领海特别保护自然区、内海和领海渔业生态区禁止封存挖泥沙作业挖出的土壤,如果这些土壤包含污染物,污染物清单由俄罗斯联邦政府根据俄罗斯联邦国际条约确定。

在挖泥沙作业时禁止封存包含本款第二段规定污染物的土壤,不适用于在内海和领海封存污染物浓度不超过封存前区域化学指标的土壤的情况。

第37.1条　在内海和领海封存挖泥沙作业土壤

1. 在内海和领海封存挖泥沙作业土壤(以下称海底土)要根据俄罗斯联邦国际条约、本联邦法实施。

2. 在内海和领海封存海底土要有授权进行内海和领海国家环境监督的联邦权力执行机构颁发的许可证。

3. 在内海和领海封存海底土许可证(在本条中称许可证)颁发的期限不应超过8个月,包括对内海和领海封存海底土活动文件进行国家环境鉴定的期限,如果俄罗斯联邦法律规定必须有水上设施交付在内海和领海个别区域使用的决定,决定规划了海底土壤封存,这个决定和(或)文件的国家环境鉴定正面结论连同获取许可证的申请(在本条中称申请),应在授权进行内海和领海国家环境监督的联邦权力机构收到这个申请的30日内批准。如果本条第4款指出的联邦权力执行机构发出涉及本许可证的意见,则上述期限可以延长30天。

4. 许可证的设计应与下列机构协调:

1)在没有国防威胁的部分,与负责国防的联邦权力执行机构;

2)在没有航行安全的部分,在河海运输领域提供国家服务和国家财产管理的联邦权力执行机构;

3)渔业联邦权力执行机构在内海和领海建议封存海底土的区域没有禁止渔猎区的部分。

5. 与内海和领海海底土封存有关的俄罗斯法人或自然人(包括个体经营者)

(在本条称申请人)向负责内海和领海国家环保监督的联邦权力执行机构直接递交申请或通过多功能国家和市政报务中心(以下称多功能中心)递交申请。

6. 申请应当包含:

1)申请人信息[姓、名、父称、居住地址、证明申请人身份的个人资料,如果是自然人(包括个体经营者,也应指出证明个体经营者统一国家注册表信息事实的信息),法人申请人名称、办公地点、能证明在国家统一法人注册表信息的事实];

2)海底土的参数:

总数量(吨或其他测量单位)和预计封存海底土平均数量指标,比如每天、每十天、每月、每年;

状况和性质(物理性、化学性、生物化学和生物性);

污染指数(海底土包括物质的数量和质量参数);

稳定性,如物理性、化学性和生物性;

生物材料和沉积物积累和生物变化;

在海洋环境中与其他融化的有机物和无机物相互作用的倾向;

降低鱼类和其他水生物资源产品质量的着色和其他变化影响的可能性;

挖掘区地理坐标;

3)海底土封存区和封存方法特点:

地点(封存区地理坐标、深度和与海岸距离);

一段时期封存数量,如一天、一周、一个月、一年;

相对于休息区域、内海和领海地下区域、水生物捕捞区域、内海和领海禁止渔猎区域的位置;

使用这种封存方法的初步溶解情况;

扩散性质(海流、潮汐、风对水平移动和垂直溶合的影响);

水的性质(温度,密度,盐度,层理,污染酸性指标,有机氮和矿物氮、悬浮物和营养物含量,生产率)

海底性质(地貌、沉降物的地球化学和地质参数、生物产量)

海底封存区域其他封存的影响(重金属数据和有机碳的含量);

4)海底土封存总条件

对休息区可能的影响(混浊度、难闻的气味、脱色、起泡);

对环境可能的影响,包括对海洋环境和捕捞;

对利用海洋其他活动的可能影响(工业用水质量恶化、因海底土堆积在海底影响航行和捕捞、保护对科研和内海及领海海洋环境及自然资源有重要意义的区域出现的问题);

在陆地封存海底土方法的可行性;

预计封存海底土的期限；

用于向封存区运送海底土的交通工具种类(类型)、海底土封存方法(装载吨位、从船上清除海底土的方法、每天的次数、每天清除海底土的速度、每次活动的吨数)；

5)在封存海底土过程中观察封存区和海洋环境状况的计划。

7. 申请应包含的信息：

1)有权进行海底土封存活动文件的国家环境鉴定的正面结论；

2)水上设施交付在计划海底土封存的内海和领海个别区域使用的决定，如果有俄罗斯联邦法律规定的这一决定。

8. 申请人在得到本条第16款所指通知后，将本条第7款所指的信息寄送授权在内海和领海进行国家环境监督的联邦权力执行机构，在得到通知前已在申请中提交的情况除外。

9. 根据进行海底土封存活动文件，本条第2—5条和第6条信息包含在申请中。

10. 不允许向申请人要求获得许可的其他证件和信息，本条第6款和第7款规定的内容除外。

11. 授权在内海和领海进行国家环境监督的联邦权力执行机构按跨部门协作程序查询其他的国家权力机构、地方自治机构或其所属的组织掌握的、颁发许可证必需的证件和信息，如果申请人自己没提交这些证件和信息。

12. 授权在内海和领海进行国家环境监督的联邦权力执行机构在收到申请后3日内应向申请人寄送收到申请并开始审理的通知函。

13. 负责在内海和领海进行国家环境监督的联邦权力执行机构在收到申请的5日内，寄送许可证设计样稿连同申请复印件去协商。协商期限自设计样稿到达本条第4款规定的联邦权力执行机构后不超过15日。

14. 如果本条第4款规定的联邦权力执行机构的意见在规定的协商许可证设计样稿期限内没到达，这种设计算作已协商完毕。

15. 如果本条第4款规定的联邦权力执行机构的意见在规定的协商许可证设计期限内到达，则授权在内海和领海进行国家环境监督的联邦权力执行机构在意见到达后3天内用挂号信向申请人寄送上述意见用以修正，并附委托通知。如果申请人在收到之后的30日内没修正，则授权在内海和领海进行国家环境监督的联邦权力执行机构应拒绝向申请人颁发许可证，并在5日内通知对方。如果是通过多功能中心提交的申请，则拒绝颁发许可证的通知也通过多功能中心寄送。

16. 与本条第4款和(或)本条第14款所指的联邦权力执行机构就许可证设计协调后，授权在内海和领海进行国家环境监督的联邦权力执行机构在5日内向申请人寄送许可证设计协商通知。

17. 在得到国家环境监督对在内海和领海进行封存海底土活动文件的鉴定正面结论后，如果俄罗斯联邦法律规定要有水上设施交付在内海和领海一定区域使用的决定，则申请人要向授权对内海和领海进行国家环境监督的联邦权力执行机构提交得到上述结论和（或）决定的信息。

18. 授权在内海和领海进行国家环境监督的联邦权力执行机构，在获得本条第17款规定信息的5日内，应向申请人发放许可证。如果申请是通过多功能中心递交，则许可证也通过多功能中心寄送。

19. 许可证应包含：

1）许可证申请人的信息（姓、名、父称和自然人居住地址，包括个体经营者，名称、办公地点，写清法人领导的姓、名、父称）；

2）许可证颁发的号码和日期；

3）允许封存海底土的总量，以吨或其他测量单位计；

4）允许封存海底土的特性（状况、性质、污染度、挖掘的地理坐标）；

5）封存海底土的地理坐标；

6）计划封存海底土的期限；

7）封存和使用的方法及封存海底土活动的特点（装载吨数、从船上清除海底土的方法、活动的天数、每天清除海底土的速度、每次活动的吨数）；

8）许可证有效期。

20. 颁发许可证3日后，授权在内海和领海进行国家环境监督的联邦权力执行机构要将此事通知负责安全保障的联邦权力执行机构、负责水文和与水文接近领域的联邦权力执行机构、授权进行登记的联邦权力执行机构以及本条第4款指出的联邦权力执行机构。

21. 在下列情况下授权在内海和领海进行国家环境监督的联邦权力机构拒绝颁发许可证：

1）有权在内海和领海从事海底土封存的文件上没有国家环境鉴定的正面结论；

2）有俄罗斯联邦法律规定的决定，但没有水上设施交付在内海和领海个别地区使用的决定；

3）根据本条第4款所指的联邦权力执行机构的结论，封存海底土会对国防构成威胁，对航海安全构成威胁，并且（或者）海底土封存区位于内海和领海禁止渔猎区；

4）联邦权力执行机构提出的本条第4款的意见没有按本条第15款规定的期限整改；

5)申请的提交违反了本联邦法的要求或本条第6款第1项的信息不可信。

22. 为了保护和维护内海和领海的海洋环境和自然资源，授权在内海和领海进行国家环境监督的联邦权力执行机构对内海和领海封存海底土的区域进行登记（以下称登记）。所颁发许可证的信息应在颁发之日起10天内列入登记。办理登记的程序由俄罗斯联邦政府制定。

23. 获得许可的申请人必须：

1)根据许可对海底土进行封存。

2)根据观察计划对海底土的封存区域和海洋环境状况进行观察，并按环境保护领域制定国家政策和规范法律文件调节功能的联邦权力执行机构批准的形式和程序提交报告。

3)保证授权对内海和领海进行国家环境监督的联邦权力执行机构负责人能接触用于将封存区域运送海底土的交通工具，向上述人员提交土壤封存文件用于检查，并提交准备封存的土壤用于抽样检查和样本。

4)根据世界气象组织的标准程序在主要国际天气观测时间向距离最近的俄罗斯无线电气象中心发送实时气象和水文观察信息，以及海底土封存区海洋环境污染信息（有相应设备的情况下）。

24. 在内海和领海封存海底土的许可由联邦法“因建筑和改造保障塔曼半岛和刻赤半岛交通线和工程设施出现的法律关系调节特点及其俄罗斯联邦个别法律修订”确定。

第38条　海上事故

如果在内海或领海发生撞船、搁浅或其他海上事故，或者消除这些事故的行动造成或将要造成严重的后果，俄罗斯联邦政府为保护俄罗斯联邦海岸或与之相关的利益（包括捕捞）不受污染或污染的威胁而根据本联邦法、其他联邦法律和俄罗斯联邦国际条约有权采取必要的措施，包括对受难船和肇事者采取与事实损失或威胁损失相适宜的措施。

第6章　执行本联邦法规定的保障

第39条　内海、领海及其自然资源的保护

1. 根据俄罗斯联邦宪法、本联邦法和其他联邦法律保护内海、领海及其自然资源。

2. 保护内海、领海及其自然资源是为了维护、合理利用和保护俄罗斯的经济和其他合法权益，这由俄罗斯联邦总统和俄罗斯联邦政府批准的联邦权力执行机构在自己的职权范围内与内海和领海相邻的俄罗斯联邦主体权力执行机构协同进行。

3. 本条第2款所指的联邦权力执行机构和俄罗斯联邦主体权力执行机构在保护内海、领海及其自然资源方面的协调由负责安全的联邦权力执行机构进行。

第40条 破坏本联邦法的责任

1. 根据俄罗斯联邦法律,违反本联邦法律者应追究其责任。

2. 追究违反本联邦法律者的责任,不能免除其根据俄罗斯联邦法律规定的程序赔偿所造成损失的义务。

第7章 最后条款

第41条 争议的解决

1. 俄罗斯公民、外国公民、无国籍人士、俄罗斯法人以及外国法人之间关于在内海、领海和毗连区履行自己的权利和义务时所产生的争议根据俄罗斯法律解决。

2. 俄罗斯联邦和外国之间关于在内海、领海、毗连区履行自己的权利和义务时所产生的争议,应根据俄罗斯联邦国际条约和国际法规则利用和平手段解决。

第42条 本联邦法的生效程序

本联邦法自正式公布之日起生效。

第43条 根据本联邦法出台规范性法律文件

建议俄罗斯联邦总统并委托俄罗斯联邦政府根据本联邦法出台自己的规范法律文件。

俄罗斯联邦总统 叶利钦

莫斯科 克里姆林宫

1998年7月31日

2020年前俄罗斯联邦海洋学说(2001)

俄罗斯联邦总统2001年7月27日批准

一、总则

开发世界海洋空间和资源是第三个千年世界文明的主要发展方向之一。在可预见的未来,海洋大国和国际社会多数国家的国家政策的实质就是在开发世界海洋方面独立活动并进行合作,在这方面的竞争是不可避免的。

无论是从空间和地理特点来看,还是从在国际和地区中的地位和作用来看,俄罗斯始终是海洋强国。俄罗斯拥有这样的地位是因为:从地理位置上,它通往三个大洋,有漫长的海疆线;俄罗斯对世界大洋的研究、对海洋运输所做的贡献;俄罗斯著名航海家、旅行家创造的许许多多的伟大发现。

俄罗斯联邦海洋学说(以下称海洋学说)是决定俄罗斯联邦在海上活动政策的基本文件,是俄罗斯联邦国家海洋政策(以下称国家海洋政策)。

海上活动是指俄罗斯联邦为了国家安全、稳定的经济和社会发展而在研究、开发和利用海洋方面进行的活动(以下称海上活动)。

海洋学说的法律基础是俄罗斯联邦宪法、联邦法律和其他俄罗斯联邦规范性法律文件、《1982年联合国海洋法公约》、海洋活动和世界海洋资源和空间利用方面的国际条约。

就海洋活动而言,海洋学说发展了俄罗斯联邦国家安全构想、俄罗斯联邦对外政策构想、俄罗斯联邦军事学说、俄罗斯联邦通航政策构想、俄罗斯联邦2010年前海军活动主要政策以及其他俄罗斯联邦规范性法律文件。

用于实施国家海洋政策的国家兵力、装备和能力是俄罗斯联邦的海洋潜力。俄罗斯联邦的主要海洋潜力是海军、联邦边防局海上边防机关、民用船队(以下简称俄罗斯船队),以及保障其正常活动和发展、进行国家经济和海上军事活动的基础设施。

实施海洋学说会促进俄罗斯作为主要海洋强国的地位进一步巩固,为达到目标、完成国家海洋政策的任务创造良好的条件。

二、国家海洋政策的实质

国家海洋政策就是国家和社会制定的、要在俄罗斯沿海地区、内海、领海、专属经济区、大陆架和公海取得俄罗斯联邦国家利益的目标、任务、方法和手段。

国家海洋政策的主体是国家和社会。国家通过俄罗斯联邦国家权力机关和俄罗斯联邦主体权力机关实施国家海洋政策。社会通过俄罗斯联邦代表机关、地方自治机关和在俄罗斯联邦宪法和法律基础上活动的社会组织参加国家海洋政策的形成和实施。

国家海洋政策主体活动的主要方式有:

确定国家海洋政策的短期和长期优先方向;

确定国家海洋政策的内容;

管理各种国家海洋潜力、管理与海洋活动有关的经济和科研部门;

创造良好的法律制度,为国家海洋政策做好经济、信息、科研、干部等保障;

评价国家海洋政策的有效性并及时做出调整。

1. 俄罗斯联邦在世界海洋中的国家利益、国家海洋政策的目标和原则

俄罗斯联邦在世界海洋中的国家利益,是指个人、社会和国家在国家海洋潜力的基础上实施的海洋活动中的平衡利益的总称。

俄罗斯联邦在世界海洋中的国家利益包括:

俄罗斯内海、领海及其领空、海底和海底资源的不可动摇的主权;

保障俄罗斯联邦在俄罗斯专属经济区和大陆架有勘探、开采和保护海底及海面有生命和无生命的自然资源的主权和管辖权,对这些资源进行管理,利用水、水流和风生产能源,建造和使用人工岛、安装设备和设施,进行海洋科学考察,保护海洋环境;

公海自由包括航行自由、飞行自由、捕鱼自由、科学考察自由,铺设海底电缆和管道自由;

在海上保护人的生命,预防海洋环境污染,保证对海上至关重要的通信设施的运行进行监督,创造条件保证俄罗斯联邦居民乃至整个国家能从海上经营活动中获利,特别是沿海地区。

国家海洋政策的目标是在世界海洋实施和保证俄罗斯联邦利益,巩固俄罗斯联邦在主要海洋强国中的地位。

国家海洋政策的主要目标有:

保护俄罗斯内海、领海及其领空、海底和海底资源的主权;

在专属经济区和大陆架上勘探、开采、保护海底及海面有生命和无生命的自然资源方面履行管辖权,保护主权,对这些资源进行管理,利用水、水流和风生产能

源,建造和使用人工岛、安装设备和设施,进行海洋科学考察,保护海洋环境;

在俄罗斯联邦大陆架履行和保护资源勘探和开采的主权;

履行和保护公海自由,包括航行自由、飞行自由、捕鱼自由、科学考察自由、铺设海底电缆和管道自由;

保护俄罗斯联邦的海上领土,保护和守卫俄罗斯联邦海面、海洋空间的国界。

国家海洋政策的原则是指国家海洋政策在形成和实施该原则过程中应该遵守的主要的总的立场。

国家海洋政策的原则有:

在进行海洋活动时,遵守国际法准则和俄罗斯联邦国际条约;

在解决世界海洋的矛盾和消除来自海洋方向对俄罗斯联邦国家安全方面构成的威胁时,优先使用政治外交、经济、信息和其他非军事手段;

拥有必需的海洋军事潜力,在武力支持国家海上活动的必要情况下要有效使用这种潜力;

对海洋活动要有整体的方针,对个别方向应根据地缘政治情况区别对待;

俄罗斯联邦各海洋潜力应维持在与俄罗斯国家利益相应的水平,包括俄罗斯船队要在世界海洋的遥远地区保证存在,俄罗斯研究人员要在南极大陆进行科学考察;

俄罗斯联邦国家权力机关、俄罗斯联邦主体权力机关、地方自治机关和根据俄罗斯联邦宪法和法律活动的相应社会团体在国家海洋政策形成和实施的问题上,要进行协作和协调;

在形成和实施国家海洋政策时,要形成合力,科研活动要协调进行;

对挂俄罗斯国旗的船舶要进行国家监督,进行港口监督,对俄罗斯内海、领海、专属经济区和大陆架的自然资源的状况和使用情况要进行监督;

集中力量建设和发展俄罗斯有航海传统的主体境内的船队的基础设施,为满足军事和经济需求,需要对这些设施进行规范;

使俄罗斯海军和航船队时刻准备解决面临的问题,商船队、渔船队、科考船队及其他专业船队时刻准备机动;

集中中部各地区的资金和资源来发展俄罗斯中部连接沿海地区的通信设施,特别是远东和北方边区,目的是进一步开发远东和北方边区;

为俄罗斯利益,进行综合科研考察,普及对海洋自然环境状况和沿海地区的监测系统;

保持并完善干部培养机制,以及对年轻人的教育和职业培训;

对国家海洋政策的目标进行有效的宣传。

2. 国家海洋政策的任务

国家海洋政策的任务是根据其内容,在国家海洋政策的原则基础上形成的,是为了达到海洋政策的目标。

俄罗斯联邦总统、俄罗斯联邦联邦会议和俄罗斯联邦政府在自己的职权范围内制定和提出国家海洋政策的任务。

国家海洋政策的任务包括短期任务和长期任务。

短期任务根据以下情况决定:

地缘政治条件和国际军事政治情况;

俄罗斯联邦及其个别地区的社会经济情况;

海洋运输服务、海产品、石油天然气及从海底和海底岩层获取的其他资源的行情;

科技进步成果;

海洋活动的有效性。

此时还要考虑完成联邦"世界海洋目标纲要"的结果,不断分析俄罗斯联邦在全球海洋活动的情况与发展趋势,考虑涉及对俄罗斯联邦在世界海洋领域的研究、开发和利用领域的国家安全问题的系统研究。

长期任务构成了国家海洋政策在功能和区域方面的内容,由本海洋学说确定。

国家海洋政策的任务由联邦权力执行机构、俄罗斯联邦主体权力执行机构、地方自治机构通过相关领域的组织来完成,还包括依俄罗斯联邦宪法和其他法律行事的相关社会团体。

三、国家海洋政策的内容

俄罗斯联邦通过完成短期和长期任务来实施循序渐进的、连续的、功能与区域一致的国家海洋政策。

1. 国家海洋政策的功能方面

这是按照其功能用途列出的海洋活动方面,如国家和社会在海运方面的活动,对世界海洋资源和空间开发和保护方面的活动,对海洋研究、军事和其他方面的海上活动。

海运

对俄罗斯联邦来说,海运具有重要的意义,无论是保证国内运输,还是对外经济活动,特别是对于海上运输工具是不可替代的交通工具的地区。对于北极和远东地区生活保障,海上运输仍然起着决定性的作用。

在海运方向的国家海洋政策就是实施俄罗斯联邦航运政策构想规定,其主要目标是船队和沿海港口的基础设施的水平保持在能保证国家经济独立和国家安全,减少运输费,增加外贸和货物过境的运输量。

为此要完成下列长期任务:

形成符合国际法规定和俄罗斯利益的规范性法律文件;

保证海洋运输有竞争力,为吸引投资和主要资源的恢复创造条件;

创造条件稳步增加船队,船队要受俄罗斯航运公司监管,在俄罗斯船舶管理处登记;

增加俄罗斯航运公司的船队在国家对外贸易和货物运输总量中所占的比重;

船队升级改造、减少俄罗斯航运公司监管船舶的平均使用年限,建造符合国际标准的新船;

将建造船舶归入国家优先任务,创造条件刺激国内企业建造船舶;

向运输船队补充主要类别的船舶,包括集装箱船和特种货物船,使之能够完全满足国内需求,同时要考虑,在军事动员时这些船舶可交给海军使用;

要预测和考虑航行水文、水文气象和在其他条件下,优化北方运输交通舰队的使用;

在核动力破冰船的建造和使用方面保持世界领先地位;

考虑现有的和未来的运输量、货运基地和货物中转的情况,发展沿岸港口基础设施,提高俄罗斯港口在货物装卸方面的竞争力;

增加国内海运公司和海港的出口服务;

在现代物流技术的基础上,发展海洋运输与其他种类运输方式的联运能力;

提高海运安全,提高劳动保护和对环境的保护,不受海洋活动的负面影响,包括设定专门的许可规定和要求;

通过完善规范性法律文件,制定征召俄罗斯航运公司船舶保证国家动员需求的规定。

世界海洋的开发与资源保护

开发世界海洋资源是保证和扩大俄罗斯资源、保证其经济和粮食独立的必要和必需条件。

1)海洋捕鱼业

俄罗斯联邦是世界主要渔业国家之一。渔业在国家粮食生产中起重要作用,是多数沿海地区居民就业的主要岗位。在不久的将来,俄罗斯专属经济区的生物资源会成为渔业资源的主要部分。

俄罗斯联邦为了有效开发海洋生物资源,保持其在主要海洋强国中的地位,在渔业领域将完成下列长期任务:

对世界海洋的生物资源进行专门研究和监测;

优化在俄罗斯联邦专属经济区的渔场,加强对捕鱼用渔船的国家监督,包括通

过安装在现代通信设备上的监测系统进行观察和信息处理;

根据对生物资源空间和时间的确定,在渔船可到海洋水域,优化对渔船的管理;

发展海上养殖业;

在外国专属经济区保留和增加传统捕捞生物资源的数量;

扩大在世界海洋公海的研究规模,回到公海捕捞,在捕捞地对原材料进行资源保护型的综合加工,开发新型技术和设备,进行无垃圾生产作业;

重新审理限制无偿使用俄罗斯水上资源的规定;

创造条件为俄罗斯造船厂争取渔船订单,为俄罗斯渔船队所在专属经济区工作的国家造船厂争取订单,通过向为俄罗斯渔民在自己专属经济区提供捕鱼许可的国家的债务人采购商品和接受服务的方式偿还拖欠俄罗斯的债务;

为了保持船舶数量与可捕捞数量的合理比例,保留和发展造船和出售运营船的国家许可制度,系统性地合理升级捕鱼船队;

为了进一步发展国际协作、国际渔业法律调整,提高保护海洋环境的要求,俄罗斯联邦要积极参加国际渔业组织的活动;

在开发渔业资源时,为保证俄罗斯联邦的利益,在世界海洋个别地区保护渔业资源,采取并严格落实与沿岸国家商定的保护里海和亚速海珍贵鱼种和其他生物资源的措施。

2)开发矿物和能源资源

大陆上的石油天然气和其他矿物资源储备终将耗尽,这就注定人们会转向大陆架去勘探和开采矿产,未来还会转向大陆坡和海床。

为了保护和进一步扩大原料基地,增加战略储备,保证未来有可开采的矿物和能源资源,在世界海洋的长期任务如下:

通过对地质环境的国家监控、测量洋底的物理场、测绘、钻探及海底挖掘工程,研究地质结构,确定俄罗斯大陆架资源潜力;

开发世界海洋的矿物和能源资源;

考虑国家的国防利益,进行国家监督和调节对世界海洋矿产和矿物资源的勘探与监测;

开采已知矿产,在俄罗斯大陆架大力勘探石油和天然气;

在俄罗斯大陆架保留已勘测的矿物资源,作为战略储备;

为世界海洋深水区资源的勘测和开采创造条件并提高能力,在国际海底机构权限框架内巩固俄罗斯对沿海国家管辖区外海底资源的勘测和开采权;

利用涨潮现象、海岸风和浪、水温变化、热能和海流以及海藻生物发热量开发电能技术;

开发新的技术手段和先进的技术来研究和开发世界海洋的矿物资源,继续特种造船领域的工作。

完善科研活动

国内海洋科学取得的成就、与世界海洋的海洋活动有关的基础和实用研究和发明可保障俄罗斯在海洋活动领域内的国家利益受到保护;

这方面的长期任务是保存和发展俄罗斯造船的科研能力,研究海洋环境、资源和世界海洋空间,发展科研考察和领航船队,绘制海上航行、地球物理、捕鱼和其他专用地图和指南,以保证在世界海洋的任何地区航行,创立海洋地图国家文献库和电子数码海洋地图库,恢复国内海洋和水文仪器生产基地。

继续下列科研来完成以下任务:

研究俄罗斯大陆架、专属经济区、领海和内海;

研究世界海洋、俄罗斯内海的海洋生物资源的生态系统动态;

研究俄罗斯船队活动的水文、航行水文、事故救援、信息保障问题;

研究俄罗斯沿海地区的水文现象和世界海洋遥远地区的水文现象;

研究世界海洋对地球生态的影响;

研究世界海洋和毗连区域的自然环境和全球进程;

研究大陆浅滩、大陆坡、水下峡谷、水下山、裂谷和海床的构造;

研究造船、海洋仪器生产、开发俄罗斯船队基础设施的问题;

研究利用世界海洋空间和资源利用的经济、政治和法律问题;

研究海军和军事海洋科学其他领域的建设、发展和利用问题;

研究降低世界海洋、俄罗斯内海水域环境压力的原则和方法。

海洋军事活动的实施

俄罗斯海上军事活动是指国家为国防和国家安全,在有海洋军事潜力(海军和俄罗斯边防局海上守卫机关)参与的对世界海洋进行的研究、开发和利用活动。

俄罗斯海上军事活动的主要目的、原则和优先方向体现在俄罗斯联邦总统批准的俄罗斯联邦政策基础中的2010年前海上军事活动部分。

与保卫和保障俄罗斯在世界海洋国家利益的海上军事活动属于国家最优先的范围。

防止威胁、保证俄罗斯及其盟国在世界海洋的国家利益和安全任务的完成是以俄罗斯保有足够的海上军事潜力为基础的。

海军是俄罗斯海上潜力的主要组成部分和核心,是国家对外政策的工具之一,用军事手段保护俄罗斯及其盟国在世界海洋的利益,维护相邻海域的军事政治稳定,保证来自海洋的军事安全。

海军遏制对俄罗斯使用军事力量或使用军事力量的威胁,用军事手段保卫俄罗斯主权,俄罗斯的主权超出陆上领土,包括内海、领海、专属经济区和大陆架以及公海自由。此外,海军还创造条件保证世界海洋的海上经济活动安全,保证俄罗斯在世界海洋的军事存在,展示国旗和军事力量,海军舰船进行出访,参加国际社会组织的、符合俄罗斯利益的维和行动和人道主义活动。

海军在各地区驻扎的作战战略联合编队有:北方舰队、太平洋舰队、波罗的海舰队、黑海舰队以及里海舰队,它们是各地区完成国家海上政策任务的武装力量基础。

舰队和区舰队的数量和质量要维持在符合具体地区面临的安全威胁相适应的水平,要有独立的基地及基础设施、造船厂和船舶维修厂。

在完成保护和守卫俄罗斯海上国界的任务时,规定:

保证法人和自然人遵守国界规则和边防规则;

保护俄罗斯内海、领海、专属经济区、大陆架及其自然资源;

俄罗斯边防局在完成任务时要与负责守卫俄罗斯内海、领海、专属经济区和大陆架的联邦权力执行机构的活动协调一致;

对俄罗斯内海、领海、专属经济区和大陆架的外国船舶的活动进行监督;

履行已达成的国家间扩大边境地区信任、交流非法移民和阻止武器、爆炸物及毒品走私情报措施的双边和多边协议。

2. 国家海洋政策的地区方面

这是与俄罗斯和世界个别地区的特点有关的海洋活动,是指对俄罗斯最重要的、因共同的物理地理、经济地理、政治地理或军事地理特点合并到一起的领土和水域。

作为俄罗斯国家海洋政策主要地区方向有:大西洋方向、北极方向、太平洋方向、里海方向和印度洋方向。国家海洋政策是根据它们的特点制定的。

大西洋方向

大西洋地区的国家海洋政策是由北约国家不断增加的经济、政治和军事压力决定的,是由北约东扩、俄罗斯实施海洋活动的能力急剧下降决定的。

这个方向的国家海洋政策基础是解决波罗的海、黑海和亚速海以及大西洋和地中海地区的长期任务。

波罗的海:

发展沿海港口基础设施,升级换代海上商船和联运(河-海)船舶。

为与波罗的海地区国家稳定的经济合作创造条件,为地区共同合法利用海上自然资源创造条件,为所有海上活动全面互信采取措施;

解决与俄罗斯和相邻国家、对面国家之间划分海上空间和大陆架有关的问题;

保障俄罗斯加里宁格勒地区的经济和军事安全,发展海上通信设施;

采用包括吸引本地区力量的方法，为保护俄罗斯在波罗的海地区的维护主权和国际法的海上潜力的驻扎和使用创造条件。

黑海和亚速海：

更新海上商船和联运（河-河）船舶，升级沿海港口的基础设施；

完善俄罗斯在乌克兰境内的黑海舰队驻扎的法律基础，保留塞瓦斯托波尔市作为其主要基地；

采用包括吸引本地区力量的方法，为保护俄罗斯在黑海和亚速海地区的维护主权和国际法的海上潜力的驻扎和使用创造条件。

发展克拉斯诺达尔边疆区到地中海国家的客运，以及黑海的渡船货运。

地中海：

实行有针对性的方针，将其变为军事政治稳定和睦邻地区；

保证俄罗斯在该地区有足够的海军存在。

在大西洋，发展和增加捕鱼量、海运量、科学考察和对海洋环境的监测。

在北极地区的国家海洋政策是对大西洋地区国家海洋政策的实质性补充。

北极地区方向

在北极地区的国家海洋政策是由俄罗斯舰队自由出入大西洋的极端重要性决定的，是由俄罗斯专属经济区和大陆架的财富决定的，是由北方舰队从海洋方向保护国家的决定性作用决定的，也是由北方海路对俄罗斯稳定发展越来越重要的意义决定的。

在这个方向上，国家海洋政策的基础是创造条件让俄罗斯船队在巴伦支海、白海和其他北极海域、在北方海上航道以及大西洋北部活动。

为此要完成以下长期任务：

研究和开发北极地带，发展出口业，首先解决社会问题；

保护俄罗斯在北极地带的利益；

为海运建造有破冰能力的船舶，建造捕鱼、科研和其他专门用途舰队的专业船舶；

在俄罗斯专属经济区和大陆架勘探和开采生物资源和矿物时，要考虑国家国防利益；

采用包括吸引本地区力量的方法，为保护俄罗斯在北极地区的主权和国际法的海上潜力的驻扎和使用创造条件；

根据与海洋大国签署的双边和多边协议，限制外国海军在商议地区和区域的活动；

保证俄罗斯在北方海路上的国家利益，对这些运输体系进行国家集中管理，对有关的承运人，包括外国承运人提供破冰服务和平等放行；

不断更新并安全使用核动力破冰船队;

在与沿北冰洋国家划分北冰洋海上空间和海底时,要维护俄罗斯利益;

联邦中央与俄罗斯联邦主体要集中力量和资源发展北极航运、海湾河口的港口,进行北方航线运输,发展信息系统,以保证上述活动顺利实施。

太平洋方向

太平洋沿岸对俄罗斯来说意义重大,而且越来越重大。俄罗斯远东拥有大量资源,特别是在专属经济区和大陆架,但当地人烟稀少,与俄罗斯发达的工业区相对隔绝。这些矛盾又因亚太地区邻国强劲的经济和军事发展变得更为尖锐,这对本地区的经济、人口和其他进程产生极为重要的影响。

在太平洋地区国家海洋政策的基础是完成日本海、鄂霍次克海、白令海、太平洋西北部、北冰洋沿北方航线东部的长期任务:

在增强俄罗斯海上活动的基础上,加快俄罗斯远东社会经济发展;

因俄罗斯远东参加亚太地区劳动分工而活跃海上运输;

加快对俄罗斯专属经济区和大陆架,以及根据签署的条约对东南亚国家的专属经济区和大陆架海洋生物资源和矿物的勘探与开发;

采用包括吸引本地区力量的方法,为保护俄罗斯在太平洋地区的主权和国际法的海上潜力的驻扎和使用创造条件;

发展远东特别是萨哈林和千岛群岛的沿海港口基础设施和俄罗斯船队;

签署跨国协议限制在商议地区和区域的海上军事活动;

积极与亚太地区国家合作,保障航运安全,打击海盗、贩毒、走私,救助遇难船舶、海上营救生命;

提高本地区现有运输设施的使用效率,吸引到欧洲和其他国家的东南亚和美国过境船舶使用跨西伯利亚航线,落实最大限度地开发本地区国家货物基地的措施。

里海地区方向

里海地区无论从数量上还是从质量上,都拥有独特的矿物和生物资源。

在本地区要完成以下长期任务:

确定有利于俄罗斯的里海国际法律制度,以及渔业资源、石油天然气利用制度;

与沿岸国家共同保护海洋环境;

采用包括吸引本俄罗斯主体力量的方法,为海上潜力的驻扎和使用创造条件;

更新海上商船和联运(河-河)船舶,升级沿海港口的基础设施;

不允许俄罗斯船队被挤出海洋运输服务市场;

组织轮渡运输,作为多式联运的一部分,运往地中海和波罗的海流域;

对现有港口进行扩大、技术改造,使之更专业化。

印度洋地区方向

在印度洋地区的国家海洋政策规定要完成下列长期任务:

扩大俄罗斯运输和渔业船队,加强与其他国家合作,共同保护船队不受海盗袭击;

在南极洲进行科学研究,这是实施保持并强化俄罗斯在这一地区立场的国家政策的重要部分;

实施有针对性的方针,将印度洋变成和平、稳定、睦邻友好的区域,保证俄罗斯定期在印度洋的军事存在。

四、国家海洋政策的实施

1. 海洋活动的行政管理

在国家海洋政策的形成和实施领域的行政管理是指,俄罗斯联邦国家权力机关、俄罗斯联邦主体国家权力机关确定国家海洋政策短期和长期的优先任务和内容,管理国家海洋潜力、与海洋活动有关的经济和科研部门,对海洋活动和俄罗斯船队的建造进行长远规划。

俄罗斯联邦总统确定国家海洋政策的近期和长期优先任务和内容,根据宪法赋予的职权采取保卫俄罗斯在世界海洋的主权,保卫个人、社会和国家在海洋活动中的利益的措施,对国家海洋政策实施指导。

俄罗斯联邦联邦会议在宪法赋予的职权内为保证国家海洋政策的实施进行合法活动。

俄罗斯联邦政府通过联邦权力执行机构和海洋委员会领导完成国家海洋政策任务的实施。

俄罗斯联邦安全委员会作为俄罗斯联邦总统下属的宪法机关,确定威胁所在,决定社会和国家至关重要的利益,制定保障俄罗斯在世界海洋安全方面的主要战略方向。

联邦权力执行机构相互协作,在自己的职权范围内管理俄罗斯联邦海洋活动。

2. 经济保障

俄罗斯海洋活动的经济保障对顺利实施国家海洋政策具有决定性的作用,其包括:

综合利用经济管理能力,调节借贷关系,签订国家合同,优化税收、反垄断和海关制度,实施区别化国家援助;

为吸引预算外资金创造良好的条件,包括外国投资,在完善规范性法律文件、国家有针对性支持的基础上的投资项目;

创造条件将渔业产品转投国内市场;

合法发展俄罗斯海洋潜力并部署在地区方向;

利用境内部署俄罗斯舰队的联邦预算和俄罗斯联邦主体预算资金,根据优先级别,保证合理开支。

创造条件吸引劳动力到俄罗斯自然和气候条件恶劣的沿海地区工作;

重组战略上重要但效率不高的航运公司,重新组织船队;

限制外国资本进入影响俄罗斯国家安全的个别种类的海洋活动;

在世界海洋空间和资源的研究、开发和利用方面,支持科研密集型、节约能源型和节省资源型技术;

保证拨出必需的款项来完成俄罗斯海洋军事潜力建设和发展领域的国家纲要;

创造条件提高俄罗斯船队、港口和与保证船队及港口运行有关的工业领域的竞争力;

在干部培养、保证海上航行安全领域完成与俄罗斯国际义务有关活动的海洋院校和组织进行国家支持;

对个别交通系统进行国家支持,对维护、建造和使用破冰船和破冰级运输船进行国家资助,首先是核动力装置,为其停泊建立专门的系统;

国家支持在世界海洋的公海进行科研考察,建造统一的关于世界海洋状况信息系统,设计新工艺和装备进行无垃圾生产;

支持和发展国产宇航仪器轨道卫星,用于地球远程探测、导航、通信和观察,用于俄罗斯海洋污染的监测系统,以及用于地上中心接收卫星信号;

保障住在沿海地区少数民族传统海上经济的发展,为他们的食品和生活用品建立稳定的供应机制。

3. 海洋活动安全保障

考虑到水上自然灾难的特殊性,海洋活动的实施必须有必要的具体措施来保障其安全。

海上活动的安全包括航海安全、海上搜索和救生、保护和保持海上环境。

航海安全由以下条件来保障:

无条件遵守国际法和俄罗斯法律的相应规范;

支持、完善、发展航行水文和水文气象保障,在俄罗斯建立统一的国家水文地理服务平台;

对船舶的技术状态和使用期,对船舶的所有装备和保障,对船员的培训和相关证件的分类要求的履行情况进行国家监督;

及时将必要信息发送给航行者。

为保障海上搜索和救生,必须做到:

与有救生力量和装备的联邦权力执行机构协作,完善现有的海上人员搜索和救生系统,保证国家对这个系统的发展和运行进行支持;

发展海上搜索和救生的国际合作;

保障建造并运行统一的国家全球自动监测和监督系统,以监测俄罗斯船舶的位置、观察世界海洋状况。

通过以下方式保护和维护海上环境:

监测海洋环境状况,并利用综合措施预防并消除污染后果,预防勘探、开采和运输过程中的石油泄漏,建设并改建港口的接收设施,用于收集、处理废料;

鼓励生产和采购国产设备来预防海洋环境污染并消除污染后果,向俄罗斯船队补充专用船舶进行环保活动;

发展国产核动力船队基础设施,安全运行并完善核动力船的利用技术;

俄罗斯要履行在该领域的所有国际义务,同时要考虑国际合作能力;

解决增加海底石油天然气和其他资源开采量和强度与世界海洋生物资源必须保护、再生和开采之间的矛盾。

4. 干部保障

所有类型海上活动的干部保障都具有头等重要的意义,它规定:

要创造条件保留和吸引专业技术干部来担任海勤人员和管理海上活动;

保留和发展海上活动各专业的教育机构;

建立海上活动领域俄罗斯联邦国家权力机关、俄罗斯联邦主体国家权力机关领导干部培养体系;

巩固俄罗斯海上传统,扩大海上儿童学校网络,扩大少年海员和河运人员俱乐部,将这些机构的教学作为在俄罗斯船队任职的初级培训;

对教学船的维护和使用进行国家支持,对海洋方面教育机构的物资技术基地进行国家支持。

5. 信息保障

海洋活动的信息保障,首先规定支持和发展保障俄罗斯海上活动的全球信息系统,包括航行水文系统、水文气象系统和其他种类世界海洋状况统一信息系统,设立在俄罗斯国防部、俄罗斯水文气象和环境监测局及其他相关的俄罗斯联邦权力执行机构的国家统一水上、水下情况通报系统,目的是整合和合理利用各部门的系统和资金。信息保障是各级海洋活动做决定的基础。

五、结束语

俄罗斯联邦海洋学说规定的实施将会促进海洋活动获得高效、保证国家稳定发展、保护和保证俄罗斯在世界海洋的国家利益、巩固俄罗斯的国际威望。

国家海洋政策有效性的概括性标准有:

完成国家海洋政策短期和长期任务的水平;

俄罗斯商船、渔船、科学考察船在俄罗斯专属经济区、大陆架行使主权的程度,在公海自由航行的程度。

俄罗斯海上军事潜力在与俄罗斯武装力量及其他部队和军事组织协作保障俄罗斯的利益和安全方面的能力。

在宣布国家海洋政策的同时,俄罗斯会坚定地巩固自己的海上强国地位。

2030年前俄罗斯联邦海洋学说(2015)

第1章　总则

俄罗斯联邦海洋学说(以下称海洋学说)是决定俄罗斯联邦在海上活动政策的基本文件,是俄罗斯联邦国家海洋政策(以下称国家海洋政策)。

海上活动是指俄罗斯联邦为了稳定发展和保障国家安全而在研究、开发和利用海洋方面进行的活动。

海洋学说的法律基础是俄罗斯联邦宪法、联邦法律和其他海洋活动方面的俄罗斯联邦规范性法律文件、国际法通行原则和规范、俄罗斯在海洋活动及世界海洋资源和空间利用方面的国际条约。

国家海洋政策的实施以国家和社会资源为保障,这是俄罗斯联邦的海洋潜力。

俄罗斯联邦海洋潜力的构成主要有海上运输、海军、捕捞船队、科研船队以及俄罗斯国防部的深海力量和装备,联邦安全局机关的力量和装备(以下简称俄罗斯船队),以及勘探、开采燃料能源资源和矿物资源,其他矿物的设施,国家造舰造船单位以及保障其正常活动和发展的基础设施。

第2章　国家海洋政策

第1条　国家海洋政策就是国家和社会制定的,要在俄罗斯沿海地区、内海、领海、专属经济区、大陆架和公海实现俄罗斯联邦国家利益的目标、任务和方法,以及实施该政策的实践活动。

第2条　国家海洋政策的主体是国家和社会。国家通过俄罗斯联邦国家权力机关和俄罗斯联邦主体权力机关实施国家海洋政策。社会通过地方自治机关和在俄罗斯联邦宪法及俄罗斯法律基础上活动的社会组织参加国家海洋政策的制定和实施。

第3条　国家海洋政策的主要内容有:

1)确定国家海洋政策的短期战略和长期战略优先方向和内容;

2)实现国家海洋潜力,管理与海洋活动有关的经济和科研部门;

3)对国家海洋政策进行法律、经济、信息、科研、干部等保障;

4)对国家海洋政策实施的有效性进行评估并调整。

第4条 俄罗斯联邦在世界海洋上的国家利益,是指国家和社会在国家海洋潜力的基础上实施的海洋活动中需求的总称。

第5条 俄罗斯联邦在世界海洋中的国家利益包括:

1)俄罗斯内海、领海、海底、海底资源及其领空的不可动摇的主权;

2)保障俄罗斯联邦在俄罗斯专属经济区和大陆架有勘探、开采和保护海底及海面有生命和无生命的自然资源的主权和管辖权,对这些资源进行管理,利用水、水流和风生产能源,建造和使用人工岛、安装设备和设施,进行海洋科学考察,保护海洋环境,为国防和安全目的使用海洋潜力的军事力量进行开发和利用,有权对海底的国际区域的矿物资源进行研究和开发;

3)公海自由,包括航行自由、飞行自由、捕鱼自由、科学考察自由、铺设海底电缆和管道自由;

4)在海上保护人的生命;

5)保证海上至关重要的通信设施的运行;

6)预防海洋环境受到生产、消耗和利用产生的废料的污染;

7)为了国家及沿海地区稳定的经济和社会发展,对世界海洋资源和空间进行综合利用。

国家海洋政策的目标

第6条 国家海洋政策的目标是实现和保护俄罗斯在世界海洋的国家利益,巩固俄罗斯在主要海洋强国中的地位。

第7条 国家海洋政策的主要目标有:

1)保护俄罗斯内海、领海及其领空、海底和海底资源的主权。

2)在专属经济区的勘探、开采、运输,对海底、海底岩层、水面的自然资源实施管辖权并保护主权,对这些资源进行管理。利用水、水流和风生产能源,建造和使用人工岛、安装设备和设施,进行海洋科学考察,保护海洋环境。

3)实施和保护俄罗斯大陆架上勘探、开采资源的主权。

4)实现和保护公海自由。

5)保护海上人员的生命。

6)保护俄罗斯领土不受来自海洋方面的侵略,保护俄罗斯海上国界。

7)保证国家经济和社会稳定发展。

8)保护海上生态系统,并合理利用其资源。

国家海洋政策的原则

第8条 国家海洋政策的原则是指国家海洋政策主体在形成和实施该原则过

程中应该遵守的下列主要立场：

1）在进行海洋活动和在世界海洋保护俄罗斯国家利益时，遵守国际法通用准则和规范以及俄罗斯联邦签署的国际条约；

2）在解决世界海洋的矛盾和消除来自海洋方向对俄罗斯联邦国家安全方面构成的现有和出现的挑战和威胁时，优先使用政治外交、法律、经济、信息和其他非军事手段；

3）拥有足够的海洋军事潜力，在需要武力支持国家海上活动的情况下，要有效使用这种潜力，消除来自海洋方向对俄罗斯国家安全的威胁，保证俄罗斯国界不可侵犯；

4）对海洋活动要有整体的方针，对个别方向应根据地缘政治情况的变化区别对待；

5）俄罗斯联邦各海洋潜力应维持在与俄罗斯国家利益相应的水平，包括俄罗斯船队要在世界海洋的遥远地区保证存在，俄罗斯研究人员要在南极大陆进行科学考察；

6）俄罗斯联邦国家权力机关、联邦主体权力机关、地方自治机关和相关社会团体在国家海洋政策形成和实施的问题上，要进行协作和协调；

7）在制定和实施国家海洋政策时，要形成合力，科研活动要协调、统一进行；

8）对俄罗斯沿海地区、领海、专属经济区和大陆架要综合研发国家环境监测系统（国家环境监测）；

9）为了维持俄罗斯在海上活动的竞争力，要大力发展海上科学研究；

10）对俄罗斯自然人、法人在各种海上空间的海上活动进行法律保障，包括对海底国际区域勘探和开采矿物资源；

11）对世界海洋上挂俄罗斯国旗实施海上活动的船舶要进行国家监督和监管，包括进行港口监督，对俄罗斯内海、领海、专属经济区和大陆架的自然资源的状况和使用情况进行监督；

12）集中力量建设和发展俄罗斯有航海传统的主体境内的船队的基础设施，为军事和经济需要对这些设施进行规范；

13）俄罗斯海军时刻准备解决面临的问题，海上运输船队、渔船队、科考船队及其他专业船队和其后勤单位要时刻准备机动；

14）对船上工作人员、航运公司和国家管理部门领导要进行系统的海洋军事能力培训，使之能适应战时条件的工作；

15）综合发展沿海地区和沿岸水域，支持沿海地区的中小型企业活动；

16）集中中部和各地区的资源来发展通信设施，包括水上设施、连接俄罗斯中部和沿海地区的设施，特别是远东和北方边区，包括北极地带、克里米亚联邦区，目

的是进一步开发和发展这些地区;

17)生态系统,就是将海上环境看成一个整体,整体内发生的事情是相互联系的;

18)保护海上人员的生命;

19)保留并保护俄罗斯船队的劳动资源,发展对海员健康的监测系统;

20)保持并完善干部培养机制,以及对年轻人的教育和职业培训,使之适应海上活动的工作;

21)对国家海洋政策的目标和传统进行有效的宣传。

国家海洋政策的任务

第 9 条 国家海洋政策的任务是根据其原则和内容形成的,是由俄罗斯在世界海洋的国家利益决定的,目的是要达到海洋政策的目标。

第 10 条 俄罗斯联邦总统、俄罗斯联邦政府在自己的职权范围内制定国家海洋政策的任务。

第 11 条 国家海洋政策的任务包括短期任务和长期任务。

第 12 条 短期任务根据以下情况决定:

1)世界上地缘政治条件、军事政治和财经情况的动态变化;

2)俄罗斯及其个别地区的社会经济情况;

3)海洋运费、水生物资源、石油天然气及其他资源的世界市场行情;

4)科技进步成果;

5)俄罗斯海洋活动的有效性。

第 13 条 长期任务构成了国家海洋政策的主要内容,表现在实施的功能和区域方面。

第 14 条 国家海洋政策任务的形成还要考虑不断比较分析俄罗斯在全球海洋活动的情况与发展趋势的结论,考虑涉及保障俄罗斯国家安全问题的系统研究结果,以及俄罗斯联邦实施研究、开发和利用世界海洋资源和空间方面的国家联邦目标纲要和其他纲要、项目的结果。

第 15 条 国家海洋政策的任务由联邦权力执行机构、俄罗斯联邦主体权力执行机构、地方自治机构通过他们下设的机构以及相关社会组织、俄罗斯企业来完成。

第 3 章 国家海洋政策的内容

第 16 条 俄罗斯联邦通过完成短期任务和长期任务来实施循序渐进的、连续的、功能与区域一致的国家海洋政策。

(一)国家海洋政策的功能方面

第17条 国家海洋政策的功能方面是指按照其海洋活动功能用途主体列出的海洋活动方面,如对世界海洋资源和空间的研究、开发和利用方面的海洋活动。

第18条 它包括:

1)海洋运输方面的活动;

2)世界海洋资源开发和保护;

3)海洋科研;

4)海洋军事和其他领域的海洋活动。

海洋运输方面的活动

第19条 海洋运输是俄罗斯统一运输体系的一个组成部分。俄罗斯对外贸易货物的大部分是利用海洋运输完成的,其包括:海洋运输船队,保障船队的后勤部门,海港和货物装卸设施、现代化的通信设施和保障航海安全的系统。海洋运输在北极和远东地区的生活保障方面仍然起到决定性作用。

第20条 在远洋运输方面的政策是创造良好的组织环境和经济环境,促进船队和沿海港口基础设施建设,能达到国家经济独立和国家安全的水平,降低运输成本,增加穿越俄罗斯国境的对外贸易、沿海贸易和过境运输量。

第21条 为此必须完成以下长期任务:

1)更新海洋运输船队,提高其在世界运输市场的竞争力,降低悬挂俄罗斯国旗船舶的平均使用年限;

2)建立长期投资的机制,增加悬挂俄罗斯国旗海洋运输船队的份额;

3)为提高服务质量、保证海港和近港地区的航行安全,要更新为各种运输船队(破冰船、事故抢险船、环境保护船、公务辅助船)服务的特种船的设备;

4)增加俄罗斯船运公司海上运输船队在国家对外贸易和过境货物运输总量所占的份额;

5)修建新的港口和码头,改造现有港口和码头,增加港口吞吐能力;

6)通过修建和修复港口铁路线、公路线和建设现代化的运输物流中心,保障港口基础设施能平衡运行和发展;

7)保证海洋运输及其基础设施培训并做好动员的准备;

8)提高国内港口的竞争力和投资吸引力;

9)创造条件将北方海路作为可国际使用的国家运输线,在运输服务质量和航行安全方面比传统海上通道更有竞争力;

10)发展并保障航行安全综合系统以使其可靠运行;

11)建立海员健康保护系统,保留和保护海上运输的劳动力资源,使其符合航海安全的国际和国家要求;

12)在进行海洋活动时,要建立强制的风险环境保险机制;

13)在海洋运输项目投资、建设新的及维修现有污水清理设施,处理船舶废物方面落实环保要求,提高环境保护水平。

开发并保持世界海洋资源

第22条 开发世界海洋资源是保证和扩大俄罗斯资源、保证其经济和粮食安全的必要和必需条件。

海洋渔业捕捞

第23条 俄罗斯联邦在捕捞水生物资源方面是世界主要水产品加工国之一。

第24条 渔业在国家粮食生产中起重要作用,它能保证粮食安全,是大部分沿海地区居民就业的重要岗位。

第25条 俄罗斯渔业基地的主要部分是位于俄罗斯专属经济区和大陆架的水生物资源。

第26条 为了有效开发生物资源并保持在主要海洋大国的地位,俄罗斯将渔业设施系统更新,走出一条创新之路,对企业进行大规模现代化改造、技术更新,改造渔船,建设科研生产基地,培养干部队伍。

第27条 为此在海洋渔业方面要完成下列长期任务:

1)对世界海洋的水生物资源进行定期的资源研究和国家监测,无论是俄罗斯海洋,还是俄罗斯专属经济区以外;

2)保留并合理利用俄罗斯领海、专属经济区和大陆架的生物资源;

3)提高捕捞水生物资源的国家监督效率;

4)根据对生物资源空间和时间分布的预测,在俄罗斯渔船可到的海洋水域,优化对渔船的管理;

5)保证渔船队和渔船队基础设施,做好动员培训,并处于动员准备状态;

6)系统提高捕捞能力,更新技术装备;

7)建设新的鱼类加工和冷藏设备,更新现有的鱼类加工和冷藏设备;

8)拓展渔业科研方向,扩大渔业科研规模;

9)提高水生物资源人工生产效率,用现代化技术发展海水养殖业;

10)利用现代化通信手段,发展捕鱼船队活动的监测系统(观察并监控捕捞)和信息处理系统;

11)创造条件为俄罗斯造船厂争取渔船订单;

12)为有效捕捞和加工水生物资源,建造新的技术和设备,完善渔产品的存储和运输方法;

13)发展海洋码头,用于在所有捕捞区域对捕捞船队提供综合服务;

14)利用现代化捕捞和加工渔船队,保证在捕捞现场综合加工原料,在商定的外国专属经济区、世界海洋协定区和公海保持和提高捕捞水生物资源的数量；

15)俄罗斯要积极参与国际渔业组织的活动，因为对世界海洋渔业资源利用的竞争越来越激烈，对国际协调进程和渔业捕捞的国际法律调节仍在继续，对保护海洋环境的要求越来越高；

16)保障俄罗斯在保持和利用里海和亚速海生物资源的利益，制定并严格遵守与沿岸国家商定的保护珍贵和濒临灭绝水生物资源的措施；

17)建立监测水生物资源质量和安全及其加工品的质量和安全体系，监控捕捞和渔产品加工工艺流程；

18)制定和实施增加俄罗斯居民消费水生物制品的措施，保障其饮食健康；

19)通过有效监测水上设施和水生物资源面临的潜在威胁，制定可能损害水生物资源的适当应对战略，在国内居民必要的、自然增长的海洋活动条件下最大限度地保证水生态环境安全，严格遵守俄罗斯大陆架各阶段海洋活动项目的渔业要求。

开发海洋矿物和能源资源的活动

第 28 条　大陆上的石油天然气和其他矿物资源储备终将耗尽，这就注定会转向俄罗斯大陆架去寻找、勘探和开采矿产资源，未来还会转向大陆坡和海床。

第 29 条　为了保护和进一步扩大原料基地，增加战略储备，保证未来在世界海洋有可开采的矿物和能源资源，长期任务如下：

1)通过测量洋底的物理场、测绘、钻探及海底挖掘工程，对地质环境进行国家监控，研究地质结构，确定俄罗斯大陆架资源潜力；

2)研究和开发世界海洋的矿物和能源资源，包括非传统能源原料，比如水下气体可燃冰等；

3)考虑国家安全保障，进行国家监督和调节对俄罗斯大陆架和世界海洋燃料能源和矿物资源，以及其他矿物的勘探与监测；

4)开采已探明矿产，大力勘探俄罗斯大陆架的石油和天然气资源；

5)在俄罗斯大陆架保留已勘测的矿物和能源资源，作为战略储备；

6)为在海底国际区域研究、勘探和开采矿物资源创造条件并提高能力，在联合国海洋法 1982 年 12 月 10 日成立的国际海底机构权限框架内，巩固俄罗斯对海底国际区域矿物资源的勘测和开采权；

7)通过对钻探平台(勘探平台、开采平台和工艺平台)和水下冰下工艺设备设计、建造和使用进行严格的国家监督，预防技术灾难；

8)保证用户管道和油船运输碳氢化合物搭配合理；

9)开发新的技术手段和工艺去研究、开发、开采和运输世界海洋的矿物资源和燃料能源资源，加快对特种船的制造工作，包括建造各类海上平台；

10)保证舰艇和科研及特种船队基础设施接受动员培训,并处于动员准备状态;

11)履行俄罗斯与国际海底组织签订的探矿和勘探铁、锰和深水多金属硫化物合同框架内俄罗斯接受的义务;

12)利用涨潮现象、海岸风和风浪、水温变化、热能和海流以及海藻生物发热量开发电能新技术。

海洋管道的运行

第 30 条 碳氢化合物原料海底管道有效运行,包括在大陆架开采的,这对保障国内需求和俄罗斯对外经济活动具有战略意义。

第 31 条 海底天然气管道对能源出口起特别重要的作用。

第 32 条 考虑到这些情况,下列国家海洋政策长期任务在发展水下管道网络中具有现实意义:

1)通过对海洋管道的设计、建造和使用进行严格的国家监督,包括开发和使用现代化的技术手段,如机器人设备、综合设备和系统,预防人为灾难和技术灾难;

2)提高海洋管道的安全性,保护环境不受碳氢化合物海上运输可能产生负面后果的影响,包括通过设立专门的规定、许可条件和要求。

海洋科学研究

第 33 条 海洋科学是为了获取关于世界海洋的系统性知识并加以利用,了解发生在海底、海底岩层、水体、水面、水上大气层、世界海洋人工设施的自然和人为进程的所有方面,目的是保证俄罗斯的稳定发展和国家安全。

第 34 条 海洋科学研究方面的政策在于加强基础学科和实用学科的研究,保证海洋活动和海洋潜力稳定发展,加强俄罗斯的国家安全,降低因自然灾难和技术灾难可能造成的损失。

第 35 条 在这方面的长期任务是:

1)保证系统研究海洋环境、海洋资源和海洋空间,研究所有与世界海洋利用有关的问题;

2)对世界海洋深入了解,能保证有效实现和保护俄罗斯的国家利益;

3)成立并发展全国性(跨行业的)科研技术综合体,包括:

在远程探测和直接观察的基础上对世界海洋及其各海的统一监测系统;

科考船队;

实验基地用于开发海洋技术和海洋生物技术;

水下设备;

制图保障;

海洋环境数据库。

4)开展国际合作,包括参加主管海洋活动方面国际组织框架内的活动。

第36条 对以下领域进行研究:

1)俄罗斯大陆架、专属经济区、领海和内海;

2)世界海洋和俄罗斯内海的海洋生物资源和生态系统动态;

3)大陆浅滩、大陆坡、水下峡谷、水下山、裂谷和海床的构造,以及在自然因素和人为因素作用下它们的变化动态;

4)北极地带、南极洲自然环境和发生在世界海洋及交界地带的全球化进程;

5)海洋生物多样性作为全球环境稳定和合理利用恢复的资源潜力的最重要因素;

6)世界海洋对全球(首先是俄罗斯境内)生态系统和气候的影响,对人身体状况的影响,包括船上环境对人身体的影响;

7)与世界海洋有关的、对海洋活动和国内居民有危险的现象,目的是降低它们带来的损失而提前预防;

8)针对世界海洋水域、俄罗斯内海的环境压力,制定降低环境压力的原则和方法;

9)俄罗斯船队活动的水文气象、航行水道测量、事故抢险、医疗、信息保障等问题;

10)海上管道、钻探平台(勘探平台、开采平台和工艺平台)和水下冰下工艺设备的设计、建造和使用对海洋环境状况的影响;

11)使用世界海洋空间和资源的军事、政治、经济和法律问题,海上军事和其他海上活动问题,包括在不同法律制度下限制和监督贸易航运。

海上军事活动

第37条 海上军事活动是指国家在世界海洋用军事方法形成并维持有利条件而进行的有针对性的活动,目的是俄罗斯稳定发展并实施国家安全的主要优先任务。

第38条 海上军事活动是国家在世界海洋进行的军事活动的一部分,目的是预防对俄罗斯的侵略而维护自己的国家利益。

第39条 海上军事活动属于国家最优先的范围。

第40条 俄罗斯联邦总统确定俄罗斯联邦海上军事活动领域的国家政策基础、主要目标、战略优先方向和任务,以及实施国家政策的措施。

第41条 俄罗斯海军是俄罗斯海洋潜力的主要组成部分和基础,是国家对外政策的工具之一。

第42条 海军是用军事手段来保障和保护俄罗斯及其盟国在世界海洋的国家利益,维护全球和地区军事政治稳定,反击来自海洋方向的侵略。

第 43 条 海军为保障俄罗斯海上活动安全创造条件,保证俄罗斯在海上的军事存在,在世界海洋展示国旗和军事力量,参加打击海盗,参加国际社会进行的、符合俄罗斯利益的军事、维和和人道主义行动,海军舰队船舶可进入外国港口。

第 44 条 海军在各地区的作战战略联合编队有:北方舰队、太平洋舰队、波罗的海舰队和黑海舰队以及里海区舰队,他们是相应地区完成国家海上政策任务的武装力量基础。

第 45 条 各舰队和里海区舰队的数量和质量要维持在符合具体地区面临的安全威胁相适应的水平,要有独立的基地及基础设施、造船厂和船舶维修厂。

第 46 条 俄罗斯联邦安全局的职权范围是组织保卫和守卫俄罗斯国界,保护内海、领海、专属经济区和大陆架。

第 47 条 联邦安全局机构要根据俄罗斯边境地区面临的安全威胁优化兵力和装备。

第 48 条 在必要情况下,海军和联邦安全局机构在完成任务时要相互协助。

(二)国家海洋政策的地区方面

第 49 条 国家海洋政策的地区方向是指与俄罗斯和世界个别地区的特点有关的海洋活动范围,是指对俄罗斯最重要的,因共同的物理地理、经济地理、政治地理或军事地理特点连接到一起的领土和水域。

第 50 条 作为俄罗斯国家海洋政策的主要地区方有:大西洋地区方向、北极地区方向、太平洋地区方向、里海地区方向、印度洋地区方向和南极地区方向。这些方向的国家海洋政策是根据它们的特点制定的。

大西洋地区方向

第 51 条 大西洋地区方向的国家海洋政策是由这一地区存在的条件决定的,这个条件就是北大西洋公约组织(北约),以及由保障国际安全的法律机制不完善决定的。

第 52 条 与北约关系的决定因素仍然是俄罗斯无法接受北约军事基础设施向俄罗斯边境推进,并试图赋予它全球功能。

第 53 条 这个方向的国家海洋政策基础是完成大西洋、波罗的海、黑海和亚速海以及地中海地区的长期任务。

第 54 条 在大西洋

1)保证俄罗斯在这一地区有足够的海上军事存在;

2)发展并加强海洋运输量、捕鱼量、海洋科学研究和海洋环境监测,在俄罗斯与国际海底组织签订的合同框架内,在俄罗斯对深水多金属硫化物勘探的范围内多进行地质勘探工作。

第55条　在波罗的海

1)发展沿海港口基础设施,升级换代海上商船和联运(河-海)船舶,继续发展水下管道系统,既为出口,也为保障俄罗斯加里宁州的能源供应;

2)发展海洋运输作为本地区方向专业化的关键要素之一,建设有竞争力的船舶;

3)建设物流设施以及专业化的加工和运输碳氢化合物原料港口设施;

4)保证运输可达加里宁州,发展乌斯季-卢加和圣彼得堡海港方向的轮渡航线;

5)发展连接俄罗斯沿海地区与欧洲国家的公路-铁路轮渡设施;

6)维修、改造、新建渔业设施,首先是渔船队和渔产品加工企业的生产设施;

7)创造条件发展造船业、船舶维修业和船上设备的生产;

8)进行综合的科学研究,包括监测被封存的化学武器、潜在的危险水下设施和水下管道的状况;

9)在欧洲著名的旅游航线经过的岸上增加旅游休闲综合设施,组织邮轮和游艇观光旅游;

10)在国家权力机构、地方自治机构、相关社会团体和组织协作的基础上,保护海洋自然和文化历史遗产;

11)提高海洋活动领域高等、中等职业院校专业人员培养质量;

12)在俄罗斯科学院重点科研机构的基础上组建大型科研创新海洋中心、技术平台、部门科学研究所,以及院校内部从事科研活动的机构;

13)创造条件与波罗的海地区国家进行稳定的经济合作,共同合理利用海洋自然资源,对海洋活动领域的措施高度信任;

14)发展力量(部队)以及波罗的海舰队的驻泊系统。

第56条　在黑海和亚速海,国家海洋政策的基础是加快恢复和全面巩固俄罗斯的战略地位,维持该地区的和平与稳定。

第57条　为此应保证:

1)在国际海洋法规则的基础上,为俄罗斯确立有利的黑海和亚速海国际法律制度、水生物资源利用规则和碳氢化合物矿产勘探、开发,水下管道铺设和使用规则;

2)对刻赤海峡使用规则和制度进行国际法律调节;

3)完善黑海舰队力量(部队)的人员和组织结构,发展其在克里米亚和克拉斯诺达尔边疆区沿岸的基础设施建设;

4)建设有竞争力的海洋运输船舶,更新联运(河-海)船舶,改造和发展沿岸港口基础设施,发展黑海内的轮渡运输;

5)在大型城市群的基础上,建立全国和跨地区海洋经济中心,活跃超前发展区域(克里米亚地区、黑海-库班河地区和亚速海-顿河地区)的海上活动;

6)保证地区港口能力与能源资源出口预期增长相符合,同时要考虑克里米亚港口及沿岸基础设施的发展;

7)继续发展出口天然气运输系统,包括水下管道;

8)保障克里米亚的交通,发展克拉斯诺达尔边疆区-克里米亚方向的轮渡线路;

9)通过发展国际交通走廊,挖掘本地区方向沿海地区的过境运输潜力;

10)考虑克里米亚造船企业和船舶维修企业的潜力,发展本地区的造船和船舶维修综合体,更新本地区造船业的生产和工艺;

11)进行综合性的科学研究,包括监测受人为因素积极影响条件下海洋生态环境的状况和变化,预测对沿岸居民和沿岸地区、水下管道和有潜在危险的水下设施造成威胁的危险水文气象、水文物理和地震现象;

12)进行地质勘探工作,更新现有的矿产资料,安全开发有经济效益的矿产资源;

13)发展商品渔业,加速本领域的干部培养;

14)发展旅游休闲业,开发最著名的沿海疗养地,之后对沿岸新的游轮中心基础设施投资,提高海洋运输线路的吞吐能力以保障向发展旅游地区输送乘客,连接克里米亚和亚速海-黑海流域与地中海游轮线路,发展国际规模的多功能休闲设施;

15)在国家权力机构、地方自治机构、相关社会团体和组织协作的基础上,保护海洋自然和文化历史遗产;

16)采用包括吸引本地区力量的方法,为保护俄罗斯在黑海和亚速海地区的维护主权和国际法的海上潜力的驻泊和使用创造条件。

第58条 在地中海:

1)实施有针对性的方针,将本地区变为军事政治稳定和睦邻友好的区域;

2)保障俄罗斯在本地区不断地保持足够的海洋军事活动存在;

3)发展由克里米亚和克拉斯诺达尔边疆区向地中海流域国家的游轮运输。

北极地区方向

第59条 在北极地区方向的国家海洋政策是由俄罗斯舰队自由出入大西洋和太平洋的极其重要性决定的,是由俄罗斯专属经济区和大陆架的财富决定的,是由北方海路对俄罗斯稳定发展越来越重要的意义决定的,也是由北方舰队从海洋方向保护国家的决定性作用决定的。

第 60 条 在本方向国家海洋政策的基础是：

1）降低俄罗斯国家安全威胁级别，保证北极地区的战略稳定；

2）增加俄罗斯的海洋军事潜力，发展北方舰队力量（部队）；

3）通过加大对大陆架自然资源的利用，包括进行地质勘探工作，增强俄罗斯的经济潜力；

4）为俄罗斯船队、俄罗斯石油天然气开采和天然气运输公司在北极海洋、北方海上线路以及大西洋北部的活动创造条件；

5）协助承担特殊义务的北冰洋国家对海洋环境进行保护，管理并保持有生命的资源，根据所承担的权利和义务在北冰洋勘探和使用资源，保障这一地区的稳定发展；

6）发展俄罗斯北方海上航线，完善在该水域航行的航行水道测量和水文气象保障；

7）发展人员搜索和救生系统，预防和处置北极地区海上石油泄漏事故的系统；

8）鼓励使用节约能源型和环保清洁型技术，以及在这方面的科学研究；

9）巩固俄罗斯在北冰洋海上空间研究和开发的领先地位。

第 61 条 这方面要完成下列长期任务：

1）通过建设和使用海洋管道、钻探平台（勘探平台、开采平台和工艺平台）和水下冰下采矿设备，在俄罗斯专属经济区和大陆架存储生物资源和矿物原料，勘探和开采自然资源，包括燃料能源资源；

2）以国际法和相互协商为基础，考虑俄罗斯国家利益，与北冰洋沿岸国家积极协作，划分海洋空间，包括北冰洋大陆架；

3）在法律上要巩固俄罗斯在北冰洋大陆架上的外部边界；

4）在与北冰洋沿岸国家划分海洋空间和海底时，要无条件保障俄罗斯及俄罗斯石油天然气开采和运输公司的利益；

5）建立对北极沿海地区和相邻水域经营性开发的工业、技术和科研基地；

6）建造核动力破冰船，通过建设现代化的核技术服务基地，提高其使用的安全性；

7）更新海洋基础设施总量，发展破冰船队和科研考察船队，建造破冰级船舶，改造北冰洋港口网络、海洋军事设施和边防基础设施；

8）开发北冰洋俄罗斯大陆架，在沿岸设立必要的基础设施和加工企业；

9）进行地质勘探工作，更新现有的矿产资料，安全开发俄罗斯北极地带海域有经济效益的自然资源矿产；

10）扩大对北冰洋流域中部地区水生物的研究，对喀拉海和楚科奇海未来捕

鱼量进行评估;

11)加快发展本地区海洋经营企业,发展跨地区海洋经营生产公司;

12)发展并升级水文气象观测网络设施;

13)活跃在斯瓦尔巴群岛、法兰士约瑟夫地、新地岛、弗兰格尔岛的海上活动,并使其多样化;

14)利用北冰洋水域和岛屿、沿海地区的旅游休闲潜力,在国家权力机构、地方自治机构和相关社会团体和组织的协作下保护海洋自然资源和文化历史遗产;

15)在行业院校对在北极特殊条件下工作的、受过中等和高等教育的专业人员进行培训、进修,提高他们的业务能力;

16)发展俄罗斯管辖区北冰洋水域自然环境保护的技术;

17)考虑全球气候进程中北冰洋流域的作用和地位,在人为因素的积极影响下,对北冰洋海洋环境的状况和变化进行综合的科学研究和监测;

18)对新地岛群岛水域存储放射性废物及核动力潜艇和核动力破冰船的核反应堆的地方,要监测其辐射状态;

19)在北方海域大陆架,提高石油天然气平台工作人员的健康保障;

20)在北冰洋沿岸建设事故救生基地;

21)在巴伦支海、伯朝拉海和喀拉海大陆架建设连接开采基地与海岸的天然气管道,并将其用水下管道与国家统一的天然气运输系统相连接;

22)发展北冰洋环境监测系统;

23)根据与主要海洋强国达成的双边和多边协议,限制在协商地区和区域的外国军事海洋活动;

24)发展北海舰队力量(部队)、驻泊系统,增加其数量和质量;

25)为计算领海、专属经济区和大陆架的宽度,弄清俄罗斯北冰洋沿岸直线基线的位置。

太平洋地区方向

第 62 条　太平洋地区方向对俄罗斯意义重大,而且越来越重大。俄罗斯远东拥有大量资源,特别是在专属经济区和大陆架,但当地人烟稀少,与俄罗斯发达的工业区相对隔绝。这些条件又因亚太地区国家强劲的发展变得更为严重,这对本地区的经济、人口、军事和其他进程产生极为重要的影响。

第 63 条　太平洋地区方向的重要任务是发展与中国的友好关系,增加与本地区其他国家的积极互动。

第 64 条　在太平洋地区方向国家海洋政策的基础是完成日本海、鄂霍次克海、白令海、太平洋西北部、北极地带东部北方航线水域的长期任务。

第 65 条　这个方向的长期任务是:

1)降低俄罗斯国家安全威胁水平,保证本地区战略稳定;

2)发展太平洋舰队力量(部队)和驻泊系统,以及联邦安全局的力量和装备,增强其数量和质量;

3)通过活跃海洋活动和发展海洋基础设施,克服沿海地区与俄罗斯其他地区的经济和基础设施隔绝,特别是与最发达的俄罗斯市场的隔绝;

4)为保障运输业,建造有竞争力的客船队、轮渡船和现代化的海洋船舶,首先是在萨哈林岛和千岛群岛;

5)积极开发大陆架自然资源,包括加强对远东海洋的地质研究,建设相应的海岸基础设施,包括运输从大陆架开采的碳氢化合物水下管道系统,增加液化气生产能力,建造专用码头卸载液压气体;

6)为俄罗斯消费者和未来出口单位长期供应天然气建立可靠的资源基地;

7)保证主要海洋运输和物流枢纽协调发展,包括国家、地区和地方海港,将本地区整合进亚太经济空间,同时恢复和发展远东海洋的常规旅客海上交通;

8)在千岛群岛建设生物资源和休闲设施,发展旅游和疗养业;

9)在国家权力机构、地方自治机构、相关社会团体和组织协作的基础上,保护海洋自然和文化历史遗产;

10)积极研究水生物资源及其生存环境,在沿岸为居民建造舒适的生活环境的同时,在本经济领域增加就业岗位;

11)形成一整套鱼类和海产品加工链,为生物制药、食品和燃料工业生产产品,为农业企业和海水养殖场生产饲料,生产技术产品;

12)形成医疗卫生和休闲旅游地带,包括发展海上邮轮观光;

13)发展实验生产活动,包括最大限度地利用创新技术使用海洋生物资源、进行海水养殖、建造捕鱼船,开发新的生物资源生产技术,发展渔业技术应用中心和高科技园区;

14)进行综合性的科学研究,监测受人为因素积极影响条件下远东海洋环境的状况和污染情况,预测对沿岸居民和沿岸地区、水下管道造成威胁的危险水文气象、水文物理和地震现象;

15)在发生自然灾害(海啸、火山喷发、地震、台风等)时保证沿海地区居民安全;

16)在协商地区和区域签订限制海洋军事活动的跨国协议;

17)积极与亚太地区国家开展就保障航行安全,打击海盗、贩毒、走私,给予受难船舶援助,海上救生方面的合作;

18)提高地区现有交通基础设施利用率,吸引东南亚和美国货物走跨西伯利亚过境运输干线运往欧洲和其他国家,实施最大限度地开发本地区国内货物基地

的措施;

19)在俄罗斯与海底国际组织合同框架内,在俄罗斯勘探区对深水多金属硫化物矿和富钴铁锰壳进行地质勘探工作;

20)开发鄂霍次克海碳氢化合物大陆架矿床,保证该矿与海岸的连接,同时相互之间也用管道网络相连;

21)建设萨哈林-阿穆尔河上的共青团城、哈巴罗夫斯克-符拉迪沃斯托克(海上管道穿越鞑靼海峡)天然气管道;

22)在太平洋海峡设计和建造水下隧道,将其与主干管道相连;

23)发展太平洋地区方向状况监测系统。

里海地区方向

第66条 里海地区无论是从数量上还是从质量上,都拥有独特的矿物和生物资源,需要综合开发。

第67条 在本地区方向完成下列任务:

1)考虑环境安全要求,在里海海底俄罗斯段形成现代化的石油天然气区域,和与之相关联的岸上交通基础设施,吸引俄罗斯公司来进行勘探和找矿,将里海海底俄罗斯段矿区纳入出口水下管道系统;

2)为增加对外经济活动效率,发展、升级和提高海港的吞吐能力,利用海上交通对国内市场和国外市场的供货方向、供货量、供货线路和服务提供多样化的经营;

3)更新船队船舶,首先是特种船队的“河-海”型船舶,建造轮渡;

4)提高保护和生产水生物资源的效率,首先是鲟鱼类,发展一体化的捕捞形式;

5)进行综合性的科学研究,监测受人为因素积极影响条件下里海生态环境的状况和变化,预测对沿岸居民和沿岸地区和钻探平台有危险的水文气象、水文物理和地震现象;

6)在里海水文气象和海上环境监测领域,发展与里海地区国家的合作,保证沿海地区居民生活环境安全;

7)预防对伏尔加河里海流域生态环境人为影响的增加,未来要从根本降低这种影响;

8)在旅游领域,针对里海海上观光游组织跨国合作,开发海滩型和环保型旅游集群;

9)在国家权力机构、地方自治机构、相关社会团体和组织协作的基础上,保护海洋自然和文化历史遗产;

10)预防海上活动领域专业人才流失;

11）为俄罗斯确立有利的里海国际法律制度、开发鱼类规则和石油天然气碳氢化合物矿产勘探、开发及水下管道铺设和使用规则；

12）发展里海区舰队力量（部队）、驻泊系统，增加其数量和质量。

印度洋地区方向

第68条 在印度洋地区方向，国家海洋政策的最重要方向是发展与印度的友好关系。国家海洋政策还寄希望于与该地区其他国家增加良性互动。

第69条 在印度洋地区的国家海洋政策，规定要完成下列长期任务：

1）扩大俄罗斯的航行，与其他国家一起勘探大陆架碳氢化合物和建设水下管道；

2）实施有针对性的方针，将本地区变为和平、稳定和睦邻友好的区域，保证定期或在必要情况下俄罗斯在印度洋的军事存在，参加保障安全的海洋活动，包括打击海盗；

3）为保留和巩固俄罗斯在该地区的地位进行海洋科学研究。

南极地区方向

第70条 南极具有巨大的资源潜力。俄罗斯客观上期望这一地区维持和平和稳定，有条件进行广泛的科研活动。

第71条 俄罗斯是南极洲条约参加国之一，俄罗斯在南极洲地区的持续、积极存在，有助于它完全参与南极洲利用有关的国际问题的解决。

第72条 在南极洲地区方向的国家海洋政策，规定要完成下列长期任务：

1）有效利用南极洲条约体系规定的机制和程序，保障和扩大俄罗斯在南极洲的存在；

2）全面协助南极洲条约体系的保护和进步发展；

3）保证南极洲作为和平、稳定和合作区域，预防可能出现的国际紧张和全球性的自然气候威胁源头；

4）发展在南极洲的综合科学研究，考虑其在全球气候进程中的作用和地位；

5）保障对俄罗斯在南极洲活动的水文气象、航行和太阳地球物理信息支持；

6）保障科学考察和科学研究船舶的建造，以发展对南极洲的研究；

7）在研究的基础上评估南极洲水生物资源，预测鱼类储备状况，保证渔业经济效益；

8）利用南极洲水生物资源增强俄罗斯的经济潜力；

9）对南极洲大陆区及其相邻海洋的矿物和碳氢化合物资源进行科学的地质地球物理研究；

10）开发地球远程探测卫星系统和通信、导航系统，对维护格洛纳斯系统的地面站进行扩建及技术改造；

11)保护南极洲自然环境;

12)对俄罗斯在这一地区的考察基础设施进行技术改造和重组,对俄罗斯的南极考察提供运输保障。

第4章　国家海洋政策的实施保障

(一)造船和造舰

第73条　造船是实际实施海洋学说的技术基础,它能因保持和增加在造船和相关工业领域的高水平劳动岗位数量而保证有很高的社会效应。

第74条　国产造船业的发展水平应当在国内外市场有竞争力,保证能完全满足国家和企业对现代舰船产品的需求。

第75条　国家海洋政策的目的是全面发展国产造船业,不论是在军舰和民用船舶建造领域,还是在海洋装备的研发领域。

第76条　为了在造船产品的质量上达到先进国家的水平,提高生产效率和国家造船业的投资吸引力,国家应考虑俄罗斯参加的国际组织的要求,积极实施符合主要海上国家实践的一系列措施。

第77条　在国家造船方面,国家海洋政策的主要方向是:

1)保证建造军舰、船舶、民用海洋装备来满足国家需求,主要在国内造船厂,配齐国产配套设备;

2)协助最大限度地将国内海洋装备的订单投放到国家造船厂。

第78条　为达到国家海洋政策的目标,在这一领域应完成下列长期任务:

1)在建立和发展大型科研生产单位的基础上完善造船综合体;

2)保证国家对战略上重要的造船组织的监督;

3)根据国家武器纲要,保证俄罗斯在造舰和海洋军事装备领域的技术独立;

4)应用先进的船舶设计和建造方法,在民用造船方面摆脱目前的技术落后状况;

5)在造船领域积极开展创新与投资活动,以便高质量地更新科技和生产工艺设施;

6)为发展俄罗斯海洋潜力中的军事潜力,形成一套优先发展的技术,保证可开发和建造有前景的系统、武器、军事和特种装备;

7)开发和应用军事和民用基础技术和关键技术,保证能生产和维修已列装的、将要列装的装备和军事海洋装备,以利于技术突破或生产超前科技制品,目的是开发之前不拥有能力的、原则上新的武器和海洋军事装备;

8)开发和生产有前景的系统、武器和军事及特种装备,为发展俄罗斯海洋潜力中的军事潜力,提高军事产品的质量和竞争力;

9)为提高海军和联邦安全局机构所装备的军舰、武器和特种海上装备的效率,完善造船业发展的目标纲要规划系统;

10)完善造船领域国家需求的产品供货、完成工作和提供服务的订单投放机制;

11)通过推广组织经济机制,保障造船和船舶维修的有效运行和发展,完善造船和船舶维修组织活动;

12)与联邦权力执行机构一起协调造船厂的建造计划、生产计划、与石油天然气公司开发矿产计划,以及航运公司购买新船的计划;

13)建造高技术造船厂来开发生产大吨位船舶和“离岸”级装备;

14)保证造船业的动员准备;

15)完善建造和使用寿命周期各个阶段海洋武器和特种装备的物资原料保障,包括国产配套零件和基本元件;

16)在核动力破冰船的建造和使用方面保持世界领先地位;

17)保证建造和使用破冰船和破冰级运输船舶方面得到国家资助和国家支持,首先是核能源装置,发展其驻泊专用系统;

18)发展科研船队和海洋科学仪器制造;

19)建造高效捕鱼船舶,保证在俄罗斯200海里经济区内和世界海洋遥远地区能有效益地捕捞水生物资源;

20)在完善船舶冰间航行质量方面进行科学研究,目的是扩大可利用自然条件的范围;

21)建造高技术平台,保证直接在海洋大陆架上高质量增加矿层原料加工深度,直到获取石油产品或合成燃料;

22)建造可全年使用的客船,保证运输效益,生产有竞争力的国产船舶设备;

23)在开发、生产和维修海洋装备方面,完善跨国合作机制。

(二)海洋活动干部保障,海洋教育与培养

第79条 干部保障、海洋教学与教育在提高海洋活动效率方面起重要作用。其目的是培养、吸引和保留各层次专业干部,保持职业化、海洋传统和百姓对国家海洋史的热情,这是在社会上的正面展示、宣传和支持国家海洋政策、海洋活动和海洋服务。

第80条 发展海洋活动干部保障、海洋教育,规定要完成下列长期任务。

1)在俄罗斯船队,创造条件吸引和保留高技术干部到航行人员队伍、海洋活动管理队伍及后勤队伍;

2)综合完善职业心理选拔和各类海上活动门类的教育体系;

3)为科研机构和海洋方面的教育组织配备受过培训的、高水平科研和教师队

伍,发展教育机构和各类海洋活动门类专业的海洋科学,完善专门教育组织的海洋教育体制;

4)完善航行人员心理医学康复系统,保障预防疾病,改善生活质量;

5)完善联邦国家权力机构、俄罗斯联邦主体国家权力机构和地方自治机构在海洋活动领域对管理和领导干部的培养机制;

6)保留和巩固俄罗斯海洋院校传统,扩大儿童海洋学校、海洋班级、海员俱乐部网络,培养年轻人到俄罗斯海军或船队服役或服务;

7)在海洋教育机构,对受过中等和高等教育的专业人员进行培训、进修,提高他们的业务能力;

8)通过永久摆放和改装为纪念设施,保留并纪念获得荣誉的国产舰船;

9)维护海洋文化遗产设施和俄罗斯海洋传统;

10)保证国家对教学船、航海教育机构教学基地的建设、维护和使用的;

11)完善合同制用人机制,与海员职业协会、雇主和船主社会团体就俄罗斯海员社会保护问题进行协作,包括他们在外国船舶上工作时;

12)实施海洋企业干部潜力计划管理原则。

(三)海洋活动安全保障

第81条 海上活动的实施,要进行一整套有效的保障其安全的措施,这与水中环境的特点和其他自然与技术状况有关。

第82条 海洋活动安全包括航行安全、在海上搜索和拯救人员、海上基础设施安全、与基础设施相邻水域的安全、保护和维护海上环境。

第83条 航行安全的保障因素有:

1)为了俄罗斯联邦国家安全,在国家管辖区和世界海洋其他地区进行水道测量、大地测量、水文气象和医学研究;

2)协调各水道测量部门的工作,明确划分责任,保证其行动在目标、任务、地点和时间上协调一致;

3)及时将危险海洋水文气象现象(暴风、海上强风、风增水、海啸、海洋巨冰、设施结冰等)、海洋环境状况和变化预报及其他涉及航行安全的信息通报给俄罗斯海洋活动主体;

4)在俄罗斯建立基于先进技术的创新制图;

5)在符合现代要求的水平上不断增补世界航行图和电子地图、出版物和资料;

6)联邦权力执行机构相关下属部门要维护和发展航行水道测量和水文气象保障系统和装备,同时各部门要有效协作;

7)当发生灾难时,为了保障安全,要在全球海洋通信系统框架内履行向航行者提供气象和航行信息的国际义务；

8)国家对船舶技术状况和使用期限，对船舶的全面装备和保障，对船员和相关设施工作人员的培训并颁发合格证书分类要求的完成情况进行监督；

9)海上和领水建立一体化的电子导航系统；

10)发展船舶运行岸上管理系统、船舶装备和航行水道测量设施管理系统，以及格洛纳斯卫星导航仪器的管理系统；

11)发展海洋活动的医疗保障系统。

第84条　为了在海上搜索和拯救人员，必须做到：

1)在负责俄罗斯联邦责任区保障海上活动搜索救生的联邦权力执行机构的统一领导下，完善现有的、建立在拥有救生力量和装备的联邦权力执行机构相互协作基础上的海上人员搜索和救生系统；

2)统一各部门海洋事故救生专业人员培训的体制、事故救生装备的合格证和各种事故救生活动的许可证，包括发展国家海洋政策所有地区方向的潜水事业和潜水医疗；

3)建立俄罗斯船舶国家自动监测和监控系统，以及世界海洋状况观测系统，保障与处于俄罗斯领海的外国船舶进行位置信息国际交流；

4)保障及时恢复和更新事故抢险和辅助船队；

5)生产和发展有效的船舶、航空、深水和机器人搜索救生装备，装备到事故救生机构；

6)发展海上搜索和救生国际合作。

第85条　海上基础设施和邻近水域基础设施的安全性应由下列因素保障：

1)确定和划分职权和责任，协调国家权力机构和各种所有权形式的组织活动；

2)为设施装备综合的环境(水下、水上、空中)监测系统、自动化保卫和打击恐怖和破坏(主动的和被动的)活动的力量和装备；

3)查清、预警和阻止破坏活动、恐怖活动及其他违法行动。

第86条　通过下列手段保护和保持海洋环境：

1)监测海洋环境状况、综合性预防和处置污染后果；

2)采取措施预防石油勘探、开采、运输过程中的泄漏，在港口改造接收设施以收集和处理废料；

3)鼓励生产和采购国产设备来预防和处置海洋环境污染事件，向俄罗斯船队补充专业化船舶来进行环保活动和特种水下活动；

4)发展基础设施、生产国产核动力船和安全使用监督系统，完善核动力船和核废料的利用技术；

5)预防和处置俄罗斯内海和领海的具有潜在危险的水下设施的紧急情况;

6)履行俄罗斯应尽的预防和处置紧急情况的国际义务,包括利用国际合作的能力;

7)解决碳氢化合物和其他海底资源的开采量和开采密度增大与必须保持世界海洋生物资源恢复之间的矛盾。

(四)海洋活动的信息保障

第 87 条 海洋活动信息保障是在各层次和各方向实施国家海洋政策时,在研究、开发和利用世界海洋资源和空间时做决定的基础。

第 88 条 海洋活动的信息保障包括及时向海洋活动主体提供世界海洋状况的必要信息,包括海洋环境状况、对应的沿岸地区和空中及宇宙空间的状况,包括世界海洋(水上和水下)人造设施的地理坐标等信息。

第 89 条 海洋活动的信息保障规定,要维持和发展全球信息系统,包括国家统一的世界海洋状况信息系统、国家统一的水上水下状况监测系统,这些系统是海洋活动信息保障的信息通信公共基础设施。

第 90 条 发展全球信息系统的目的是在海洋活动领域形成和维持统一的信息空间,并要求:

1)完善世界海洋状况信息的收集、处理、提供和分发的技术和设备;

2)增加信息收集能力,包括利用国产宇航仪器轨道卫星对地球远程探测、导航、通信,对俄罗斯海洋和世界海洋关键地区的状况和污染情况进行监测;

3)保障整体和合理利用各部门的世界海洋状况信息系统;

4)建立高效的情况信息处理中心和其与主要信息用户间容量最优化的信道,包括为处于世界海洋遥远地区的船舶提供医疗咨询的可视频道;

5)保证在国内和国际协作和兼容标准的基础上,与国外类似系统按规定交换信息资源;

6)考虑可接触情报的范围,保证世界海洋状况信息的收集、交换、处理和传递的程序维持在必要的信息安全水平之上;

7)为保证信息系统工作的不间断,建造信息系统状况服务、监测技术和设备。

第 91 条 航行水道测量、水文气象、自然保护、搜索救援等各种保障领域的信息资源和信息系统应该整合到海洋活动信息保障公共基础设施,并在此基础上发展。

第 92 条 完善海洋活动信息保障的措施要在俄罗斯联邦政府集中管理的基础上,根据世界海洋状况信息系统的发展协调实施。

第5章　海洋活动的国家管理

第93条　实施海洋活动国家管理是为了在规范的法律基础上,根据规范的法律在俄罗斯海洋活动国家管理领域实施国家海洋政策。

第94条　俄罗斯联邦总统确定国家海洋政策的近期和长期优先任务和内容,根据宪法赋予的职权采取保卫俄罗斯在世界海洋的主权,保卫个人、社会和国家在海洋活动中利益的措施,对国家海洋政策实施进行指导。

第95条　俄罗斯联邦安全委员会作为宪法审议机构,负责确定威胁所在,决定对社会和国家至关重要的利益,制定保障俄罗斯在世界海洋国家安全的主要战略方向。

第96条　俄罗斯联邦联邦会议在宪法赋予的职权内对实施国家海洋政策和海洋活动进行法律保障。

第97条　俄罗斯联邦政府通过联邦权力执行机构和海洋委员会领导完成国家海洋政策任务的实施。

第98条　联邦权力执行机构相互协作,并与俄罗斯联邦沿海主体权力执行机构一起在自己的职权范围内对俄罗斯海洋活动进行国家管理,保障在各功能和地区方向实施国家海洋政策。

第99条　俄罗斯联邦政府下设的海洋委员会是常设的协调机构,它保障联邦权力执行机构、俄罗斯联邦主体权力执行机构和海洋活动、造船及海洋装备制造单位的协调行动,以及在对世界海洋、北极地带的研究与开发领域,在对南极洲的研究方面协调行动。

第100条　俄罗斯联邦沿海主体海洋委员会是协调和审议机构,促进和保障联邦权力执行机构、俄罗斯联邦主体权力执行机构和海洋活动方面的单位协调行动。

第101条　对国家海洋政策措施效率的监督,是根据俄罗斯每年在海洋活动领域的国家安全状况综合评估,并根据每年对俄罗斯联邦2020年前海洋活动发展战略目标指标的完成情况的监测结果进行实施。

第102条　俄罗斯联邦政府向俄罗斯联邦总统提交俄罗斯联邦海洋活动领域国家安全状况每年综合评估结果的报告,报告的起草根据以下主要归纳性标准:

1)国家海洋政策短期和长期任务完成的水平;

2)俄罗斯联邦海洋潜力在世界海洋实现国家利益、在俄罗斯专属经济区和大陆架行使主权的水平;

3)俄罗斯联邦海洋潜力中军事潜力在与其他部队、军事部门和机构协作,在世界海洋实现和保护俄罗斯国家利益的能力,在必要情况下反击从海洋方向侵略的能力。

第6章　结束语

在根据海洋学说行动时,俄罗斯会果断地、坚定不移地、连续不断地巩固本国的海上强国地位。

海洋学说规则的实施将会促进国家稳定地向前发展,可保证有效地实施和可靠地保护俄罗斯在世界海洋的国家利益,提高并维持俄罗斯的国际威望,维持其伟大海洋强国的地位。

俄罗斯联邦总统　普京

2015年7月26日

2030年前俄罗斯联邦海洋活动发展战略

第1章　总则

《2030年前俄罗斯联邦海洋活动发展战略》(以下称战略)确定了海洋活动主要种类的战略目的、任务和未来发展路径。

该战略旨在保障《2020年前俄罗斯联邦海洋学说》(以下称海洋学说)规定的俄罗斯联邦在世界海洋中的利益,提高各类主要海洋活动的有效性,维持特种警种的平衡,以及在整体上发展海洋活动。

《海洋战略》的形成考虑到了《海洋学说》制定的国家海洋政策有效性的标准,包括国家海洋政策短期和长期任务完成的水平,贸易、渔业、科学考察船队和其他特种船队在俄罗斯专属经济区和大陆架维护俄罗斯联邦主权的水平,在世界海洋地区的航行自由,以及俄罗斯联邦海洋军事力量能否与俄罗斯联邦武装力量各军种和其他部队保障俄罗斯联邦的利益和安全。

要实施该战略就必须集中精力,利用国家权力机构、地方自治机构、商业机构、科研团体和社会组织的力量来解决海洋活动发展的主要问题。分阶段解决这些问题可以提高国家安全水平,改善国内社会经济状况,传承俄罗斯海洋传统和海洋遗产,增强俄罗斯联邦武装力量、国家安全机构、运输部门、食品供应部门、燃料能源部门和原料部门执法的有效性,因为这些部门对海洋环境的影响是相互的。

海洋活动发展的主要问题和风险是在分析其现状、特点、世界主要趋势以及对海洋活动可能性预测的基础上确定的。

根据海洋活动发展的主要问题和风险,考虑到国家海洋政策的功能和地区特点确定了俄罗斯联邦海洋活动的战略目标、任务和目标指标。附件1简短描述了最终结果,反映了联邦权力执行机构实施战略任务的水平。

俄罗斯联邦海洋活动发展第一阶段(2010—2012年)目标指标预测值在附件2,第二阶段(2013—2020年)目标指标预测值在附件3,第三阶段(2020—2030年)是俄罗斯联邦海洋活动主要种类最有前景的发展路径,俄罗斯海洋活动主要种类的未来发展路径在附件4。

联邦执法机构保障战略目的的达成。此时联邦执法机构将会考虑俄罗斯联邦2020 年前社会经济长期发展构想提出的目标方针，遵循联邦目标及其他纲要、发展战略、构想、计划等。

该战略将在国家纲要框架内实施，包括联邦目标纲要和次纲要，包括部门目标纲要和国家执法机构的个别活动。

与海洋活动发展有关的该项目主要部分建议通过以下联邦目标纲要实施，如"世界海洋"、"俄罗斯交通系统发展(2010—2015 年)"("海洋交通"次纲要、"出口交通服务发展"次纲要)、"2009—2016 年民用海洋装备发展"、"2009—2014 年提高渔业企业资源潜力利用和发展效率"、"2005—2020 年在俄罗斯联邦境内建设黑海舰队停泊设施"、"2003—2011 年俄罗斯联邦国家边界"，以及其他与海洋活动有关的联邦目标纲要。

在实施该战略时建议逐渐完成海洋政策计划，并要与 2020 年前俄罗斯联邦社会经济长期发展构想的目标指标以及 2012 年前俄罗斯联邦政府主要活动方向保持一致，与决定国家社会经济发展前景的其他文件保持一致，与参加该战略实施的国家权力机构的行动保持一致。

第 2 章　海洋活动发展的主要问题

该战略首先要实现与俄罗斯联邦社会经济发展有直接关系的国家海洋政策的目标，保证国家在领海和内陆水域的主权，实行大陆架和专属经济区的管辖权和主权保护，保障海洋活动的安全，包括经济安全，使俄罗斯能自由使用公海航行。

该战略列出了下列主要问题和风险：

挂俄罗斯国旗的海洋船舶没能完全服务于俄罗斯货物运输，降低了国内整体交通系统的有效性，使俄罗斯依赖于更有海运竞争力的外国。

挂俄罗斯国旗的海洋船舶在世界货物运输中所占比例小，俄罗斯货运船舶参与国际运输能力弱。

未能达到俄罗斯联邦消费者对海洋蛋白质的需求，对居民生活质量和寿命有负面影响。

属于俄罗斯联邦管辖权的外国港口对水上生物资源非法使用和销售造成的经济损失很大。

俄罗斯联邦境内的碳氢化合物矿产趋于衰竭，必须开发大陆架资源。能源短缺、科技力量薄弱，无法研制新的技术和方法来勘探、开采矿产，发展沿岸基础设施，包括海港和河港。

长期生产停滞造成俄罗斯造船业的国内外市场损失巨大。

与执行主权、在世界海洋维护俄罗斯联邦主权和其他权益有关的国家利益军事保护水平不够,对海洋经济及其他活动、国家海上军事安全保护不够。

交通基础设施的发展跟不上俄罗斯联邦大陆架碳氢化合物资源的经济活动步伐,对海洋活动特别是北极和远离海港地区的航行和水文测量保障不够。

减少了在世界海洋进行综合性的科学考察,而科学考察对于资源再生、预防和减少危险自然灾害以及长期进行全球和地区性监测自然、人为和技术现象都是必需的。

船舶航行密度增加、对俄罗斯联邦大陆架石油的勘探和开采活跃,建设石油终端增加海上运输量,这都要求保障海洋运输安全、保护自然环境不受船舶的污染,包括与邻近国家和国际组织在该领域合作。

各系统海洋活动的信息保障发展水平不够,缺乏有效整合和合理利用。

俄罗斯联邦管辖权内的海域人为污染加剧,海洋环境监测机构的技术装备不符合现代要求。

必须用综合的办法加强部门规划海洋活动发展计划。

2010 年 12 月 8 日俄罗斯政府总理普京批准

附件1:俄罗斯联邦海洋活动发展战略目标、战略任务、目标指标和负责执行方

战略目标	战略任务	目标指标和负责执行方
1. 提高俄罗斯海上交通在海洋运输市场的竞争力	提高挂俄罗斯国旗的运输船队的竞争力,完善俄罗斯船舶国际注册表,目的是简化船舶注册手续,减少行政障碍(包括税收和海关)	挂俄罗斯国旗的船舶国内货物、外贸货物和过境货物在总运输量中所占份额(百分比) (俄罗斯运输部) 挂俄罗斯国旗的船舶总吨位(百万吨) (俄罗斯运输部) 挂俄罗斯国旗的船舶平均使用寿命(年) (俄罗斯运输部)
	提高俄罗斯境内现有和新建海港的竞争力	俄罗斯港口转运进出口货物占货物总量的份额(百分比) (俄罗斯运输部)
2. 用国产渔产品饱和俄罗斯国内市场,提高渔船队的使用效率	增加俄罗斯船舶的捕捞量,包括在外国专属经济区、世界海洋条约规定的地区和公海地区,发展渔业生产(渔业养殖)和商品渔业	水生物资源开采量(百万吨) (俄罗斯渔业部) 国产食用渔产品在国内市场渔产品总量所占份额(百分比) (联邦渔业署) 渔产品人均消费量(千克) (联邦渔业署)
	水生物保护	自然水体和水库捕捞鱼种幼鱼的增量(百分比) (联邦渔业署)
	增加海港对渔船队综合服务的生产能力和服务码头	增加海港渔业码头货物转运量(百分比) (联邦渔业署) 增加渔产品实物的卸货量(千吨) (联邦渔业署)

（续表）

战略目标	战略任务	目标指标和负责执行方
3. 完善国界保护和守卫机制，保卫俄罗斯内海、领海、专属经济区和大陆架，以及里海、亚速海俄罗斯部分及其自然资源，加强对渔业条约地区捕捞的监管	长期更新并加强俄罗斯联邦安全局海岸警卫队的舰船，使之能在俄罗斯专属经济区及专属经济区外活动（在近海地区）	俄罗斯联邦安全局海岸警卫队作战舰船在舰船总数中的增长率（百分比） （俄罗斯联邦安全局） 联邦渔业署已建造巡逻船数量（艘） （联邦渔业署）
	保证在俄罗斯管辖区捕捞密集区有联邦安全局海岸警卫队舰艇的存在	在俄罗斯管辖区捕捞密集区要保证联邦安全局海岸警卫队系统性的存在，这种区域在所有区域数量中所占份额（个） （俄罗斯联邦安全局）
	在俄罗斯签订的捕捞方面的国际条约范围内保证联邦渔业署巡逻船的存在	履行俄罗斯在国际条约和捕捞领域协议中的义务（百分比） （联邦渔业署）
	在俄罗斯管辖水域安装综合性灯光照明装置	内海、领海、专属经济区以及里海、亚速海俄罗斯部分，俄罗斯联邦安全局监视的物理面积在所有水域面积所占份额（百分比） （俄罗斯联邦安全局）
4. 在履行海洋环境保护国际义务机制建设的同时，俄罗斯加快开发大陆架矿物和能源资源	增加国产现代技术装备的生产，用于开发海洋矿物	用于开采海洋石油天然气的国产技术装备数量，包括海上平台和水上综合设施（个） （俄罗斯工贸部）
	为了矿藏开发，要在北冰洋沿海地区和远东地区以浮动核热电站和可选择能源为基础，发展电能，建立岸上基础设施，包括海港	国有企业生产的飘浮核发电机组数量（个） （俄罗斯工贸部）
	增加俄罗斯大陆架碳氢化合物的开采量	俄罗斯大陆架碳氢化合物资源占碳氢化合物开采总量的份额（百分比） （俄罗斯能源部）

（续表）

战略目标	战略任务	目标指标和负责执行方
5. 在现代国产造船产品中满足国家和企业需求	对现有的造船能力进行综合升级、改造和技术设备更新	对造船企业升级改造年均总投资增长量（百分比） （俄罗斯工贸部）
	利用先进技术增加造船产品的产量	俄罗斯造船产品货币量增加（百分比、倍数） （俄罗斯工贸部）
6. 提高俄罗斯海军在至关重要的海洋保障海洋活动安全的行动能力	长期更新和加强一般用途的海上力量，既能在海上，也能在大洋行动	一般用途海上力量潜在能力的增长率（百分比） （俄罗斯国防部） 海军舰船完成远航和出访外国占这种远程总数的比例（百分比） （俄罗斯国防部）
	保证俄罗斯进行海上活动的海洋地区有海军的存在	与该照明系统联网的国产信息系统覆盖俄罗斯内海、领海、专属经济区以及里海、亚速海俄罗斯部分面积占上述水域总面积的份额（百分比） （俄罗斯国防部）
	在世界海洋国家建立统一的水上水下状况照明系统	

(续表)

战略目标	战略任务	目标指标和负责执行方
7. 保证航海安全，保护海洋环境不受船舶的污染	在俄罗斯管辖水域增强航海的航行和水道测量保障	水道测量能保证俄罗斯安全有效海上活动的密集海洋活动区占水域总面积的份额(百分比) (俄罗斯国防部) 更新的海洋航行图和航海资料占资料总数的份额(百分比) (俄罗斯国防部) 新建水道测量船和测量工具数量(个) (俄罗斯国防部) 安装校正参数的航行设备占设备总数份额(百分比) (俄罗斯国防部、运输部)
	参加国际海洋组织的工作	俄罗斯加入的委员会、委员会分部、记者团占组织总数的份额(百分比) (俄罗斯运输部、国防部、环境与自然资源保护部)
	挂俄罗斯国旗的船舶保证履行国际公约的要求	俄罗斯船舶因不履行国际公约被外国和俄罗斯国家港监部门扣留占出航总数的比例(百分比) (俄罗斯运输部)

（续表）

战略目标	战略任务	目标指标和负责执行方
8. 开发新的方法综合利用世界海洋，保证水文气象安全，恢复对南极和北极重要地区的勘察活动	开发俄罗斯居民和海洋活动水文气象保障系统	利用水文气象信息的经济效益（10亿卢布） （俄罗斯环境与自然资源保护部） 海域危险水文气象现象风暴预报的准确性（百分比） （俄罗斯环境与自然资源保护部）
	开发多功能系统，有效监测世界海洋和大气环境状况	监测世界海洋和大气环境状况的浮动和远程海上和航天定位自动固定设施数量（个） （俄罗斯环境与自然资源保护部）
	保证俄罗斯在北冰洋的地缘政治利益	俄罗斯现有南极站和飞行基地数量（个） （俄罗斯环境与自然资源保护部）
	分阶段更新俄罗斯南极考察基础设施和交通保障	南极站已使用的设备、装备和技术手段的数量（个） （俄罗斯环境与自然资源保护部）
	对南极加强科学实用研究	俄罗斯南极考察计划中野外科研项目数量（个） （俄罗斯环境与自然资源保护部）
	保证俄罗斯在世界海洋，特别是在高纬度地区和南半球有有效的、广泛的、目的明确的科研和渔业存在	综合海上科研和渔业考察数量（个） （俄罗斯教育部、环境与自然资源保护部、渔业部）
	对世界海洋的海底和地下资源进行地理和地理物理研究	新建和升级的救生船数量（艘） （俄罗斯运输部、国防部、紧急情况部）

（续表）

战略目标	战略任务	目标指标和负责执行方
9. 提高海上搜寻和救生系统的效率	对现有海上搜索和救生系统的力量和装备进行综合升级和技术改造	新建和升级救生船数量（个） （俄罗斯运输部、国防部、紧急情况部）
	完善日常抢险救生协作的组织	与不同部门救援单位协作，在海上实施救援行动占行动总数的份额（百分比） （俄罗斯运输部、国防部、紧急情况部、联邦安全局）
	建立跨部门海上救援信息支持自动系统	参加救援行动的、已安装部门间情报自动交流系统的管理机关数量（个） （俄罗斯运输部、国防部、紧急情况部）
10. 完善海上活动的信息保障，整合和合理利用各部门的系统和设施	开发利用国家统一的世界海洋状况信息系统作为基本的跨部门信息技术平台，做好实施国家海洋政策的信息保障	整合到世界海洋状况信息系统的各部门、地区和其他信息系统的信息资源数量（个） （俄罗斯环境与自然资源保护部、紧急情况部、国防部、联邦安全局、运输部、渔业部、工贸部、教育部、经济发展部、能源部）
11. 保护和维持俄罗斯主权和俄罗斯管辖权的海洋环境	设计和建造环保船	已建造的环保船数量（个） （俄罗斯环境与自然资源保护部）
	完善对海上设施的环境监督	已检查的海上设施占所监督海上设施的份额（百分比） （俄罗斯环境与自然资源保护部） 俄罗斯履行国际公约和条约关于预防海上环境污染义务情况（百分比） （俄罗斯环境与自然资源保护部）

（续表）

战略目标	战略任务	目标指标和负责执行方
12. 对具体沿岸国家沿海地区和沿岸水域的开发规划综合考虑,将其划入独立的统一国家管理范围	对具体沿岸国家沿海地区和沿岸水域综合计划的制订和实施制定规范性法律保障	俄罗斯主体社会经济发展综合战略和纲要以及市政发展纲要模式作为独立的成分,要保证制定和实施沿海地区和沿岸水域综合发展纲要(百分比) (俄罗斯经济发展部)
	制定的措施作为俄罗斯沿海主体社会经济发展综合战略和纲要的独立成分的沿海地区和沿岸水域综合发展纲要以及沿海市政发展纲要	实施或制定沿海地区和沿岸水域综合发展的俄罗斯联邦沿海主体的数量(俄罗斯联邦主体数量) (俄罗斯主体)
13. 监测俄罗斯国家权力机构履行贸易航行国际条约的情况	不断监控和检查俄罗斯作为国旗国、港口国和沿岸国在履行国际义务方面的活动效率	俄罗斯履行贸易航行方面的国际公约和协议的义务(百分比) (俄罗斯运输部、国防部、环境与自然资源保护部)
14. 在履行国际义务方面保证做到、支持和改善总的组织活动和潜力	评估俄罗斯法律是否符合贸易航行方面的国际公约和协议规范	俄罗斯法律符合贸易航行方面的国际公约和协议规范(百分比) (俄罗斯运输部)
		国际海洋组织方面通过审计得出正面的结果(百分比) (俄罗斯运输部、国防部、环境与自然资源保护部)

附件2:俄罗斯联邦海洋活动发展第一阶段(2010—2012年)目标指标预期值

目标指标、测量单位、执行方	功能方面	地区方面					
		大西洋(波罗的海)	大西洋(黑海、亚速海)	北冰洋	太平洋	里海	印度洋
挂俄罗斯国旗的船舶国内货物、外贸货物和过境货物在总运输量中所占份额(百分比)(俄罗斯运输部)	10	—	—	—	—	—	—
挂俄罗斯国旗的船舶总吨位(百万吨)(俄罗斯运输部)	9	—	—	—	—	—	—
挂俄罗斯国旗的船舶平均使用寿命(年)(俄罗斯运输部)	24	—	—	—	—	—	—
俄罗斯港口转运进出口货物占货物总量的份额(百分比)(俄罗斯运输部)	84	—	—	—	—	—	—
水生物资源开采量(百万吨)(联邦渔业署)	4.3	—		—	—	—	—
国产食用渔产品在国内市场渔产品总量所占份额(百分比)(联邦渔业署)	75.8	—	—	—	—		
渔产品人均消费量(千克)(联邦渔业署)	15.3	—	—	—	—	—	—

（续表）

目标指标、测量单位、执行方	功能方面	地区方面					
		大西洋（波罗的海）	大西洋（黑海、亚速海）	北冰洋	太平洋	里海	印度洋
自然水体和水库捕捞鱼种幼鱼的增量（百分比）（联邦渔业署）	9.2	—	—	—	—	—	—
增加海港渔业码头货物转运量（百分比）（联邦渔业署）	25.4	—	—	—	—	—	—
增加渔产品实物的卸货量（千吨）（联邦渔业署）	85	—	—	—	—	—	—
俄罗斯联邦安全局海岸警卫队作战舰船在舰船总数中的增长率（百分比）（俄罗斯联邦安全局）	15	12	10	13	20	20	—
联邦渔业署已建造巡逻船数量（艘）（联邦渔业署）	8		—	—	—	—	—
在俄罗斯管辖区捕捞密集区要保证联邦安全局海岸警卫队系统性的存在，这种区域在所有区域数量中所占份额（个）（俄罗斯联邦安全局）	50	40	33	43	67	67	—

（续表）

目标指标、测量单位、执行方	功能方面	地区方面					
		大西洋（波罗的海）	大西洋（黑海、亚速海）	北冰洋	太平洋	里海	印度洋
履行俄罗斯在国际条约和捕捞领域协议中的义务（百分比）（联邦渔业署）	100	—	—	—	—	—	—
内海、领海、专属经济区以及里海、亚速海俄罗斯部分，俄罗斯联邦安全局监视的物理面积在所有水域面积所占份额（百分比）（俄罗斯联邦安全局）	80	80	80	80	80	40	—
用于开采海洋石油天然气的国产技术装备数量，包括海上平台和水上综合设施（个）（俄罗斯工贸部）	10	4	—	4	2	—	—
国有企业生产的飘浮核发电机组数量（个）（俄罗斯工贸部）	1	—	—	—	1	—	—
俄罗斯大陆架碳氢化合物资源占碳氢化合物开采总量的份额（百分比）（俄罗斯能源部）	3.8	—	—	—	—	—	—
对造船企业升级改造年均总投资增长量（百分比）（俄罗斯工贸部）	181.7	181.2	143.1	171.1	227.7	144.1	—

（续表）

目标指标、测量单位、执行方	功能方面	地区方面					
		大西洋（波罗的海）	大西洋（黑海、亚速海）	北冰洋	太平洋	里海	印度洋
俄罗斯造船产品货币量增加（百分比、倍数）（俄罗斯工贸部）	200	200	200	200	200	200	—
一般用途海上力量潜在能力的增长率（百分比）（俄罗斯国防部）	15	14	11	18	20	12	—
海军舰船完成远航和出访外国占这种远程总数的比例（百分比）（俄罗斯国防部）	100	100	100	100	100	100	100
与该照明系统联网的国产信息系统覆盖俄罗斯内海、领海、专属经济区以及里海、亚速海俄罗斯部分面积占上述水域总面积的份额（百分比）（俄罗斯国防部）	50	50	50	30	50	50	—
水道测量能保证俄罗斯安全有效海上活动的密集海洋活动区占水域总面积的份额（百分比）（俄罗斯国防部）	60	65	75	45	65	50	—
更新的海洋航行图和航海资料占资料总数的份额（百分比）（俄罗斯国防部）	70	70	80	65	60	75	—

（续表）

目标指标、测量单位、执行方	功能方面	地区方面					
		大西洋（波罗的海）	大西洋（黑海、亚速海）	北冰洋	太平洋	里海	印度洋
新建水道测量船和测量工具数量（个）（俄罗斯国防部）	5 81	1 14	— 14	— 22	2 21	2 10	— —
安装校正参数的航行设备占设备总数份额（百分比）（俄罗斯国防部、运输部）	80	80	80	80	80	80	—
俄罗斯加入的委员会、委员会分部、记者团占组织总数的份额（百分比）（俄罗斯运输部、国防部、环境与自然资源保护部）	80	—	—	—	—	—	—
俄罗斯船舶因不履行国际公约被外国和俄罗斯国家港监部门扣留占出航总数的比例（百分比）（俄罗斯运输部）	0.1	—	—	—	—	—	—
利用水文气象信息的经济效益（10亿卢布）（俄罗斯环境与自然资源保护部）	2.7	0.7	0.5	0.3	1	0.1	0.1
海域危险水文气象现象风暴预报的准确性（百分比）（俄罗斯环境与自然资源保护部）	99	99	99	99	99	99	99

（续表）

目标指标、测量单位、执行方	功能方面	地区方面					
		大西洋（波罗的海）	大西洋（黑海、亚速海）	北冰洋	太平洋	里海	印度洋
监测世界海洋和大气环境状况的浮动和远程海上和航天定位自动固定设施数量（个）（俄罗斯环境与自然资源保护部）	22	—	2	18	2	—	—
建造科研和考察船数量（艘）（俄罗斯环境与自然资源保护部）	7	—	—	—	—	—	—
俄罗斯现有南极站和野外基地数量（个）（俄罗斯环境与自然资源保护部）	10	—	—	—	—	—	10
南极站已使用的设备、装备和技术手段的数量（个）（俄罗斯环境与自然资源保护部）	33	—	—	—	—	—	33
俄罗斯南极考察计划中野外科研项目数量（个）（俄罗斯环境与自然资源保护部）	25	—	—	—	—	—	25
综合海洋科研和渔业考察队数量（个）（俄罗斯教育部、环境与自然资源保护部、渔业部）	75	5	5	30	20	13	2

(续表)

目标指标、测量单位、执行方	功能方面	地区方面					
		大西洋(波罗的海)	大西洋(黑海、亚速海)	北冰洋	太平洋	里海	印度洋
新建和升级救生船数量(个)(俄罗斯运输部、国防部、紧急情况部)	19	3	3	5	6	2	—
与不同部门救援单位协作,在海上实施救援行动占行动总数的份额(百分比)(俄罗斯运输部、国防部、紧急情况部、联邦安全局)	40	40	40	40	40	40	40
参加救援行动的、已安装部门间情报自动交流系统的管理机关数量(个)(俄罗斯运输部、国防部、紧急情况部)	15	2	2	2	4	—	—
整合到世界海洋状况信息系统的各部门、地区和其他信息系统的信息资源数量(个)(俄罗斯环境与自然资源保护部、紧急情况部、国防部、联邦安全局、运输部、渔业部、工贸部、教育部、经济发展部、能源部)	145	15	25	45	40	15	5
已建造的环保船数量(个)(俄罗斯环境与自然资源保护部)	10	—	—	—	—	—	—

（续表）

目标指标、测量单位、执行方	功能方面	地区方面					
		大西洋（波罗的海）	大西洋（黑海、亚速海）	北冰洋	太平洋	里海	印度洋
已检查的海上设施占所监督海上设施的份额（百分比）（俄罗斯环境与自然资源保护部）	17	—	—	—	—	—	—
俄罗斯履行国际公约和条约关于预防海上环境污染义务情况（百分比）（俄罗斯环境与自然资源保护部）	60	—	—	—	—	—	—
俄罗斯主体社会经济发展综合战略和纲要以及市政发展纲要模式作为独立的成分，要保证制定和实施沿海地区和沿岸水域综合发展纲要（百分比）（俄罗斯经济发展部）	100	—	—	—	—	—	—
实施或制定沿海地区和沿岸水域综合发展的俄罗斯联邦沿海主体的数量（俄罗斯联邦主体数量）（俄罗斯主体）	21	—	—	—	—	—	—
俄罗斯履行贸易航行方面的国际公约和协议的义务（百分比）（俄罗斯运输部、国防部、环境与自然资源保护部）	100	—	—	—	—	—	—

（续表）

目标指标、测量单位、执行方	功能方面	地区方面					
		大西洋（波罗的海）	大西洋（黑海、亚速海）	北冰洋	太平洋	里海	印度洋
俄罗斯法律符合贸易航行方面的国际公约和协议规范（百分比）（俄罗斯运输部）	70	—	—	—	—	—	—
国际海洋组织方面通过审计得出正面的结果（百分比）（俄罗斯运输部、国防部、环境与自然资源保护部）	100	—	—	—	—	—	—

附件3:俄罗斯联邦海洋活动发展第二阶段(2013—2020年)目标指标预期值

目标指标、测量单位、执行方	功能方面	地区方面					
		大西洋(波罗的海)	大西洋(黑海、亚速海)	北冰洋	太平洋	里海	印度洋
挂俄罗斯国旗的船舶国内货物、外贸货物和过境货物在总运输量中所占份额(百分比)(俄罗斯运输部)	20	—	—	—	—	—	—
挂俄罗斯国旗的船舶总吨位(百万吨)(俄罗斯运输部)	12	—	—	—	—	—	—
挂俄罗斯国旗的船舶平均使用寿命(年)(俄罗斯运输部)	15	—	—	—	—	—	—
俄罗斯港口转运进出口货物占货物总量的份额(百分比)(俄罗斯运输部)	95	—	—	—	—	—	—
水生物资源开采量(百万吨)(联邦渔业署)	6.6	—		—	—	—	—
国产食用渔产品在国内市场渔产品总量所占份额(百分比)(联邦渔业署)	85	—	—	—	—		
渔产品人均消费量(千克)(联邦渔业署)	28	—	—	—	—	—	—

(续表)

目标指标、测量单位、执行方	功能方面	地区方面					
		大西洋(波罗的海)	大西洋(黑海、亚速海)	北冰洋	太平洋	里海	印度洋
自然水体和水库捕捞鱼种幼鱼的增量(百分比)(联邦渔业署)	58.8	—	—	—	—	—	—
增加海港渔业码头货物转运量(百分比)(联邦渔业署)	5.7	—	—	—	—	—	—
增加渔产品实物的卸货量(千吨)(联邦渔业署)	429	—	—	—	—	—	—
俄罗斯联邦安全局海岸警卫队作战舰船在舰船总数中的增长率(百分比)(俄罗斯联邦安全局)	50	40	33	43	67	67	—
联邦渔业署已建造巡逻船数量(艘)(联邦渔业署)	8		—	—	—	—	—
在俄罗斯管辖区捕捞密集区要保证联邦安全局海岸警卫队系统性的存在,这种区域在所有区域数量中所占份额(个)(俄罗斯联邦安全局)	80	65	60	75	100	100	—

（续表）

目标指标、测量单位、执行方	功能方面	地区方面					
		大西洋（波罗的海）	大西洋（黑海、亚速海）	北冰洋	太平洋	里海	印度洋
内海、领海、专属经济区以及里海、亚速海俄罗斯部分，俄罗斯联邦安全局监视的物理面积在所有水域面积所占份额（百分比）（俄罗斯联邦安全局）	100	100	100	100	100	100	—
用于开采海洋石油天然气的国产技术装备数量，包括海上平台和水上综合设施（个）（俄罗斯工贸部）	20	8	—	8	4	—	—
国有企业生产的飘浮核发电机组数量（个）（俄罗斯工贸部）	6	—	—	5	1	—	—
俄罗斯大陆架碳氢化合物资源占碳氢化合物开采总量的份额（百分比）（俄罗斯能源部）	25	—	—	—	—	—	—
对造船企业升级改造年均总投资增长量（百分比）（俄罗斯工贸部）	13.3	11	13	15	15	13	—
俄罗斯造船产品货币量增加（百分比、倍数）（俄罗斯工贸部）	7	7	7	7	7	7	—

（续表）

目标指标、测量单位、执行方	功能方面	地区方面					
		大西洋（波罗的海）	大西洋（黑海、亚速海）	北冰洋	太平洋	里海	印度洋
一般用途海上力量潜在能力的增长率（百分比）（俄罗斯国防部）	60	65	44	72	80	48	—
海军舰船完成远航和出访外国占这种远程总数的比例（百分比）（俄罗斯国防部）	100	100	100	100	100	100	100
与该照明系统联网的国产信息系统覆盖俄罗斯内海、领海、专属经济区以及里海、亚速海俄罗斯部分面积占上述水域总面积的份额（百分比）（俄罗斯国防部）	60	60	60	40	60	60	—
水道测量能保证俄罗斯安全有效海上活动的密集海洋活动区占水域总面积的份额（百分比）（俄罗斯国防部）	75	75	85	65	80	70	—
更新的海洋航行图和航海资料占资料总数的份额（百分比）（俄罗斯国防部）	85	85	97	79	73	91	—
新建水道测量船和测量工具数量（个）（俄罗斯国防部）	7 97	1 20	2 20	1 18	3 22	— 17	— —

（续表）

目标指标、测量单位、执行方	功能方面	地区方面					
		大西洋（波罗的海）	大西洋（黑海、亚速海）	北冰洋	太平洋	里海	印度洋
安装校正参数的航行设备占设备总数的份额（百分比）（俄罗斯国防部、运输部）	100	100	100	100	100	100	—
俄罗斯加入的委员会、委员会分部、记者团占组织总数的份额（百分比）（俄罗斯运输部、国防部、环境与自然资源保护部）	100	—	—	—	—	—	—
俄罗斯船舶因不履行国际公约被外国和俄罗斯国家港监部门扣留占出航总数的比例（百分比）（俄罗斯运输部）	0.05	—	—	—	—	—	—
利用水文气象信息的经济效益（10亿卢布）（俄罗斯环境与自然资源保护部）	4.1	0.9	0.8	0.6	1.6	0.1	0.1
海域危险水文气象现象风暴预报的准确性（百分比）（俄罗斯环境与自然资源保护部）	99	99	99	99	99	99	99

（续表）

目标指标、测量单位、执行方	功能方面	地区方面					
		大西洋（波罗的海）	大西洋（黑海、亚速海）	北冰洋	太平洋	里海	印度洋
监测世界海洋和大气环境状况的浮动和远程海上和航天定位自动固定设施数量(个)（俄罗斯环境与自然资源保护部）	22	—	2	18	2	—	—
建造科研和考察船数量(个)（俄罗斯国防部）	16	—	—	—	—	—	—
俄罗斯现有南极站和野外基地数量(个)（俄罗斯环境与自然资源保护部）	10	—	—	—	—	—	10
南极站已使用的设备、装备和技术手段的数量(个)（俄罗斯环境与自然资源保护部）	74	—	—	—	—	—	74
俄罗斯南极考察计划中野外科研项目数量(个)（俄罗斯环境与自然资源保护部）	27	—	—	—	—	—	27
综合海上科研和渔业勘察队数量(个)（俄罗斯教育部、环境与自然资源保护部、渔业部）	113	8	8	45	30	20	3

（续表）

目标指标、测量单位、执行方	功能方面	地区方面					
		大西洋（波罗的海）	大西洋（黑海、亚速海）	北冰洋	太平洋	里海	印度洋
新建和升级科研船舶用于在北极地带、南极地带和世界海洋进行地质-地球物理研究（艘）（俄罗斯环境保护与自然资源部）	3	1	—	1	1	—	—
新建和升级救生船数量（艘）（俄罗斯运输部、国防部、紧急情况部）	51	8	8	12	18	5	—
与不同部门救援单位协作，在海上实施救援行动占行动总数的份额（百分比）（俄罗斯运输部、国防部、紧急情况部、联邦安全局）	80	80	80	80	80	80	80
参加救援行动的、已安装部门间情报自动交流系统的管理机关数量（个）（俄罗斯运输部、国防部、紧急情况部）	145	15	25	45	40	15	5

（续表）

目标指标、测量单位、执行方	功能方面	地区方面					
		大西洋（波罗的海）	大西洋（黑海、亚速海）	北冰洋	太平洋	里海	印度洋
整合到世界海洋状况信息系统的各部门、地区和其他信息系统的信息资源数量（个）（俄罗斯环境与自然资源保护部、紧急情况部、国防部、联邦安全局、运输部、渔业部、工贸部、教育部、经济发展部、能源部）	250	25	40	75	70	30	10
已建造的环保船数量（个）（俄罗斯环境与自然资源保护部）	14	—	—	—	—	—	—
已检查的海上设施占所监督海上设施的份额（百分比）（俄罗斯环境与自然资源保护部）	50	—	—	—	—	—	—
俄罗斯履行国际公约和条件关于预防海上环境污染义务情况（百分比）（俄罗斯环境与自然资源保护部）	100	—	—	—	—	—	—

（续表）

目标指标、测量单位、执行方	功能方面	地区方面					
		大西洋（波罗的海）	大西洋（黑海、亚速海）	北冰洋	太平洋	里海	印度洋
俄罗斯主体社会经济发展综合战略和纲要以及市政发展纲要模式作为独立的成分，要保证制定和实施沿海地区和沿岸水域综合发展纲要（百分比） （俄罗斯经济发展部）	100	—	—	—	—	—	—
实施或制定沿海地区和沿岸水域综合发展的俄联邦沿海主体的数量（俄联邦主体数量） （俄罗斯主体）	21	—	—	—	—	—	—
俄罗斯履行贸易航行方面的国际公约和协议的义务（百分比） （俄罗斯运输部、国防部、环境与自然资源保护部）	100	—	—	—	—	—	—
俄罗斯法律符合贸易航行方面的国际公约和协议规范（百分比） （俄罗斯运输部）	100	—	—	—	—	—	—

（续表）

目标指标、测量单位、执行方	功能方面	地区方面					
		大西洋（波罗的海）	大西洋（黑海、亚速海）	北冰洋	太平洋	里海	印度洋
国际海洋组织方面通过审计得出正面的结果（百分比）（俄罗斯运输部、国防部、环境与自然资源保护部）	100	—	—	—	—	—	—

附件 4:俄罗斯海洋活动主要种类的未来发展路径

海洋活动种类	未来发展路径
海洋运输和河海联运	用主要型号的新船补充运输船队,包括: 运输大量的石油产品、液化气、集装箱货物和特殊货物; 河-海联运; 建造和发展港口,使之完全满足国内的需求; 研发和应用海洋运输信息系统; 研发和应用电子导航系统; 建造足够数量的现代化救生船; 使用数码地图; 开发和整合岸上航海安全保障系统
工业化捕捞	恢复保留渔业资源,发展海水养殖; 在国内造船厂和船舶维修厂建造和升级渔船; 恢复和更新救灾和其他辅助船队; 发展港口基础设施,为渔船队提供综合服务; 国际合作,巩固俄罗斯在渔产品市场的地位,发展深加工渔产品外贸
开发海洋矿物和能源资源	大规模工业开采北极地带和远东海洋的石油天然气矿藏,增加国产技术装备的使用比例; 在批量生产中小型浮动核热电站的基础上,提高沿海地区能源安全
对海洋自然资源使用的管理	在各个层面上实行跨部门综合管理,将海洋利用看成一个整体来管理,解决海洋利用与环境保护之间的矛盾; 扩大沿海地区和沿岸水域综合发展纲要的海洋管理范围,直至俄罗斯管辖范围的边界; 协调上述纲要与流域管理纲要; 利用和拓展整个海洋空间规划
海洋科研	开发现代技术用于综合研究自然和矿物资源,以及预防世界海洋危险的自然现象; 加强在北极地带和南极的考察活动,在高产区捕捞海产品以增加资源
海洋军事活动	更新并加快海军战役战略联合编队的一般用途海上力量; 在北方舰队和太平洋舰队以航空巡洋舰为基础形成舰队突击小组
保卫和守卫俄罗斯海上国界,保护俄罗斯管辖区的海上边境空间	完善保护俄罗斯内海、领海、专属经济区和大陆架以及里海和亚速海俄罗斯部分自然资源的俄罗斯联邦安全局海岸警卫队兵力和装备部署; 在俄罗斯边防空间内设立有效的空中、水上和水下状况照明系统

(续表)

海洋活动各类	未来发展路径
造船	开展批量生产排水量超过10万吨的大吨位特种船; 生产足够规模的现代化设备,以用于开采北极和太平洋地区大陆架矿床; 开展大规模建造渔船,以便未来在世界海洋稳定并扩大渔业生产; 建造环保船,以便实施监视监督活动、实施保护自然的措施
保障海洋活动的安全	研发海上救生行动和海上搜索营救国际合作所需的跨部门自动信息支持系统,并保障海上活动安全; 在未来世界海洋区域进行大规模的综合水道测量; 完善海洋活动航行水文保障的方法和技术手段; 建立数码深水测量数据库和面向对象航行水文信息库; 批量生产水文船
海运,工业捕捞,开发海洋矿物和能源资源,进行海洋科学研究,保护和守卫俄罗斯海上国界,保护海上边境空间、俄罗斯管辖权的海洋资源,造船,保障海洋活动安全	发展世界海洋状况信息系统,通过提供实时和完整的世界海洋状况信息对实施主要类型的海洋活动进行信息支持